Charles LIAGRE

LOOS

AU

XIXᵉ SIÈCLE

LOOS

AU

XIXᵉ SIÈCLE

Charles LIAGRE

LOOS
AU
XIXE SIÈCLE

LILLE
IMPRIMERIE LEFEBVRE-DUCROCQ
1899

Charles LIAGRE

LOOS
AU
XIXᴱ SIÈCLE

LILLE
IMPRIMERIE LEFEBVRE-DUCROCQ
1899

Charles LIAGRE

LOOS AU XIXE SIÈCLE

LILLE
IMPRIMERIE LEFEBVRE-DUCROCQ
1899

INTRODUCTION

La bienveillance avec laquelle a été accueillie la publication des Annales de Loos jusqu'au XIXe siècle nous a encouragé. Il nous a semblé qu'elle ne nous ferait pas défaut pour le complément de ce travail, c'est-à-dire pour l'histoire de la commune durant le XIXe siècle, et dans cette pensée nous nous sommes mis à l'œuvre.

La Dévotion à Notre-Dame de Grâce, par M. l'abbé Détrez [1] ; un opuscule ayant pour titre Notice sur le pèlerinage de Notre Dame de Grâce [2] ; Loos, ses abbés, ses seigneurs, par M. Spriet, sont les seuls ouvrages spéciaux où l'on trouve quelques détails sur Loos de 1800 à 1900. C'est peu, car les renseignements sur le rétablissement du culte, dans la Dévotion à Notre-Dame de Grâce, et sur le pèlerinage, dans la Notice, ne peuvent suffire,

---

[1]. La dévotion à Notre-Dame de Grâce, honorée en l'église paroissiale de Los, près Lille, diocèse de Cambrai, par M. l'abbé Détrez, aumônier de la maison centrale de détention de Los. Lille, L. Lefort, imprimeur, 1836.

[2]. Notice sur le pèlerinage de Notre-Dame de Grâce à Loos, Lille, Six-Horemans, 1870. Cette notice est une reproduction des pages consacrées à Notre-Dame de Loos, dans les Sanctuaires de la Mère de Dieu, dans les arrondissements de Douai, Lille, Hazebrouck et Dunkerque. Lille, Lefort, 1847.

C'est dans l'Église de Loos, par M. Le Glay, travail tiré à cinq exemplaires, reproduit dans la Gazette de Flandre et d'Artois et la Revue du Nord de 1835, qu'on a trouvé la matière des publications de 1847 et de 1870.

pas plus que les vingt pages traitant du XIXe siècle dans Loos, ses abbés, ses seigneurs [1].

En dehors des notes fournies par des anciens du village ou par des représentants de familles qui y ont été établies, nous avons rencontré d'utiles indications dans les registres aux délibérations du Conseil municipal de Loos, l'Annuaire statistique du département du Nord [2], *et surtout dans la collection des journaux lillois : les* Affiches et annonces, avis divers, proclamations, arrêtés, etc. [3], *la* Feuille *et le* Journal du département du Nord [4], *l'*Echo du Nord [5], *le* Nord [6], *la* Revue du Nord [7], *la* Gazette de Flandre et d'Artois [8], *l'*Abeille Lilloise [9], *la* Liberté [10], *la* Vérité [11], *le* Mémorial de Lille [12], *le* Propagateur [13], *la* Dépêche [14], *la* Croix du Nord [15], *etc., etc.*

On éprouve, nous ne pouvons nous empêcher de l'ajouter, un charme particulier à suivre ainsi tout un siècle, jour par jour, en oubliant l'époque présente, pour se faire le contemporain de Napoléon Ier, de Louis XVIII et de Charles X, de Louis-Philippe, de Napoléon III.

Sans exposer les faits de la même façon, nous nous sommes inspiré du plan que nous avions adopté pour les Annales ; *il est réservé autant de chapitres que la France a compté de régimes, et l'histoire particulière de la*

---

1. *Loos, ses abbés, ses seigneurs.* Lille, Lefebvre-Ducrocq, 1898, nouvelle édition ; la première parue en 1889. PP. 205-209 et 227-242.
2. 1803-1898.
3. 1802-1807.
4. 1807-1808, 1812-1825, 1827, 1829, 1830.
5. 1825, 1826, 1828, 1831, 1842, 1846-1848, 1898.
6. 1831-1833.
7. 1833-1838.
8. 1833-1841, 1843-1845.
9. 1847-1853.
10. 1848-1854.
11. 1855-1857.
12. 1858-1860.
13. 1861-1882.
14. 1882-1898.
15. 1897-1898.

commune est précédée d'un aperçu des évènements ayant eu leur écho dans l'arrondissement de Lille. Ce coup d'œil général n'est pas hors de propos, car la centralisation administrative, les guerres, les révolutions, la diffusion des journaux, les progrès des sciences, des lettres et des arts, la facilité des moyens de communication ont amené peu à peu les plus indifférents à s'inquiéter des affaires publiques.

Si l'étude d'un état de choses entièrement disparu a pu exciter quelque curiosité, nous avons la confiance qu'on n'aimera pas moins, en lisant Loos au XIXe siècle, *à se souvenir de faits dont on a été témoin ou qu'on a maintes fois entendu raconter par ceux qui ne sont plus.*

Janvier 1899.

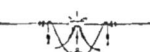

CONSULAT & EMPIRE

(10 novembre 1799 - 18 mai 1804; 18 mai 1804 - 6 avril 1814)

Enthousiasme populaire devant les succès des Français et au voyage de Bonaparte dans le Nord. La garde nationale. L'Empereur à Lille. Naissance du roi de Rome. — Loos au commencement du siècle: Administration municipale, police, instruction primaire, population, propriétés, l'octroi. Administration religieuse, église, cimetière, l'abbé Détrez et ses œuvres. L'ancienne abbaye Fêtes. Evènements. La vaccine. — Fin de l'Empire.

Le 18 brumaire an VIII (9 novembre 1799), Napoléon Bonaparte avait trouvé le terrain merveilleusement préparé. Le gouvernement révolutionnaire avait épuisé tous ses moyens d'existence, et le peuple voyait dans le héros d'Egypte celui qui mettrait un terme aux maux intérieurs dont la France était depuis si longtemps accablée.

Le Premier Consul se montra à la hauteur de sa tâche : il raffermit les pouvoirs publics, réorganisa la magistrature, les finances, se concilia les partis, apaisa les passions et, après de glorieuses campagnes, conclut la paix de Lunéville (9 février 1801) et celle d'Amiens (25 mars 1802), dont les préliminaires avaient été signés le 1er octobre 1801.

Le pays désirait ardemment le calme ; il le prouva par les fêtes qui se célébrèrent partout le 18 brumaire an X (9 novembre 1801).

A Lille, le canon et les cloches annoncent le 17 les réjouissances du lendemain. Le 18, à sept heures du matin, de nouvelles salves d'artillerie appellent les habitants « à partager les amusemens de cette journée à jamais » mémorable tant par les époques qu'elle nous rappelle », dit le programme officiel, « que par le bonheur qu'elle » va ramener parmi nous, dont elle est le précurseur. »

Les ateliers et les boutiques sont fermés, les travaux suspendus. Les rues et les places sont balayées depuis la veille par les entrepreneurs du nettoiement.

La garde nationale sédentaire et les corps de la garnison exécutent à dix heures, au Champ de Mars, un simulacre d'attaque des chemins couverts de la citadelle ; à la suite de la manœuvre, on proclame la paix.

La journée finit par un bal animé, à quatre heures, sous les colonnades du grand magasin, où soixante quadrilles peuvent évoluer à leur aise, et à huit heures par l'illumination des édifices publics et des maisons particulières.

Un voyage de Bonaparte dans le Nord, en l'an XI (1803), redoubla l'enthousiasme [1].

Dans les derniers jours de prairial, un détachement de la garde à cheval, grenadiers, chasseurs, canonniers, gendarmes d'élite et « mameloucks », avait traversé le département, de Douai et Lille sur Dunkerque. Le 28 prairial (17 juin) le préfet, le 9 messidor (28 juin) l'évêque de Cambrai, le 10 les ministres de l'intérieur et des relations extérieures, le 11 Mme Bonaparte, descendaient dans la même ville.

Le Premier Consul arriva le 13 à Gravelines ; il entra le même jour à Dunkerque, accompagné du général Vandamme, commandant la 16e division militaire, et du préfet du Nord, qui étaient allés au-devant de lui jusqu'à Grande-Synthe.

---

[1] L'année précédente, le Premier Consul était venu à Loos incognito ; il y revint encore en 1810, dans les mêmes conditions. Il descendit les deux fois dans une maison de campagne bâtie au commencement de ce siècle, habitée successivement par M. Grnson, M. Arrighi de Casanova, duc de Padoue, parent de l'Empereur, M. de Bovet, M. Masurel, et acquise vers 1850 par M. Béghin, brasseur à Lille.
Le buste de Napoléon 1er, qui surmontait une colonne dans le jardin, y fut rétabli par M. Béghin et conservé jusqu'en 1871.

Le 17 messidor, il prit la route de Lille, par Bergues, Cassel, Bailleul et Armentières. A Lomme, une partie de la garde consulaire et de la garde d'honneur lilloise, se mêlèrent à son escorte. Il était cinq heures et demie, lorsque le Premier Consul se présenta à la barrière de la porte de la Barre. Le maire de Lille l'y attendait avec son conseil municipal et les autorités ; il lui offrit les clefs de la ville, que Bonaparte lui remit aussitôt. Une foule innombrable se pressait sur le passage du cortège et le jeune conquérant se rendit, au milieu des acclamations des Lillois, à l'hôtel de l'Intendance aménagé pour lui.

La journée du lendemain fut consacrée à la réception des autorités militaires, civiles et religieuses, — ces dernières en surplis et l'évêque à leur tête — à une revue de la garnison, suivie d'un exercice à feu sur le Champ de Mars et à la visite de la Citadelle. Pendant la revue, dit une relation, « le Premier Consul montoit un cheval blanc à » tout crin, dont la vitesse étoit celle de l'éclair. »

Le 19, vers le soir, Bonaparte alla voir, à la Bourse, une exposition des produits des fabriques du département, sortit de la ville et parcourut les fortifications, en particulier l'emplacement des batteries de 1792. A neuf heures, Mme Bonaparte, entourée de MM^{mes} Vandamme et Dieudonné, ouvrait ses salons aux femmes des fonctionnaires.

Dans la matinée, l'évêque de Cambrai avait baptisé Joséphine Vandamme, fille du général. L'enfant eut pour parrain et marraine le Premier Consul et son épouse ; à la rédaction de l'acte d'état-civil, le maire de Lille décida que le registre serait richement relié et porterait au titre la mention qu'il y existait un acte de naissance signé Napoléon Bonaparte [1].

---

1. Une médaille, frappée à Lille à l'occasion de ce voyage, représente d'un côté le buste de Bonaparte avec les mots : *Bonaparte, Premier Consul de la République Françoise;* de l'autre côté, on lit : *Amour, fidélité, reconnoissance. La ville de Lille au Premier Consul ;* en exergue : *Arrêté du Conseil municipal du 19 germinal au XI.* Deux médailles en or furent destinées l'une à Bonaparte, la seconde aux archives de la ville.

Le 20 messidor, le Premier Consul continua vers le Cambrésis cette tournée triomphale, où toutes les communes, en son honneur, se décoraient de guirlandes, se tapissaient de verdure et se jonchaient de fleurs.

Mais des coalitions se préparaient. Napoléon I", par son immortelle campagne de 1805 — Ulm, Vienne, Austerlitz (2 décembre) — force l'Empereur d'Autriche à traiter avec lui à Presbourg (26 décembre). En 1806, après Iéna et Awerstadt, il pénètre dans Berlin; en 1807, il réduit les Russes à Eylau, à Friedland, et atteint l'apogée de sa gloire le jour de la paix de Tilsitt.

La presse lilloise enregistrait tous les détails de la marche et des succès des armées.

Aux faits éclatants, les autorités militaires, civiles et judiciaires, se réunissaient à Saint-Maurice pour le *Te Deum* : le 25 décembre 1805, après la grande journée d'Austerlitz, en novembre 1806 et janvier 1807, après les campagnes de Prusse et de Pologne, et le 19 juillet 1807, quand on apprit la victoire de l'Empereur à Friedland. La paix de Presbourg (26 décembre 1805) fut annoncée au théâtre, le 5 janvier suivant, par M. Bottin, secrétaire général de la préfecture, préfet par intérim ; les spectateurs accueillirent cette nouvelle par des applaudissements et avec des cris frénétiques de : Vive l'Empereur ! Le soir même, on la faisait savoir en ville, à la lueur des flambeaux, pendant qu'aux églises, les cloches sonnaient à toutes volées. On n'en fit pas moins le 27 juillet 1807, lors de la paix de Tilsitt. « Hier 27, » dit la *Feuille du département du Nord*, « la paix a été publiée
» dans tous les quartiers de cette ville ; un détachement du
» corps des canonniers impériaux sédentaires escortoit la
» mairie qui étoit précédée de la musique de la garde
» nationale. Le son des cloches, le bruit de l'artillerie ont
» célébré cet heureux évènement. Une joie douce et pure
» brilloit dans tous les yeux, animoit tous les esprits,
» enflammoit tous les cœurs ; la reconnoissance plaçoit dans
» toutes les bouches le nom auguste de notre immortel

» Empereur et toutes les voix répétoient à l'envi qu'il vive
» à jamais ! Le soir, il y eut feu d'artifice et illumination
» générale. »

En ordonnant aux curés de son diocèse, au mois de novembre 1806, le chant du *Te Deum* en actions de grâces des victoires remportées sur la Prusse, Mgr Belmas, évêque de Cambrai, répondit au sentiment populaire quand il prescrivit aussi par la même lettre que l'anniversaire du couronnement de S. M. l'Empereur et Roi et de la bataille d'Austerlitz serait solennisé à perpétuité le premier dimanche de décembre. Il demanda en outre à son clergé de célébrer le lundi suivant, — à moins que ce ne fût le jour de la Conception de la Vierge, et en ce cas le lendemain, — un service funèbre à la mémoire des braves morts pour la patrie.

Lorsque les armées étaient en campagne (1805-1807), la surveillance des frontières et des places fortes incombait à la garde nationale. Les nombreux avis et arrêtés de l'époque laissent supposer que la mobilisation de cette troupe ne s'opérait pas sans des difficultés plus grandes peut-être que celles qu'on avait à surmonter à l'appel des conscrits et des hommes de la réserve.

Des mesures sévères étaient prises à l'égard des récalcitrants : des gendarmes en colonne mobile parcouraient les communes pour les faire rejoindre ; les conseils de guerre leur infligeaient invariablement huit mois de prison et les déclaraient exclus des collèges électoraux et des assemblées de canton, inhabiles à remplir des fonctions rétribuées par l'État, et privés du droit de port d'armes.

La légion de la garde nationale de Lille était divisée en quatre cohortes ; les cantons ruraux fournissaient chacun la leur ; ces détachements prenaient le service soit à Lille, soit au camp de Saint-Omer.

Peu habitués aux rigueurs du règlement militaire, les hommes se laissaient aller parfois à des infractions. Ces manquements à la discipline provoquent, en décembre

1805, un ordre du sénateur Jacqueminot, délégué du gouvernement pour l'organisation de la garde nationale dans les départements de la Somme, du Pas-de-Calais, du Nord et de la Lys. Il avait à se plaindre du service de la place de Lille. Jacqueminot exalte la bravoure des gardes nationaux de Gravelines, qui avaient fait prisonniers cent vingt-cinq marins et soldats anglais jetés à la côte. Il demande aux hommes de Lille de remplir leur devoir comme leurs camarades et leur énumère les conséquences des inexactitudes. « Lorsque notre immortel Empereur, » le grand Napoléon, n'a, dit-il, au milieu des camps » et dans la saison la plus rigoureuse qu'une méchante » baraque de paille et qui est sans toit, quel est celui » d'entre vous qui pourroit sans rougir refuser de monter » une garde de vingt-quatre heures ? »

Toutefois le jour où les gardes nationaux réunis à Saint-Omer (novembre 1805-janvier 1806) sous le commandement du général Rampon furent licenciés en vertu du décret impérial du 8 janvier 1806 ; M. Bottin apprécia publiquement la bonne volonté des légions de Lille, du Quesnoy, de Bergues, Tourcoing, Dunkerque, Cambrai, Armentières, Avesnes, Valenciennes, des cohortes de Lille (*extra muros*), du Cateau et d'Haubourdin.

Le 23 mai 1810, l'Empereur et Marie-Louise, suivis de toute leur cour, passèrent par Lille se rendant à Anvers. Le Conseil municipal dépensa près de deux cent mille francs pour leur réception.

A la naissance du roi de Rome, le 20 mars 1811, la nation témoigna qu'elle partageait les sentiments de son chef, qui, plus que jamais, envisageait l'avenir avec confiance.

Les réjouissances données à Lille, le 9 juin suivant, se composèrent du mariage de dix militaires avec des jeunes filles dotées par la ville, de parade et défilé, — précédés du *Te Deum* en l'église Saint-Maurice, —

d'illuminations et, le dimanche 16, de feu d'artifice sur la grand'place.

**

Quelle était, maintenant, la situation particulière de Loos au début de ce siècle ?

M. Casimir Castellain administrait le village comme maire, en 1800 ; de 1803 à 1813, M. Charles-Denis Platel exerça la même charge, que reprit M. Castellain de 1813 à 1830. Les adjoints pendant ces trente années furent successivement MM. Louis et Aimé Defives.

Les fonctions d'agent de la police municipale étaient confiées à Louis Carlier, auquel succéda Cocheteux en 1814.

Pierre-Joseph Vanhooft était instituteur. Son penchant pour la bière lui valut une sévère leçon (1803) : il fut destitué. Heureusement pour lui, M. Ridez, nommé à sa place, n'accepta point ; on lui rendit son école, mais on lui fit promettre de s'amender. A la suite d'examens subis par les instituteurs primaires (arrêtés du préfet des 20 novembre et 8 décembre 1806 et 16 janvier 1807), il dut, en février 1807, abandonner sa classe. Un nouvel arrêté du 19 mai 1807 lui permit de continuer à enseigner la lecture aux enfants de moins de dix ans. En temps ordinaire, la moyenne des élèves ne dépassait pas trente ; après cette mesure, il ne devait guère en rester.

Pierre Vanhooft étant mort le 14 juin 1808, Philippe Liagre, ancien instituteur de Faches, le remplaça, mais ne tint l'emploi que trois mois, jusqu'au 14 septembre 1808, date de son décès. Après Philippe Liagre vint Charles-Louis, l'un de ses fils ; celui-ci resta instituteur pendant trente-cinq ans et clerc pendant près de cinquante années.

Les honoraires de l'instituteur furent ainsi fixés, en 1808 : pour soixante centimes par mois les enfants apprenaient à lire ; soixante-quinze centimes donnaient droit à recevoir les notions d'écriture ; la lecture, l'écriture, le calcul décimal valaient un franc ; enfin si les parents étaient généreux et désiraient que leur progéniture fût initiée au système métrique, ils versaient un franc vingt-cinq centimes.

Les enfants pauvres ne payaient aucune redevance.

Les recensements de la population, en 1801, 1805 et 1806, accusent respectivement 985, 1.042 et 1.061 habitants, parmi lesquels se trouvaient peu de gens aisés et quatre à cinq cents pauvres. Un bon tiers des ouvriers se livrait aux métiers de maçon, charpentier, couvreur ; les autres vivaient de l'agriculture.

Ils n'avaient point de grandes relations avec les habitants des villages voisins et ils se rendaient moins encore à Lomme qu'ailleurs : à cause de ce peu de fréquentation, le Conseil municipal, en 1813, ne voit pas la nécessité d'installer même un bac en remplacement du ponteau sur le canal, à la Planche à Quesnoy.

Les terres labourables, où étaient récoltés le blé, le colza, le seigle, l'orge, l'« olliette », la « cameline », les pommes de terre, les betteraves, etc., prenaient un peu plus de la moitié du territoire [1] ; l'autre moitié était couverte, en grande partie, de bois, prés, vergers et marais ; les routes et chemins, les propriétés bâties et les rivières, s'étendaient sur le reste.

L'agitation du pays depuis 1789 était un obstacle à un sérieux entretien des propriétés. Sur la plaine dont Lezennes, Faches, Ronchin, Wazemmes, Esquermes, Loos et Haubourdin, marquent les limites, des enfoncements s'étaient produits par l'éboulement des terres dans les carrières d'où l'on tirait les moëllons. La sécurité des personnes et des animaux employés dans les champs étant ainsi menacée, le préfet ordonna, le 8 thermidor an XIII, de combler sans retard ces dangereux précipices.

L'église, que la tempête du 9 novembre 1800 avait fort

---

1. On évalue à 754 hectares la superficie de la commune.

endommagée, était restée bien délabrée [1] ; sur la chapelle de Notre-Dame de Grâce en ruines [2] était édifiée (1811) la petite ferme de Montagne, ancien concierge de l'abbaye. Quant à la maison commune, que le maire avait acquise de Billau, moyennant 1.300 francs [3], il fut nécessaire, en avril 1815, de procéder à une adjudication pour réparations à y effectuer.

La famille Castellain d'Escleps n'avait pas cessé d'habiter le château de Landas. M. Dusart demeurait au château des Frennes, mais, en 1807, il annonçait qu'il était disposé à quitter l'ancienne résidence des comtes de Thiennes, « construite sur » 2 hectares, 83 ares, 54 centiares de prairies », entourée de rivières « dont les eaux sont renouvellées par une infinité de » sources ». Sa propriété convenait, selon lui, à des personnes « qui auraient l'intention de former un établissement, soit » blanchisserie à la minute, manufacture ou fabrique » quelconque ». Il proposait même de s'intéresser dans les affaires, si une industrie de ce genre y était entreprise.

Parmi les nombreuses fermes du village, l'une des plus importantes était celle du Basinghien, que tenait la famille Platel. Vers 1804, un incendie la détruisit presque en entier. Ce fléau était malheureusement fréquent dans les campagnes, où les maisons et les censes avaient des toits de chaume. Pour tâcher de l'enrayer, les préfets interdirent (mars 1806, février 1807 et janvier 1815) l'emploi des lumières et l'usage de la pipe — non couverte d'abord, même couverte plus tard —, dans les rues et aux environs des pailles, meules, granges, fermes, etc.; l'acte de mars 1806 concédait aux juges de paix le pouvoir d'infliger aux délinquants les peines de trois jours de prison ou trois journées de travail.

---

1. Cette tempête avait commencé vers onze heures du matin et avait duré jusque quatre heures de l'après-midi ; le vent soufflait du midi au couchant. Ce jour-là était un dimanche. Au quart de deux heures, au moment où le clerc se disposait à sonner les vêpres, le clocher s'abattit sur le chœur. Il n'y eut pas d'accident de personnes.

2. Les pierres de la chapelle servirent à la reconstruction de l'église de Wavrin.

3. En vertu d'un décret donné par l'Empereur, au quartier général de Smolensk, le 21 août 1812. Le même décret permettait à la commune de Vieux-Berquin de s'imposer extraordinairement pour construction de trottoirs sur les chemins d'Hazebronck, de Merville, d'Estaires et de Bailleul.

Ce ne fut pas sans résistance que l'octroi fut établi (1803) pour combler le déficit de 1700 francs constaté dans la caisse communale. Le conseil municipal prétendait que cette mesure imposée par le préfet aurait pour conséquence la ruine des cabaretiers dont les établissements seraient abandonnés ; on dut néanmoins se résoudre à voter un droit de cinquante centimes par rondelle de bière forte, le surplus devant être recouvré au moyen de centimes additionnels. A leur tour, les débitants employèrent ruses et finesses pour dépister les recherches du receveur.

En 1806, les boissons sont taxées, par hectolitre : la bière forte, un franc ; la petite bière, vingt-cinq centimes ; le vin, cinq francs ; les eaux-de-vie et liqueurs, dix francs.

M. Schlim, ancien moine de l'abbaye, et M. Chevalier, autrefois chapelain de Notre-Dame de Grâce, assurèrent durant les deux premières années le service du culte dans la paroisse.

C'est à M. Schlim que Félix Jacquart, fermier et charpentier à Ennequin, remit en 1800, la statue de Notre-Dame de Grâce, qu'il avait gardée pendant la Révolution avec Honoré Prémesques, son voisin. M. Schlim plaça au-dessus du maître-autel l'image miraculeuse de 1591, que les habitants reconnurent avec joie pour s'être si souvent prosternés à ses pieds [1].

Pour se conformer à la loi du 18 germinal an X et à l'arrêté préfectoral du 16 floréal suivant, M. Schlim se rendit à la maison commune, le 21 prairial an X (10 juin 1802) pour y prêter le serment de fidélité prescrit par le Concordat :

« Je jure et promets à Dieu sur les saints évangiles de
» garder obéissance et fidélité au gouvernement établi par
» la constitution de la république françoise. Je promets
» aussi de n'avoir aucune intelligence, de n'assister à aucun

---

[1]. D'un seul bloc de pierre blanche, la statue mesure 0,85 de hauteur et est très délicatement sculptée. La figure de la Vierge paraît jeune ; l'Enfant-Jésus, que sa mère porte sur le bras droit, bénit de la main gauche le globe terrestre qu'il tient de la main droite.

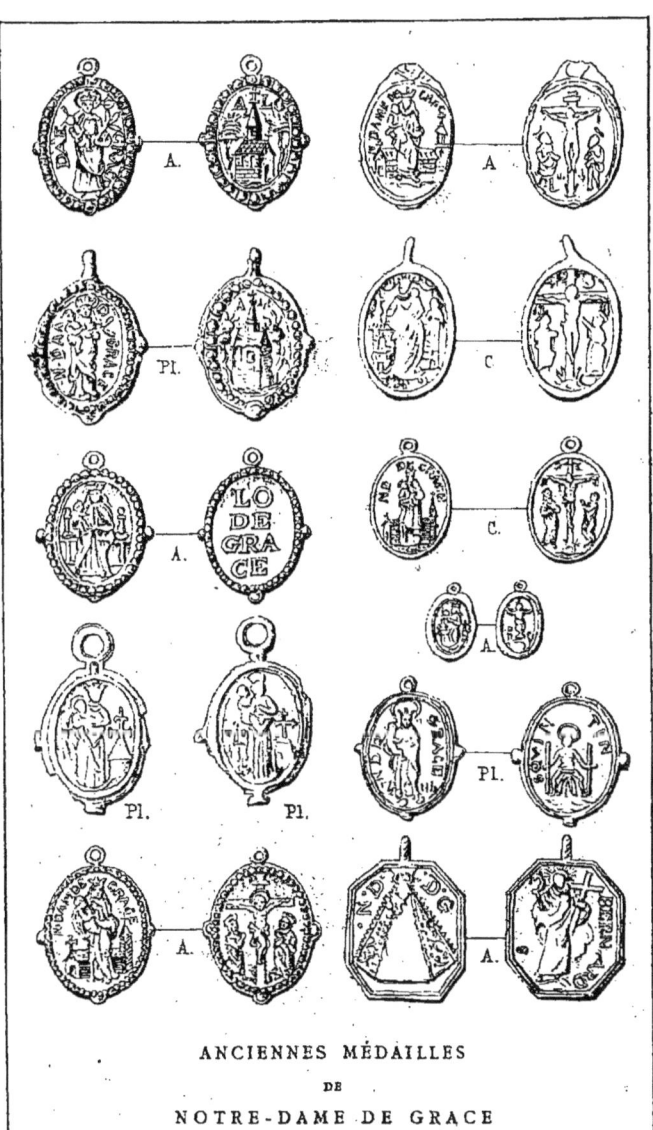

ANCIENNES MÉDAILLES
DE
NOTRE-DAME DE GRACE

D'après la collection de M. Daucoisne.

» conseil, de n'entretenir aucune ligue, soit au dedans, soit
» au dehors qui soit contraire à la tranquillité publique, et
» si dans mon diocèse ou ailleurs, j'apprends qu'il se trame
» quelque chose au préjudice de l'Etat, je le ferai savoir au
» gouvernement. »

A l'organisation définitive du diocèse de Cambrai, le 2 brumaire an XI (24 octobre 1802), Mgr Belmas appela à la cure M. J.-B. Montagne. M. Schlim se retira à Beaucamps, où il vécut encore près de trente ans.

M. J.-B. Montagne décéda le 4 mai 1806 ; M. Ignace Breckwelt, ancien curé de Beaucamps, fut nommé curé ; il s'éteignit le 22 février 1813 ; à l'âge de 73 ans, et fut inhumé au cimetière paroissial, en présence de L.-Justin Béhague, ancien récollet qui avait émigré et que l'on nommait le P. Justin, de Pierre-François Béhague, vicaire, et D.-F. Leclercq, curé d'Haubourdin.

En l'an XII (1804), Mgr Belmas, porta plusieurs règlements, destinés à réparer des effets de la terrible crise qu'avait traversée la religion : l'un concernait les oblations et fixait le tarif des honoraires pour les cérémonies religieuses ; un second sur la sonnerie des cloches tendait à restreindre l'abus qu'on en faisait ; un troisième, dans le but de pourvoir à l'administration et à la conservation du temporel des églises, donnait aux fabriques les statuts sur lesquels elles devaient se régler.

M. Breckwelt ouvrit le 19 avril 1811 le registre des délibérations du Conseil de fabrique de l'église de Loos[1].

En première page, se conformant à une lettre de l'évêque du 3 novembre 1810, il transcrivit le décret impérial du 30 décembre 1809 sur les fabriques, donné au palais des Tuileries « par Napoléon, empereur des Français, roi
» d'Italie, protecteur de la Confédération du Rhin, médiateur
» de la Confédération suisse, etc., etc., etc. » Les premiers membres furent MM. Louis-Joseph Castellain, président,

---

1. Ce registre est encore en usage aujourd'hui.

Pierre-François Debuchy, François-Joseph Billau, Joseph Derache, Jean Cornille. M. Charles-Denis Platel, maire, était membre de droit. Les recettes de l'année s'élevèrent à 382 francs 06, les dépenses à 396 francs 81.

Le successeur de M. Breckwelt, M. Couvreur, vicaire de Saint-Etienne à Lille et ancien religieux de l'abbaye de Dammartin, mourut le 16 septembre 1816 et fut enterré par le curé d'Haubourdin, M. Herrent.

Outre la faible indemnité qu'il recevait de l'Etat, il était alloué au curé de Loos, sur les revenus ordinaires de la commune, des rémunérations évaluées, en 1809 et 1810, à cent cinquante francs et à trois cents francs en 1811 et 1812. L'instituteur secondait le curé, en remplissant les fonctions de clerc et en se chargeant, de plus, des sonneries et de l'horloge de la tour.

L'église avait saint Pierre d'Antioche pour patron principal. La confrérie du Saint-Sacrement, la seule qui existât, avait été rétablie le 1er octobre 1804 ; la cotisation des membres — trente centimes par an et par personne — et les quêtes pour la confrérie, dont le total pouvait aller à dix-huit francs, rapportaient environ vingt-cinq à trente francs, employés à la célébration de messes et de saluts. Les frais du culte, le soulagement des pauvres, la mémoire des fidèles trépassés participaient au même titre que la confrérie du Saint-Sacrement aux quêtes sollicitées les dimanches et fêtes, à tous les offices.

Le cimetière, autour de l'église, avait une superficie de vingt-cinq ares, dix centiares, était planté de cent cinquante ormes et clôturé d'une haie vive ; le Christ du calvaire, brisé pendant la Terreur, avait été recueilli par Louis Lemaire, le même qui avait proposé le rachat de l'église par les habitants ; on le remit à sa place primitive [1].

Quand le culte eut été restauré, M. l'abbé Détrez [2] ne

---

[1] Ce Christ est celui du calvaire, au cimetière actuel.
[2] Voir *Annales de Loos*, p. 264-266, une notice biographique de M. Détrez.

cessa point de se montrer, à Loos, en particulier, l'apôtre que les fidèles des villages voisins avaient connu; les œuvres auxquelles il s'intéressa ont pris aujourd'hui un développement considérable. Dès 1797, il réunit dans une maison de la commune [1] quelques orphelines qu'il confia aux demoiselles Euphrosine Legrand, Marie-Anne Desruelles et Catherine Legrand [2]. Mlle Desruelles était de Marquillies; elle mourut en 1834, à 63 ans, et fut remplacée, à la tête de la petite famille, par Mlle Catherine, née à Hesdin, ex-religieuse de l'Annonciation à Béthune.

M. Détrez soutint encore trois anciennes Bernardines dans le projet qu'elles formèrent de fonder un pensionnat [3]; sous ses auspices une autre demoiselle Legrand institua à Lille, rue de la Piquerie, pour les filles repenties, un refuge qui fut le germe de la maison du Bon-Pasteur dans cette ville, comme la maison des orphelines de Loos précéda l'arrivée au village des dames de la même communauté; enfin, à partir des dernières années de l'Empire, sœur Natalie, fondatrice des filles de l'Enfant-Jésus, trouva en M. Détrez, dont l'apparente rudesse ne la rebuta point, un guide sûr et un coopérateur dévoué.

Natalie Doignies était née à Moncheaux en 1778. Six enfants la suivaient; de bonne heure elle leur procura les soins d'une mère, les parents étant morts peu après la Révolution. Ses maigres ressources épuisées, elle dut songer à gagner son pain. Elle fut admise comme cuisinière, en 1801, chez M. le comte de Vidampierre, qu'elle abandonna en 1808, pour entrer chez M. et Mme de Bovet, où sa plus jeune sœur était déjà.

M. de Bovet possédait à Loos une campagne où il se rendait l'été avec toute sa maison. Natalie, qui avait

---

1. Chez le boulanger Debuchy, actuellement l'école communale des garçons. C'est là que, durant la Révolution, il rassemblait les fidèles des environs.
2. Il existe au Bon-Pasteur de Loos le portrait de Mlle Desruelles en costume du temps et celui de Mlle Catherine en Annonciade, sur son lit de mort.
3. Aujourd'hui le pensionnat d'Esquermes.

toujours pratiqué les vertus, se choisit pour directeur le P. Justin, lequel habitait Haubourdin, mais venait assidûment à la paroisse.

Ayant remarqué à l'église des enfants portant le même costume, la pieuse servante désira voir celui qu'on lui avait désigné comme leur fondateur et directeur. Elle se mit en rapport avec la supérieure et un jour rencontra au petit couvent M. Détrez; celui-ci, aux premiers mots qu'elle prononça, lui répondit de façon à ne pas l'entraîner dans une nouvelle tentative.

La Restauration arriva. Après un essai infructueux au monastère d'Esquermes et quelque temps passé chez MM. de Bovet et Poteau d'Hancardrie, Natalie put s'entretenir sérieusement avec M. Détrez. Il lui fit suivre deux retraites et, successivement, la plaça au nouveau pensionnat de Loos, l'envoya à Moncheaux et dans d'autres villages enseigner le catéchisme aux enfants et aux paysans, la fit rentrer chez M. de Bovet, lui enjoignit d'aller dépenser son zèle au refuge de Mlle Legrand et à la prison du Raspuck, et, en 1825, lui permit de s'établir rue des Fossés, avec quelques compagnes, pour instruire les enfants pauvres et soigner les orphelins. La communauté de l'Enfant-Jésus était fondée.

Sœur Natalie mourut en février 1858 et fut enterrée à Loos, non loin de l'endroit où M. Détrez reposait depuis plus de vingt-cinq ans [1].

A l'abbaye, les farouches patriotes de 1793 s'étaient contentés de faire main basse sur ce qu'ils pouvaient emporter. Quelques manuscrits, heureusement recueillis à Sequedin, leur échappèrent. Les bâtiments ne subirent point de destruction.

---

[1]. Pendant de longues années, on vint de Lille enterrer au cimetière de Loos les filles de l'Enfant-Jésus.
Voir l'ouvrage de M. le comte de Melun, *Sœur Natalie Doignies, fondatrice de la congrégation des filles de l'Enfant-Jésus à Lille*. Lille, Lefort, 1859.

En 1806, M. P. Solignac donne avis aux fabricants d'indienne, de toile de coton, de mousseline, basin, piqué, percale et autres étoffes de coton, coton filé, bonneterie, bas, toile de lin, etc., etc., qu'il établit à la ci-devant abbaye une blanchisserie comme il s'en trouve en Angleterre, où depuis vingt ans il s'est mis au courant de cette branche d'industrie. Il leur garantit une beauté et un poli qu'il a été impossible jusque-là d'atteindre en France, et les assure que les pièces apprêtées n'auront point de tendance à roussir. Si on le désire, M. Solignac rendra les étoffes calendrées ; il pourra même préparer pour les imprimeurs d'indiennes les toiles de coton qu'ils lui donneront à blanchir. « M. Victor Plaideau, négociant, rue des Malades, n° 129, » se chargeait du transport.

L'entreprise de M. Solignac ne fut pas couronnée de succès.

On tenta également à l'abbaye les premiers essais de la filature de coton.

En 1808, l'on constata avec étonnement que, sur une population de 839.833 habitants, le département du Nord comptait près de 120.000 individus secourus par les bureaux de bienfaisance, et, dans ce nombre, 10.300 mendiants.

Les causes de cette énorme proportion d'indigents furent attribuées à l'industrie, qui se répandait partout au détriment de l'agriculture, et à la prodigalité des secours, qui créait des paresseux ; et l'on crut que pour remédier à un état de choses si inquiétant, il fallait revenir aux idées de MM. Dieudonné et de Pommereul qui avaient demandé, pour y installer un dépôt de mendicité, le premier l'hôpital général de Valenciennes, le second la citadelle de Cambrai. M. Duplantier, leur successeur à la préfecture, obtint l'abbaye de Loos en 1812.

On n'atteignit qu'un résultat négatif.

La « dédicace » ou « kermesse » du village avait lieu le dernier dimanche d'août et, alors comme aujourd'hui, le lundi de Pentecôte, et surtout le lundi de Pâques, étaient les jours préférés des pèlerins de Lille et des alentours.

Ces dates devaient être adoptées depuis un temps immémorial, car elles étaient observées avant la Révolution. On peut lire dans le *Calendrier à l'usage de la ville de Lille*[1] pour l'année 1787, au lundi de Pâques, 9 avril, et au lundi de Pentecôte, 28 mai : « Ledit jour, il se fait un » concours de monde en la Chapelle de Notre-Dame de » Grâce, au village de Loos (sic) pour y prier la Très Sainte » Vierge. » Et le 26 août, le dimanche le plus proche de la fête de saint Louis, roi de France : « Ledit jour, c'est » la Dédicace de l'église paroissiale de St Etienne et du » village de Loos... »

En dehors de ces fêtes particulières, dans tout l'Empire, à la Saint-Napoléon, le 15 août, et à l'anniversaire du couronnement de l'Empereur et de la victoire d'Austerlitz, le premier dimanche de décembre, on chantait le *Te Deum*, on distribuait des comestibles aux pauvres et l'on pavoisait ou l'on illuminait les maisons. Certaines villes parfois dotaient une jeune fille, à laquelle on donnait pour mari un militaire pensionné. En décembre 1812, Douai, Valenciennes, Cambrai, Armentières, Le Cateau, font choix d'une rosière. A Lille, c'est Marie-Madeleine Bertrand, fille de Jean-Antoine, ancien sergent d'infanterie, pensionné, qui épouse Narcisse Billet, natif de Lille, ancien gendarme d'élite, pensionné, garde de police à Lille ; leur mariage est conclu à dix heures, à l'hôtel-de-ville, par-devant M. le comte de Brigode, maire, et ils ont pour témoins le général baron Olivier, commandant la 16e division militaire, le baron Duplantier, préfet du Nord, le général Macors, commandant la place de Lille, et M. Fauvel, président du tribunal de première instance.

On peut s'imaginer, selon les articles que leur consacrent

---

[1] *Le Trésor spirituel ou Calendrier à l'usage de la ville de Lille, pour 1787, etc.* Lille, de Boubers, 1787.

les journaux, l'importance prise par certains évènements locaux dans l'esprit et les conversations de nos grands-pères : ainsi, la fin tragique de l'aéronaute Mosment. L'article des *Affiches et annonces* ne doit sûrement pas avoir été écrit de premier jet ; on y observe trop le soin d'épargner, au moyen d'habiles transitions, la sensibilité du lecteur :

« L'aéronaute Mosment a fait hier [1] dans la belle rotonde
» du Cirque l'expérience qu'il avoit annoncée ; l'ascension
» du ballon a été tout à la fois majestueuse et rapide : le
» char aérien a plané longtemps sur la ville, il s'est élevé
» à une telle hauteur qu'il étoit presque imperceptible :
» l'expérience du parachute a parfaitement réussi. Le ballon
» se dirigeant vers la porte de la Magdeleine, on a vu
» tomber un drapeau blanc ; cette chute a été suivie de
» celle de l'infortuné physicien, dont le corps tout fracassé
» a été trouvé dans les fortifications. On attribue ce malheur
» à la froideur de l'air dans la région élevée et à l'engour-
» dissement qui en aura été la suite : on peut l'attribuer
» aussi à la témérité de l'aéronaute, qui n'avait pas
» enveloppé d'un filet sa petite nacelle. »

En février 1807, on pêche dans les fossés de la citadelle un brochet monstrueux, à la recherche duquel on s'évertuait depuis de longues années. « Les curieux peuvent le voir
» vivant, au cabaret du Comte de Saxe, rue des Bouchers,
» pour dix centimes par personne. »

En octobre, c'est pour une comète que se passionnent savants et ignorants :

« On parle beaucoup dans les communes qui nous
» avoisinent de l'apparition d'une comète ; cette même
» comète a été apperçue dans la nuit du 1er de ce mois, à
» Augsbourg, à la partie N. O. de l'horizon. Elle s'est
» montrée assez grande, mais sa lueur est un peu pâle ; la
» queue paroît dirigée vers la terre, de sorte qu'on ne peut
» encore bien juger de sa longueur. Le 2, à sept heures du

---

1. 7 avril 1806.

» soir, ce phénomène a encore reparu. Les nouvelles de
» Darmstadt parlent aussi de cette même comète qui y a été
» vue le même jour et à la même heure ; on y a remarqué
» que sa queue paroissoit diminuer et pâlir à mesure qu'on
» l'observoit. Au reste, voilà de compte fait, la 4ᵉ comète qui
» se fait voir depuis cent ans : une a été vue en 1709, une
» en 1740, une en 1768. »

Le 28 mars 1813, un bandit qui désolait les campagnes se fait prendre à Wazemmes :

« Le nommé Gaspard-Jos. Leclerc, condamné à dix
» années de fers pour vol et évadé pour la troisième fois du
» bagne d'Anvers, a été repris dimanche dernier vers quatre
» heures de relevée, au cabaret de la Réjouissance, à
» Wazemmes. Cette arrestation a été faite par les sieurs
» Lesaffre, brigadier de la garde de police de Lille, Dupire,
» garde-champêtre à Wazemmes, secondés par trois gardes
» nationaux de service aux portes de l'hôtel de ville ; avec
» Leclerc a été arrêté un autre évadé de fers nommé Millau.
» On a trouvé sur eux une paire de tenailles, deux chandelles,
» une boîte d'amadou, un briquet, une botte d'allumettes.
» Cette arrestation rend la tranquillité aux environs de Lille,
» où le chef de voleurs Leclerc rôdait depuis deux mois. »

Les journaux n'épargnent pas leurs colonnes à la propagande de la vaccine ; ils mentionnent régulièrement les noms des médecins opérateurs.

La découverte de Jenner ne s'implanta dans le Nord que vers 1801. Par des instructions, des secours, des encouragements et des récompenses, le préfet Dieudonné s'efforça de vaincre la résistance que les parents opposaient la plupart du temps ; il fut aidé, dans cette œuvre humanitaire, par les sous-préfets, les maires, les médecins, les chirurgiens, le comité central de vaccine à Lille et les comités particuliers des arrondissements.

A Fournes, chaque année, M. de Rouvroy ouvrait son parc et son château pour une fête ainsi détaillée dans une narration contemporaine :

« Le département du Nord offre une institution dont
» l'objet a un but bien direct vers la prospérité publique.
» Depuis plusieurs années, M. de Rouvroy, propriétaire
» à Fournes, est dans l'usage de faire en faveur de la
» vaccine, un appel aux pères et mères des communes du
» canton de La Bassée ; à un jour donné, qui est toujours
» un dimanche dans la belle saison, il reçoit dans son
» château tous les enfans que l'on veut y présenter pour
» être vaccinés, et des hommes de l'art sont là pour réaliser
» les vues philanthropiques de l'estimable propriétaire.

» Dimanche dernier [1] a eu lieu cette réunion que nous
» pourrions appeler la fête annuelle de la vaccine. Pour la
» rendre plus intéressante, M. de Rouvroy avait réuni une
» société nombreuse, le tems était superbe et la température
» extrêmement douce. En avant du château se développe
» une vaste pelouse que bordent des bosquets agréables ;
» dans le lointain et presque dans un enfoncement terminé
» en perspective par une ruine de pont très pittoresque, cinq
» tentes étaient dressées pour y faire les opérations de la
» vaccine ; c'est là que se portait toute l'attention de
» l'observateur. Rien en effet de plus attachant que ce
» tableau à qui toutes les affections semblaient prêter du
» mouvement. Tandis que sous la tente, le vaccinateur [2]
» recevait l'un après l'autre et avec bonté les enfans
» présentés à la salutaire opération, des mères, des enfans
» se pressaient vers l'entrée, attendant avec impatience
» que leur tour fût venu. Autour étaient grouppées sur le
» gason d'autres femmes allaitant ou soignant leurs enfans.
» La sollicitude, les tendres soins des mères, les jeux
» innocens des enfans, la touchante attention des specta-
» teurs, le mélange aimable de la parure recherchée des
» villes avec le costume simple et propre des villageoises,
» que sais-je ? un sentiment général de confiance, de

---

1. 5 juillet 1812.
2. « M. Demortain, vaccinateur du comité de Lille, accompagné de M. Huglot. »

» contentement imprimé sur les visages, tout concourait à
» rendre cette fête aimable. Sept communes ont vu, en ce
» jour, leur population accourir vers le parc hospitalier ;
» elles méritent d'être citées : Fournes, Wavrin, Sainghin-
» en-Weppes, Marquillies, Wicres, Fromelles, Herlies
» (91 enfants vaccinés).

» On sait que le dévouement de M. Taffin, desservant
» de Sainghin, pour la propagation de la vaccine lui a
» valu une médaille honorable. Une noble émulation semble
» animer les fonctionnaires de tous les ordres de ce canton ;
» on peut citer spécialement M. de Beaulaincourt, maire
» de Sainghin, MM. Beaurepaire, maire, et Bouly,
» desservant de Wavrin, qui sont arrivés à la tête des
» enfans de leur commune. M. le maire avait de plus prêté
» son chariot et ses chevaux pour amener les mères des
» enfans en bas-âge. On a pu juger dans ce moment
» combien la bienfaisance a de moyens pour faire sentir
» autour d'elle son influence bénigne et combien il serait
» facile aux propriétaires riches, d'imiter l'exemple qui est
» donné tous les ans à Fournes !

« M. l'Auditeur sous-préfet de Lille et M. le Secrétaire
» général de la Préfecture, étaient de cette fête. M. le baron
» Duplantier, préfet, avait aussi promis d'y prendre part ;
» mais il a dû rester à Lille pour recevoir M. le général duc
» de Padoue, qui faisant une revue des côtes et des cohortes
» de son commandement, lui a fait l'honneur de descendre
» le même jour à la Préfecture, d'où il n'est parti que le
» lendemain matin pour se rendre à Anvers. »

*
* *

Après la campagne de 1809, le vaste Empire français
renfermait cent trente départements et Napoléon avait pour
vassaux les rois d'Italie, de Naples, d'Espagne, de West-
phalie ; le Danemark et la Confédération helvétique étaient
ses alliés ; la Confédération du Rhin l'avait pour Protecteur.
Cette puissance semblait plus formidable qu'elle ne l'était

en réalité ; des éléments si hétérogènes, avec des intérêts si différents, ne pouvaient être retenus que par la crainte, et, en effet, dès les premiers revers, la haine se montra.

La guerre fut déclarée à la Russie le 22 juin 1812.

Les nouvelles que l'on reçut d'abord des armées annonçaient des victoires — notamment celle du 7 septembre à la Moskowa — pour lesquelles l'évêque de Cambrai ordonna un *Te Deum* dans toutes les églises, le 11 octobre. A Lille, les autorités civiles, militaires et judiciaires, se rendirent en grand cortège à Saint-Maurice, ayant à leur tête le général de division baron Olivier, commandant la 16e division territoriale. La veille, le peuple avait assisté à un spectacle gratuit et son enthousiasme s'était manifesté au chant de divers couplets « qui tous respiraient l'admiration et la » reconnaissance pour le Héros » qui garantissait « la civi- » lisation de l'Europe, menacée de nouveau par les peuplades » du Nord. »

Les Français entrèrent à Moscou, mais Napoléon se vit bientôt obligé de décider la retraite.

Les malheurs de la Grande Armée, puis, en janvier 1813, la trahison du général York, commandant le corps prussien sous le duc de Tarente, suscitèrent dans le pays une explosion de patriotisme, qui se traduisit par des protestations de fidélité à Napoléon et l'offre de cavaliers montés et équipés en remplacement de ceux qu'il avait perdus.

Le département décida l'armement de 334 cavaliers : Lille s'inscrivit pour 50, Dunkerque pour 16, Hazebrouck pour 4, Armentières pour 3, Cambrai pour 6, Douai pour 10. Le canton d'Haubourdin en annonçait 6 dans l'adresse suivante :

A Sa Majesté l'Empereur et Roi,
Les maires du canton d'Haubourdin, arrondissement de Lille.

Sire,

La gloire de la France est votre ouvrage ; elle émane de la vôtre et en est désormais inséparable : vos qualités éminentes et l'amour naturel aux Français pour leurs souverains suffiront toujours pour la consolider. Qui pourrait ne pas ambitionner de s'y associer ?

Un traître cependant, indigne de commander sous vous et d'être admis dans les rangs français, a violé ses serments ; cet attentat a retenti dans nos chaumières comme dans les plus grandes cités et tout l'Empire éprouve un égal besoin de se presser autour de votre trône pour en soutenir l'éclat.

Sire, le dévouement de votre peuple est au-dessus de tous les sacrifices ; il préviendra toujours les besoins et maîtrisera les événemens.

Interprètes des sentimens de ce canton, nous prions en son nom Votre Majesté d'agréer l'offre de six chevaux, montés et équipés, qu'il se glorifiera de voir marcher sous vos drapeaux.

Nous sommes de Votre Majesté Impériale et Royale, Sire, les très humbles et très dévoués sujets.

> Baptiste Cordonnier, Cardon-Garsignies, H. Waresquiel, A.-J. Delesalle, L. Hochart, L.-J. Hély, L.-M. Dathis, H.-J. Testelin, A.-J. Prémecque, maire, D.-M. Bartier, maire, A.-J. Lefebvre, maire, C.-D. Platel, F.-F. Sion, Baurepaire, Faille.

En 1813, une coalition se forma de l'Angleterre, de la Russie, de la Prusse, de l'Espagne, du Portugal et de la Suède. En Allemagne, comme en Espagne, les troupes françaises durent reculer et il fallut songer à défendre la patrie menacée d'une invasion, en répondant effectivement au cri d'alarme que l'Impératrice reine et régente avait fait entendre au Sénat, dans la séance du 11 octobre.

Des levées d'hommes extraordinaires furent prescrites ; on enrôla tous les hommes disponibles ; les gardes nationales furent convoquées. Le 23 novembre, un détachement de ces dernières troupes fut envoyé de Lille à Anvers pour ajouter un anneau à la chaîne d'acier qui devait « ceindre toutes » les frontières de l'Empire et les rendre impénétrables. »

Le Rhin est franchi par les coalisés le 21 décembre.

Le 18 janvier 1814, le comte de Brigode, maire de Lille, prie ses concitoyens de se munir de subsistances pour six mois ; trois jours plus tard, Lille est déclarée en état de siège, ainsi qu'Ostende, Nieuport, Dunkerque, Valenciennes, Bergues, Ypres, Douai, Condé, Bouchain, Maubeuge, Landrecies, Le Quesnoy. La garde nationale de la ville se joint à la troupe de ligne pour le service de surveillance de la place. Des localités environnantes, Seclin, Armentières, Haubourdin, envoient au magasin des hôpitaux, linge, charpie et bandes à pansements.

Les victoires de Champaubert, sur Oulsouvieff, et de Montmirail, sur Blücher (10 et 11 février) ramenèrent un instant la confiance qui tendait à s'ébranler ; à Lille, les bulletins furent publiés au théâtre et, à la lueur des torches, dans tous les quartiers.

Dans la crainte que le chef-lieu du département ne fût l'objet d'une tentative sérieuse, le comte de Villemanzy, nommé par l'Empereur commissaire extraordinaire dans le Nord, créa un corps franc chargé de la défense extérieure de la ville.

Une alerte se produisit le 21 mars. A une heure de l'après-midi, le bruit court que l'ennemi se trouve à Ascq et à Hellemmes, entre la route de Tournai et la route de Paris. On bat la générale ; les troupes et la garde nationale prennent les armes, mais l'ennemi se retire aussitôt.

« Quatre cosaques, » dit le *Journal de l'Empire*, en parlant de cette escarmouche, « s'introduisirent chez un habitant
» d'un village voisin. Ce malheureux n'ayant pas de vin à
» leur donner, ils se livrèrent chez lui à toutes sortes de
» cruautés et le chassèrent de sa maison ; mais dans sa fuite
» il rencontra un mameluck à qui il raconta ce qui lui était
» arrivé. Aussitôt celui-ci vole à la chaumière du villageois
» et s'y prend si bien qu'en entrant il tue deux cosaques à
» coups de pistolet et sabre un troisième. Il a fait le quatrième
» prisonnier, et l'a conduit avec les quatre chevaux à Lille,
» où il a reçu les éloges que méritait une si belle action. »

Le général Maison, chef du premier corps d'armée, avait reçu de Napoléon la mission de s'opposer à Bernadotte qui conduisait l'armée du Nord. Il se dirigea sur Menin, se distingua dans quelques affaires à Gand, aux environs d'Audenaerde et de Courtrai, et revint à Lille, le 1ᵉʳ avril, avec sa troupe, augmentée d'une division sortie d'Anvers et de prisonniers saxons.

Napoléon se trouva bientôt impuissant et les Alliés entrèrent dans Paris.

Ayant abdiqué, l'Empereur partit pour l'île d'Elbe avec quatre cents hommes de sa vieille garde.

PREMIÈRE RESTAURATION

(6 avril 1814 - 20 mars 1815)

Proclamations et actes des autorités à l'avènement de Louis XVIII. Délégations à Paris. La paix. Évènements divers.

Le Sénat, qui avait choisi parmi ses membres le gouvernement provisoire (1er avril), nomma roi de France le comte de Provence sous le nom de Louis XVIII (6 avril).

Le peuple souhaitait la rentrée des Bourbons. Certaines régions s'étaient difficilement contenues : dans les arrondissements d'Hazebrouck et de Lille, par exemple, Louis Fruchart, avec des partisans, était ouvertement hostile à Napoléon : un décret impérial avait été rendu cependant, en février 1814, contre tout Français qui porterait les signes ou décorations de l'ancienne dynastie, dans les lieux occupés par l'ennemi et pendant son séjour ; ce décret arrêtait que les coupables auraient leurs biens confisqués au profit du domaine de l'Etat, seraient déclarés traîtres, jugés par une commission militaire et condamnés à mort.

Le conseiller de préfecture, délégué pour remplir les fonctions de préfet du Nord, fit insérer la proclamation qui suit, dans le *Journal du département* du 13 avril :.

Habitans du département du Nord,

La domination de Bonaparte, amenée par des dissensions civiles, facilitée par quelques premiers actes utiles à la Nation, avait fini par dégénérer en un despotisme insupportable. Encore quelques mois de son empire, et c'en était fait des finances de la France, de sa population, de notre existence politique. Sur le bord de l'abîme, la Nation aux abois a ressaisi ses droits ; elle s'est donné un gouvernement provisoire, et ce gouvernement a rappelé à lui la souveraineté dont il se faisait un abus si criminel, pour la conférer de nouveau à une dynastie antique qui pendant des siècles a été en possession de l'amour des Français. Napoléon Bonaparte est déchu du trône et le droit d'hérédité établi dans sa famille aboli.

Habitans du département ! Vos premiers administrateurs se hâtent de vous faire connaître que, sans hésiter et avec joie, ils ont donné une pleine et entière adhésion à cet acte solennel qui sauve la Patrie. Imitez leur exemple : prononcez-vous avec franchise et abandon, mais avec calme. Gardez-vous qu'un zèle indiscret, que des signes quelconques de ralliement inutiles lorsqu'il n'y a plus qu'un parti, qu'une expansion peu mesurée d'allégresse donnent lieu au moindre désordre. Vous en seriez bientôt inconsolables. Le chef du gouvernement qui vient d'être renversé reste sans défense et malheureux ; il est donc de la générosité, de la dignité française trop longtemps oubliées, de ne se permettre rien d'outrageant, rien d'injurieux contre sa personne ; quand même la loi ne nous en ferait pas une défense positive, n'est-ce pas assez pour nous d'avoir à réparer ses fautes sans perdre le tems à les lui reprocher ? Habitans du département ! Vous avez supporté pendant plusieurs années, avec une résignation, avec une patience rares le fardeau d'un gouvernement oppresseur ; que le passage à un ordre de choses qui met fin à vos inquiétudes, tarit la source de vos larmes, ne vous trouve pas moins exemplaires. Il est si facile d'oublier un passé pénible lorsqu'on n'a plus à envisager qu'un avenir de consolation et de bonheur ! C'est celui que nous promet le retour de nos anciens souverains.

Les officiers et soldats du premier corps d'armée et de la 16e division militaire reçurent également un ordre du jour du général Maison :

Officiers et soldats !

Les grands évènements qui ont eu lieu en France vous sont connus.

Nos serments nous liaient à l'Empereur Napoléon ! L'abdication qu'il a proposée, les vœux de la Nation nous en ont relevés ; nos devoirs sont remplis, notre honneur satisfait.

Rappelons-nous tous maintenant que nous sommes Français ; unissons-nous à nos concitoyens : présentons ainsi une réunion imposante, qui prouve que la nation française peut essuyer de grands revers, mais ne saurait être détruite.

Officiers et soldats !

Nous avons servi fidèlement notre ancien Souverain ! Nous servirons celui que la Nation vient de choisir. Donnons-en l'assurance au Gouvernement provisoire qui le représente.

Nous avons conservé cette belle ligne à la France, notre tâche est de la maintenir toujours intacte. Des braves et des gens d'honneur comme vous ne sauraient manquer à leurs devoirs les plus sacrés.

Le Général en chef,
Comte MAISON.

Ces recommandations n'étaient point inutiles, car des défections étaient signalées dans les rangs de l'armée. Elles avaient pour causes ou bien le désir des soldats de rentrer dans leurs foyers après d'interminables campagnes, ou bien leur répugnance à servir un autre maître que leur Empereur.

La même semaine, le *Journal du département du Nord* insérait un nouvel ordre général :

Soldats ! On vous égare en vous portant à la désertion. Il n'y a que des lâches qui quittent leurs postes et qui abandonnent les chefs estimables qui les ont toujours conduits au chemin de l'honneur.

Soldats ! Croyez en un homme qui aime votre gloire ; vous courez au déshonneur si vous ne rentrez dans le devoir ; apprêtez-vous à nous tuer tous tant que nous sommes ici d'officiers, plutôt qu'à nous voir lâchement souffrir.

Habitants de Lille, qu'un si bon esprit anime et distingue en général, je sais que plusieurs d'entre vous ont favorisé la désertion ; qu'ils ont excité de braves soldats, jusques ici l'honneur de leur Patrie. Que ceux qui ont été assez infâmes pour tenir une telle conduite tremblent des résultats, et surtout craignent que je découvre leurs manœuvres perfides ; je ferai fusiller comme embaucheur tout habitant reconnu pour avoir favorisé la désertion. Le gouvernement provisoire et le Roi que la France entière vient de se donner approuveront sûrement toutes mesures propres à conserver des braves sous les drapeaux de la Patrie.

Le Général en chef,
Comte MAISON.

Et, pour l'exemple, tous les officiers du premier corps d'armée donnaient une adhésion publique aux actes du Sénat, du Corps législatif et du gouvernement provisoire, particulièrement à l'acte constitutionnel appelant Louis XVIII sur le trône de ses pères.

Le mois suivant, le premier fonctionnaire du département faisait lire et afficher dans les communes une lettre du maréchal Mortier, duc de Trévise, commissaire extraordinaire du Roi dans le Nord et le Pas-de-Calais; le maréchal invitait les maires à prêter leur concours à la gendarmerie pour la recherche et l'arrestation des déserteurs.

Le général en chef comte Maison et le général baron Brenier, commandant la 16ᵉ division militaire, partirent le 23 avril pour Calais, où Louis XVIII débarqua le 24.

Bien avant cette date, le drapeau blanc flottait sur la principale tour de Lille. On l'y avait arboré le jour où les troupes de la garnison et la garde nationale avaient pris officiellement la cocarde blanche. Trois salves de vingt et un coups de canon avaient salué « ce signe du retour des » Français à leurs anciens souverains. »

Au théâtre, le public avait vivement applaudi des chants à tendances royalistes.

Le 15, le maire avait arrêté que la rue d'Angleterre, la rue Saint-André de la place Saint-Martin à la place Saint-André, la rue Royale, la place Saint-André et la rue du Curé Saint-Etienne, qui avaient reçu les noms de rues Bonaparte, Napoléon, Impériale, place Napoléon, rue de la Caserne Napoléon et Joséphine, reprendraient leurs appellations premières. La porte Napoléon était devenue porte d'Ypres et les emblèmes bonapartistes avaient été enlevés des édifices municipaux.

Le baron Brenier annonça au préfet, le 2 mai, que l'état de siège cesserait d'être appliqué dans les places de guerre de la division où il avait été nécessaire de l'adopter. Ostende, Nieuport et Ypres, ayant été remises aux Alliés, les garnisons de ces villes vinrent à Lille; quant aux troupes étrangères stationnées sur le territoire du département, il fut convenu avec le général Maison qu'elles se retireraient — surtout des villes manufacturières — le plus tôt qu'elles le pourraient.

Mgr Belmas, de son côté, avait prescrit par mandement à tous les curés du diocèse de Cambrai le chant d'un *Te Deum* solennel le dimanche 1er mai, en actions de grâces du retour des Bourbons.

Le 4 mai, à midi, on fêta, par cent coups de canon, l'entrée de Louis XVIII dans la capitale du Royaume.

Dans les autres communes, les cœurs « s'ouvrent à la
» douce confiance, dit le *Journal du département*, et tous
» attendent du gouvernement paternel des Bourbons des
» jours de contentement et de bonheur dont l'espoir même
» était interdit à la génération présente sous le régime de
» fer qui vient de cesser. »

Des députations s'étaient rendues à Paris, où elles furent présentées au comte d'Artois et à Louis XVIII.

Les délégués lillois étaient MM. le comte de Brigode, maire, président de la députation; Imbert d'Ennevelin, chevalier de Saint-Louis, ancien colonel inspecteur de la maréchaussée; le comte de Vidampierre, ancien capitaine au département de la marine; Beaussier-Mathon, président de la Chambre de commerce; Bonnier de Layens, négociant; Waresquiel, adjoint au maire; Descretons, adjudant de la garde nationale, et le chevalier de Brigode.

Dans son discours au comte d'Artois, le 29 avril, M. de Brigode exprima les sentiments d'allégresse ressentis par les « huit cent mille français » du département du Nord et lui présenta la garantie d'une fidélité, d'un amour et d'un dévouement sans bornes pour le Roi, son auguste frère.

Le 7 mai, Louis XVIII donna audience aux représentants de Lille.

« .... La France et le sceptre des Bourbons, disaient ceux-ci dans leur adresse, sont deux choses inséparables.
» En vain quelques factieux entraînant une foule égarée
» ont rompu quelquefois les nœuds de cette alliance;

» elle fut sans cesse renouvelée plus sainte et plus
» inviolable...

» La ville de Lille, Sire, qui fut presque le berceau de
» la vieille France, et qui est devenue un de ses prin-
» cipaux boulevards, obtint par sa fidélité l'estime de vos
» ancêtres ; elle se rendra digne aussi de la vôtre. Elle
» vous supplie d'agréer l'hommage de son amour et les
» vœux qu'elle forme pour voir prolonger la vie de son
» bon Roi, si chère aux Français, si nécessaire à leur
» félicité. »

Louis XVIII leur répondit :

« Je suis touché du sentiment que vous m'exprimez ; rien
» ne peut m'être plus agréable. Mon unique but et ce qui
» peut me rendre le plus heureux, c'est la paix au milieu
» de nous et le bonheur des Français ; j'espère que nous
» l'obtiendrons bientôt. »

Quelques jours après, le Conseil général et la garde nationale de Lille accomplissaient la même démarche.

Le 30 mai, M. de Talleyrand fit signer au Roi le traité de Paris, qui fut annoncé à Lille le lendemain.

« La Paix !!! écrivit le *Journal du département du*
» *Nord*, elle a été publiée hier[1] à dix heures du soir à
» Lille, à la lueur de cent torches, au bruit du canon, au
» son des cloches, des tambours, de la musique, aux
» acclamations de la population entière qui se pressait
» dans toutes les rues autour du fonctionnaire chargé
» de proclamer cette heureuse nouvelle, faisant retentir
» l'air du nom du monarque chéri au retour duquel nous
» en devons le bienfait. En un clin d'œil, l'illumination a
» été générale et certes il n'y avait rien de prévu ; un quart
» d'heure avant on ne se doutait encore de rien, et les
» ouvriers, les artisans, fatigués des travaux de la journée,
» cherchaient dans les bras du sommeil un délassement

---

1. 31 mai.

» nécessaire. O Français ! que ce mot de paix soit pour nous
» le signal de l'union des sentiments comme il a été celui
» de l'allégresse publique. Depuis vingt-cinq ans nous nous
» tourmentions.... Vivons désormais en paix ; une heure
» d'effusion intime suffit pour faire oublier des années de
» pénibles dissensions. Vivons unis et unanimes, servant
» avec zèle et fidélité la Patrie et notre auguste souverain.
» Vive le Roi ! »

Des *Te Deum* furent chantés le 22 mai à Cambrai, le 29 dans les autres églises, le 10 juillet dans tout le diocèse, en actions de grâces « du retour de S. M. dans la capitale » de ses Etats et pour se conformer à ses pieuses » intentions » et à l'occasion du traité de Paris.

Il reste à signaler comme évènements généraux de la première Restauration : les cérémonies funèbres en juin, à la mémoire de Louis XVI, Louis XVII, Marie-Antoinette et Madame Elisabeth, à Saint-Maurice de Lille, à Haubourdin, Tourcoing, Roubaix, Douai, Somain, Prémesques, Dunkerque, Ascq, Wattignies, Condé, Hazebrouck ; le voyage du duc de Berry dans le Nord ; les réjouissances qui marquèrent le 25 août, jour de la Saint-Louis, fête du Roi ; les services du 21 janvier 1815 et la souscription pour le rétablissement de la statue d'Henri IV.

Le duc de Berry arriva le jeudi 4 août 1814, vers quatre heures après-midi, à la porte de Paris ; les autorités civiles et militaires l'y attendaient.

Il descendit au palais du gouvernement, où les corps constitués lui offrirent leurs hommages. A la suite d'un banquet qu'il présida, il se rendit au théâtre, où l'on joua les *Héritiers Michau* et *Jean de Paris*. Dans la soirée, les quartiers de la ville étaient brillamment illuminés.

Le lendemain, le prince passa la revue des troupes sur l'Esplanade, fit le tour des remparts, visita l'hôpital militaire, la bibliothèque, le musée, la Monnaie, et assista le soir, à une fête organisée en son honneur, à la salle du Concert.

Le duc de Berry quitta Lille, le 6, à dix heures du matin.

La statue d'Henri IV, érigée à Paris, sur le Pont-Neuf, en 1635, avait été fondue en 1792 pour en faire des canons. Une des premières préoccupations des royalistes fut de rétablir le monument du « bon Roi Henri. » Les souscriptions affluèrent ; elles furent publiées au *Moniteur*, durant le dernier trimestre de 1814 et le premier de 1815.

Le Nord versa pour sa part, le 24 octobre 1814, une somme de 5.154 fr. 79, dont treize francs souscrits à Loos, trois francs par M. Wicart, percepteur, chacun cinq francs par MM. Castellain, maire, et L.-J. Castellain, propriétaire.

Des événements imprévus devaient retarder l'inauguration ; elle n'eut lieu que le 25 août 1818.

CENT-JOURS

(20 mars - 18 juin 1815.)

Manifestations royalistes, puis bonapartistes, à l'occasion des évènements. Réaction royaliste : Louis Fruchart, les femmes de Loos, l'abbé Détrez.

Le 1ᵉʳ mars 1815, Napoléon débarque au golfe Juan.

Les populations méridionales sentent renaître leur enthousiasme à la vue de celui qui avait tant de fois conduit les armées à la victoire ; dans le Nord, le bruit de cette audacieuse tentative est bien différemment accueilli.

Le maréchal Mortier, duc de Trévise, adresse le 10 mars aux troupes de la 16ᵉ division militaire un ordre du jour dans lequel il recommande à ses soldats de se rallier « autour de la personne sacrée du Roi » et de se montrer dignes du nom de Français en restant fidèles à Louis XVIII.

Le préfet du Nord, son secrétaire général et son conseil de préfecture, le conseil général, la garde nationale de Lille, s'empressent de protester de leur fidélité. Les maire, adjoints et membres du conseil municipal de la même ville, suivent cet exemple : « Sire, disent-ils, c'est avec
» l'indignation la plus profonde que la ville de Lille a
» appris l'entreprise aussi criminelle qu'insensée d'un
» homme qui fut si longtemps l'artisan de nos malheurs.
» Qu'espère-t-il ? Sa seule présence est partout une cala-
» mité... » Et ils continuent par une comparaison des résultats de l'Empire : guerre, crimes, iniquités, avec ceux de

la Restauration : développement et prospérité du commerce, de l'industrie et des arts. En même temps, ils assurent le Roi de leur obéissance et de leur respect.

Les gardes nationales du département sont convoquées dans le but de « seconder l'action des troupes et de la » gendarmerie, maintenir la paix publique, protéger les » personnes et les propriétés, contenir et réprimer les » factieux et les traîtres. »

Les manifestations royalistes se succèdent à Lille, bien que M. de Brigode demande le calme et la tranquillité.

Le 13 mars, le bruit se répand qu'un courrier de Paris annonce l'arrestation de Bonaparte à Lyon. La joie éclate alors de toutes parts : on arbore le drapeau blanc, on s'assemble et l'on se rend en foule s'enquérir du fait à la préfecture et à l'hôtel du gouverneur.

Deux jours après, une souscription est ouverte pour subvenir aux frais que nécessite l'équipement d'hommes dévoués, prêts à se sacrifier pour la défense de la patrie et du souverain légitime contre l'ennemi commun.

Au théâtre, le 16 mars, des couplets en l'honneur de la famille royale sont chantés par les acteurs et par le public...

Le 18, arriva le duc d'Orléans. Il ne laissa pas entrevoir au peuple ses préoccupations, assista au spectacle avec le gouverneur et le préfet et se rendit à la citadelle, qu'il visita.

Rien n'était moins fondé que la nouvelle du 13 mars. Napoléon, entraînant derrière lui ses anciens campagnons d'armes, s'avançait rapidement sur Paris, où on le reçut le 20, quelques heures après le départ de Louis XVIII pour la Belgique.

Ce même jour, 20 mars, le Roi atteignit Lille, à onze heures du matin. Seuls le duc d'Orléans et le duc de Trévise étaient allés au-delà de la porte de Béthune à la rencontre du souverain, qu'accompagnaient les maréchaux Berthier, prince de Wagram, Macdonald, duc de Tarente, le comte de Blacas d'Haulpy, le prince de Poix, le duc de

Grammont, le père Elysée. La population ne s'attendait guère à pareil événement : elle témoigna toutefois ses sentiments en se portant sur le passage de Sa Majesté, qu'elle salua des cris de « Vive le Roi ! Vive Louis XVIII ! »

Le comte de Brigode logea le monarque, près duquel le service fut rempli par la garde nationale et la troupe de ligne. A deux heures de l'après-midi, le 23, Louis prit la route de Menin, par la porte de Gand. Une demi-heure auparavant, le prince de Condé avait quitté la ville par la porte de Tournai ; la nuit suivante, le duc d'Orléans, le 25, le comte d'Artois et le duc de Berry passaient la frontière. Les troupes qui avaient suivi ces derniers se rendirent à Béthune, aux ordres du général Lauriston ; quant à la maison du Roi, elle se soumit sans difficulté à un décret de suppression.

La déclaration des Alliés, encore réunis au congrès de Vienne et terrifiés par d'aussi extraordinaires circonstances, avait été portée par le préfet à la connaissance de ses administrés : Bonaparte, s'étant mis en dehors des relations civiles et sociales, était livré comme ennemi et perturbateur du repos du monde à la vindicte publique.

Mais l'Empereur, devant l'immense péril, ressaisissant d'une main ferme les rênes du pouvoir un instant abandonnés, composait son gouvernement d'éléments nouveaux : le duc de Trévise avait cédé son commandement au comte d'Erlon; M. Dupont-Delporte occupait la préfecture ; l'aigle impériale, la cocarde nationale et le drapeau tricolore avaient été arborés dans toute la 16e division, à Dunkerque, Gravelines, Bergues, Valenciennes, Maubeuge, Avesnes, Landrecies, Le Quesnoy, Condé. En même temps les militaires étaient rappelés par décret et toutes les places du Nord approvisionnées et assurées contre une tentative, s'il s'en produisait du côté de l'étranger. Le préfet activait l'organisation des gardes nationales, dont la consigne était, comme il l'écrivait aux sous-préfets et aux maires, la conservation des places, citadelles et forts sur la ligne des frontières ; elles devaient y aller relever les corps de l'armée, qui, rendus mobiles entre des points fixes, pourraient en s'y appuyant manœuvrer pour repousser les agressions en cas de violation de territoire. Enfin Napoléon, dans l'intention de faire oublier ce que son pouvoir avait eu de despotique, rendait aux électeurs le choix de leurs maires et ajoutait à la constitution de l'Empire un acte qu'il faisait ratifier le 1er juin dans l'assemblée du Champ de mai par les représentants de la France.

La presse avait subi, elle aussi, des modifications ; les rédacteurs dévoués au Roi avaient laissé le champ libre aux adulateurs du pouvoir impérial. Ce ne sont pas seulement des reproches à Louis XVIII pour avoir donné la constitution de sa pure volonté, pour avoir daté son règne de la vingtième année, octroyé la liberté de la presse, pratiqué l'épuration des fonctionnaires, accueilli les émigrés ; mais de continuelles moqueries, des railleries plus ou moins spirituelles, sur le Roi, le comte d'Artois et leur suite.

On publie les avis de M. Dupont-Delporte, qui fait aux habitants du Nord l'éloge de l'Empire et leur prêche l'union, en s'efforçant de les persuader que la durée d'un tel gouvernement sera pour leurs fils la récompense des peines et des travaux où les ont engagés les révolutions qui auront recréé la monarchie française. On enregistre avec complaisance les changements dans les noms des rues de Lille, les adresses envoyées à l'Empereur par les généraux, les officiers supérieurs et subalternes de toutes armes de la 16e division, par le tribunal civil de Lille, par les conseils municipaux de Bavai, Cambrai, Lille, Hazebrouck, Cassel, Neuville-en-Ferrain et autres localités.

Et voici comment sont racontées les cérémonies religieuse et militaire, prescrites à l'occasion de la rentrée de Napoléon :

« Hier jour de Pâques [1] , un *Te Deum* solennel a été
» chanté dans la principale église de Lille (Saint-Maurice).

---

1. 26 mars 1815.

» La messe militaire a précédé le *Te Deum*. Le clergé
» entonnant le *Domine salvum fac Imperatorem nostrum
» Napoleonem* a payé un tribut de reconnaissance bien due
» à celui qui a été son bienfaiteur; d'ailleurs le ministère
» du prêtre est un ministère de paix et le clergé peut-il
» revoir sans émotion un souverain qui sauve la France
» des fureurs de la réaction et des vengeances qui se prépa-
» raient. M. le maréchal de France, prince de la Moskowa,
» assistait à la cérémonie. A midi une grande parade a eu
» lieu sur la place d'Armes; les troupes étaient dans la
» plus belle tenue. Cette fois-ci, il n'a pas été nécessaire
» de leur commander des acclamations [1]. Elles ont défilé
» devant S. E. qu'accompagnaient M. le comte d'Erlon,
» commandant la division, et d'autres généraux, en poussant
» le cri redevenu national de: Vive l'Empereur des Français!
» vive l'Empereur Napoléon! Les schakos, les casques,
» étaient au bout des baïonnettes, des sabres. Il serait bien
» impossible de rendre tout ce que ce spectacle a procuré
» d'impressions délicieuses aux nombreux spectateurs que
» l'unanimité des sentiments avait attirés autour de ces braves
» guerriers, dont la conduite a été si exemplaire dans les
» moments de crise de la semaine dernière, de ces guerriers
» dont la fidélité est si éprouvée. L'enthousiasme a été à
» son comble lorsqu'on a vu les braves cuirassiers du 12^e
» entourant avec orgueil l'aigle que leur digne chef, M. le
» colonel Dandiès, avait su conserver. »

Le lendemain, le maréchal Ney offre un banquet aux officiers généraux et supérieurs de la garnison; le *Journal du département* en fait connaître les détails et reproduit les toasts portés à l'Empereur par le maréchal, à l'Impératrice par le comte d'Erlon, au roi de Rome par le général Duhesme, à la concorde par le général Fauconnet.

---

[1]. En note : « Il y a un an, les soldats s'excusaient de prendre la cocarde blanche sur le défaut de moyens pécuniaires. Cette année, en moins d'une heure, la cocarde tricolore a été arborée. Comment cela serait-il étonnant ? Elle reposait à côté de l'aigle sous la coiffe des schakos. »

Le *Moniteur* ayant imprimé qu'à Lille l'enthousiasme était à la vérité partagé par l'immense majorité des habitants, mais qu'un bourgeois en gardant obstinément la décoration du Lis avait provoqué une rixe, le *Journal du département* déclare avec de véhémentes protestations que le fait est mensonger et que les sentiments des Lillois sont unanimes :
« L'esprit de la ville de Lille, ajoute-t-il, comme celui de
» toutes les places fortes, est excellent ; et depuis dix jours
» que la Providence nous a rendu notre Empereur, nous
» avons laissé éclater notre enthousiasme pour sa personne
» sacrée, de manière à n'être pas soupçonnés d'être la seule
» ville de France qui eût un parti qui ne fût pas celui de la
» patrie et du prince qui nous gouverne. Nous ne recon-
» naissons plus de noblesse. Les individus qui auraient pu
» appartenir à cette caste d'autrefois ont des biens nationaux,
» des enfans au service, des places, des pensions du
» gouvernement ; ils doivent donc y tenir plus que personne ;
» ils aiment l'Empereur parce qu'ils ne voient point pour la
» France de félicité, de gloire ni de prospérité sans lui ;
» parce qu'ils lui sont enchaînés par devoir et par reconnais-
» sance et parce qu'il n'y aurait que des ennemis de leur
» pays qui pourraient désirer aujourd'hui un gouvernement
» dont Napoléon ne serait pas l'âme et le chef. »

Cependant les coalisés rassemblaient leurs armées. Déjà, vers la fin d'avril, la *Gazette de France* relate l'odyssée de quelques lanciers français qui, s'étant trop approchés de Tournai, sont entourés par un détachement de hussards hanovriens, arrêtés, mais remis ensuite en liberté à la demande du colonel commandant de Lille.

Le danger menaçant de plus en plus, Lille est déclarée en état de siège, le 2 mai.

Le 12 juin, Napoléon quitte Paris ; il est le 13 à Avesnes, le 14 sur le territoire belge.

Le mécontentement contre l'Empereur, qui dans l'esprit du peuple n'était revenu que pour mener son armée à une nouvelle boucherie, n'avait pas tardé à se faire jour et il fallut former, dans chacun des départements de la 16ᵉ division, un comité, dont les membres étaient le général commandant le département, le préfet et le procureur impérial du tribunal de première instance, pour la recherche des personnes prévenues de complot contre la tranquillité publique et la sûreté de l'État.

Dans le Nord, les arrondissements de Lille et d'Hazebrouck étaient surtout en effervescence, en dépit des articles officieux du *Journal du département* : « Les gardes nationales se
» lèvent avec succès dans les communes rurales des arron-
» dissements d'Hazebrouck et de Lille..... Les suggestions
» des ennemis de la tranquillité publique et des partisans de
» la guerre civile deviennent sans effet. Le second bataillon
» des grenadiers de l'arrondissement de Lille a été organisé
» hier[1] à Haubourdin. Il est entré à Lille, ce matin, pour
» tenir garnison dans la ville... »

Ce mouvement de réaction, suscité par des volontaires qui tenaient campagne sous l'autorité de Louis Fruchart, et par des membres du clergé, entre autres M. l'abbé Détrez, eut son contre-coup à Loos.

Louis Fruchart était né à Merville, de parents agriculteurs. Durant la Révolution, cette famille ne s'était jamais départie de son attachement à la cause du Roi et quand Bonaparte prit la dignité souveraine, elle n'avait vu en lui qu'un usurpateur.

Appelé par la conscription, Louis refusa de servir Napoléon et forma un parti de jeunes mécontents, dont plusieurs payèrent de leur tête leur audacieuse résistance.

Mais ce fut surtout à partir de janvier 1814, qu'il marqua son hostilité. Chef de deux mille hommes — qui le surnommaient Louis XVII — il contraignit de se replier sur Lille des troupes envoyées à Estaires contre lui. Il fut même cause de difficultés que le gouvernement de Napoléon rencontra pour les levées d'hommes dans les départements

---

1. 9 juin.

du Nord, du Pas-de-Calais, de la Somme et de la Lys ; quarante à cinquante mille jeunes gens, chiffre exagéré peut-être, mais rapporté par un journal du temps, firent ainsi défaut à Bonaparte ; bien mieux, des soldats du pays quittèrent les armées.

En février, le colonel russe de Geismar vint prier Fruchart de se joindre à son régiment. Le Mervillois n'hésita pas ; n'ayant point le temps de convoquer sa petite troupe, il partit avec les quelques volontaires qu'il put rencontrer. De Saint-Pol, Geismar et Fruchart marchèrent sur Doullens, dont ils prirent la citadelle, puis gagnèrent Saint-Quentin où ils retrouvèrent les Alliés. Fruchart ne revint dans le Nord qu'à la chute de Bonaparte.

Aussitôt qu'il sut le retour de l'île d'Elbe et le débarquement de Napoléon, son ardeur se réveilla et il vint à Lille avec deux cents hommes ; il dut se retirer.

Le 13 avril 1815, le duc de Berry lui envoya demander de se rendre près de lui à Gand. Fruchart et son frère avaient à peine quitté leur demeure que quarante gendarmes se présentaient pour s'emparer d'eux.

Avec une compagnie de volontaires, les deux chefs royalistes pénètrent le 10 juin sur le territoire français : à leur instigation, Houplines, Armentières, Estaires et Merville arborent le drapeau blanc. Le 25, la garnison de Saint-Venant tente une sortie contre eux ; ils la repoussent et sont enfin incorporés dans un régiment de mille volontaires royaux, formé par le colonel de Saint-Quentin pour observer les places de Béthune et de Saint-Venant.

En récompense de ses services, Louis Fruchart fut créé par Louis XVIII chevalier de la Légion d'honneur.

L'émeute qui eut lieu à Loos mérite bien d'être racontée.

Le retour de Louis XVIII y avait été accueilli avec la joie la plus vive ; aussi la déception fut-elle générale à l'annonce de la rentrée de Napoléon.

A la fin de mars, un grand nombre de femmes, surexcitées et furieuses de revoir les trois couleurs flotter au clocher au lieu du drapeau blanc, se rassemblèrent sur la place, dressèrent un bûcher et intimèrent à M. Liagre, clerc et instituteur, l'ordre de leur apporter l'emblème de l'Empire, qui, à peine dans leurs mains, vola dans le brasier. Avisant ensuite M. Cocheteux, garde-champêtre, vétéran des armées impériales, elles lui arrachèrent sa cocarde et les boutons de son uniforme, où les aigles venaient de remplacer les fleurs de lis, et leur firent prendre le même chemin que le drapeau.

Et alors, autour du feu, ce fut une ronde échevelée, des acteurs, des spectateurs de la scène — car les maris avaient suivi leurs femmes — et, bon gré mal gré, du malheureux représentant de la force publique.

Aussitôt que l'on apprit ce qui venait de se passer, vingt gendarmes furent dépêchés pour mettre M. Liagre en état d'arrestation ; ils le conduisirent à Lille, par un chemin détourné, crainte de troubles. Peu à peu le silence se fit sur l'affaire et, après une courte détention, le prisonnier fut remis en liberté.

Les gendarmes avaient eu la mission d'arrêter aussi M. Castellain, maire, et son fils, M. Juvénal, soupçonnés d'avoir favorisé la manifestation; plus heureux que M. Liagre, ils eurent le temps de se réfugier en Angleterre.

Les opinions de M. l'abbé Détrez étaient connues : on savait que la chute de Napoléon, dont une conséquence était la délivrance de Pie VII[1], l'avait satisfait et, du reste, il n'était pas homme à cacher ses convictions royalistes. On profita donc du soulèvement arrivé dans le village pour s'emparer de lui et l'interner à la tour Saint-Pierre, puis à la citadelle.

Deux lettres écrites de la citadelle par M. Détrez sont encore conservées. Datées du 21 avril, elles sont adressées

---

1. M. Détrez avait vu Pie VII à Fontainebleau ; le Saint-Père lui avait donné son portrait en cuivre.
Ce médaillon passa à M. Lemahieu, à la mort de M. Détrez, suivant le désir de celui-ci.

à MM^{lles} Marie-Anne et Catherine, supérieures de ses orphelines de Loos.

Dans l'une, il exhorte ses protégées à se soumettre en tout à Mlle Catherine ; il recommande à cette dernière de ne point surcharger les enfants de prières vocales, même à son occasion « afin de ne point user leur ferveur. Qu'elle dirige « leur intention vers Dieu dans tout ce qu'elles feront ; » cela vaudra autant que des prières. »

« Quant à Mlle Marie-Anne, continue-t-il, je la prie de » modérer quelquefois par de bons avis la ferveur ou le zèle » excessif de Mlle Catherine. » Et après avoir montré aux deux directrices les avantages de l'union, à laquelle la différence de leurs caractères ne doit point être un obstacle, il termine ainsi :

« Mille choses de ma part au brave Debuchi et à toute sa » maison. Dites leur que je suis joyeux et content et que le » Seigneur qui fait cela pourra bien aussi faire le reste, s'il » le juge à propos. »

Dans la seconde lettre, M. Détrez conseille à ses enfants de ne point se relâcher dans leurs exercices ordinaires, de redoubler au contraire d'attention et d'exactitude dans leurs devoirs. Il ne désespère pas de leur être rendu, mais, s'il en est autrement, il s'incline devant la volonté divine.

Une circulaire de Mgr Belmas aux ecclésiastiques du diocèse, écrite après l'arrestation de M. Détrez, fera connaître davantage ce que le gouvernement exigeait du clergé :

Monsieur le curé,

La loi défend aux curés de faire aucune publication étrangère à l'exercice du culte, à moins qu'ils n'y soient autorisés par le gouvernement.

S. E. le ministre directeur général des cultes m'écrit que « le » gouvernement regarde comme nécessaire que les proclamations et » publications relatives au service militaire et de la garde nationale » soient lues au prône dans toutes les paroisses où les préfets le » requerront. » En conséquence, le ministre me donne l'autorisation prescrite par la loi afin que d'accord avec M. le préfet, je transmette mes ordres aux curés qui devront publier ces actes.

Etant éloigné comme je le suis du chef-lieu du département, il faudrait pour établir cet accord entre son premier magistrat et moi, dans tous les cas particuliers, un délai considérable, qui souvent détruirait d'avance l'effet qu'il voudrait produire. Pour éviter cet inconvénient, j'ai cru que je devais vous prescrire en général de publier les actes relatifs aux objets ci-dessus déterminés, pourvu qu'il vous conste que la publication en a été requise par M. le préfet ou tout autre fonctionnaire auquel le gouvernement en aurait donné le droit.

Si vous devez, Monsieur, concourir dans ces circonstances à l'exécution des mesures qu'il adopte, il vous est à plus forte raison défendu d'imiter certains curés et desservans dont se plaint le ministre, lesquels abusent de leur influence pour détourner les citoyens appelés à la défense de la Patrie de remplir ce devoir sacré. « Il n'est pas, ajoute » S. E., de délit plus grave, puisqu'il emporte les peines de rebellion » et d'embauchage et qu'il me serait impossible d'arrêter le cours » de la justice. »

Combien sont coupables ceux qui non-seulement s'exposent ainsi eux-mêmes à des peines aussi graves, mais qui compromettent encore leur ministère et provoquent contre tous ceux qui l'exercent sinon des mesures rigoureuses, au moins une défiance qui l'entrave et qui en empêche le succès ! J'ai la confiance, Monsieur le Curé, que vous ne me donnerez jamais un pareil sujet de douleur.

Salut et bénédiction en J. C.

Louis,
Évêque de Cambrai.

M. l'abbé Détrez était détenu depuis plusieurs semaines déjà ; grâce aux démarches d'un ami dévoué [1], qui pendant la Terreur lui avait rendu le même service, il put enfin sortir de la Citadelle, mais il dut se rendre au séminaire de Cambrai et y garder les arrêts. Deux autres prêtres, M. Desurmont, vicaire à Roubaix, et le curé de Meteren, étaient dans le même cas. Eux aussi s'étaient mal conduits, disait-on, en prêchant dans leurs paroisses des principes subversifs de l'ordre établi et contraires à la parole de l'Évangile, qui

---

1. M. Faucompré, orfèvre, rue des Trois-Couronnes. A la Révolution, il sauva la relique de la vraie Croix, aujourd'hui à Saint-Etienne. M. le professeur H. Lotar, mort dernièrement, qui avait épousé Mlle Chuffart, de Loos, était par sa mère le petit-neveu de M. Faucompré.

défend aux ministres des autels de préconiser l'insoumission aux rois et aux princes. Et plutôt que de les déférer aux tribunaux, l'on avait mieux aimé les faire rentrer au séminaire et les confier à leur évêque, « prélat respectable ».

Les trois ecclésiastiques ne restèrent pas longtemps à Cambrai, car, le 18 juin, Napoléon, malgré le dévouement de ses troupes et l'héroïsme de Ney, de Cambronne [1] et de la vieille garde, subissait l'irréparable échec de Waterloo ; un mois plus tard, il voguait sur le *Northumberland* à destination de Sainte-Hélène....

---

1. Madame Raboisson-Cambronne, décédée à Loos, en 1891, à 86 ans, était par son père la petite-cousine du général ; elle en était la petite-nièce par sa mère.

SECONDE RESTAURATION

LOUIS XVIII : 8 JUILLET 1815 - 16 SEPTEMBRE 1824.
CHARLES X : 16 SEPTEMBRE 1824 - 29 JUILLET 1830.

Echos des évènements politiques. Les Alliés. Voyage du duc de Berry. Exécution du général Chartran. Voyages du duc d'Angoulême. Assassinat du duc de Berry et naissance du duc de Bordeaux. Mausolée du duc de Berry à l'église Saint-Maurice. Le 18ᵉ à Lille. Mort de Louis XVIII. Charles X à Lille. Monument du duc de Berry sur la place du Concert. Prise d'Alger. — Loos : Administration municipale, population, propriétés. Administration religieuse, le conseil de fabrique, l'abbé Détrez et ses œuvres. La maison centrale. Fêtes. Le 13 février et le 21 janvier.

Louis XVIII fit sa seconde entrée dans Paris, le 8 juillet 1815. Le surlendemain, M. Gentil-Muiron, maire de Lille, et le 11, le général La Poypo, gouverneur de la place, avertissaient les habitants d'un changement dans la forme du pouvoir ; mais les événements ne leur étant connus que d'après la relation des journaux de Paris, aucun bulletin officiel ne leur étant parvenu, ils se bornaient à des exhortations au calme et à la tranquillité.

Le 12, M. Gentil-Muiron annonça en ces termes la restauration monarchique :

Le maire de Lille aux habitans,

Vos vœux sont comblés ! Votre Roi chéri, Louis XVIII, a repris sa place sur le trône de France et vous pouvez vous livrer à la joie qu'inspire cet événement mémorable et désiré avec tant d'impatience.

Mais, braves habitans, au milieu des élans de votre allégresse, qu'aucun propos, qu'aucune démarche imprudente ne puisse troubler l'ordre public. Nous vivrons désormais sous le gouvernement d'un prince clément, véritable père du peuple, dont la plus douce jouissance est l'union de tous ses sujets. Entretenir les divisions serait contrarier ses intentions et lui déplaire. Ne voyons donc que des frères dans tous les Français, dans ceux même qui ne reconnaissent pas encore combien il est heureux pour la nation d'avoir recouvré son Roi légitime. Le tems détruira leur erreur: la violence ou l'insulte ne feraient que la prolonger.

Vive le Roi !

GENTIL-MUIRON.

Cette proclamation permit aux Lillois « de faire éclater » en toute liberté les sentimens » qui les animaient « pour » le meilleur des Rois, pour Louis le Désiré. » Le drapeau blanc fut arboré ; le buste du Roi fut couronné au théâtre par les artistes.

La garde nationale surtout se fit remarquer par l'expression de sa joie.

Le 14 juillet, à midi, des grenadiers royaux arrivèrent à Lille, précédant de quelques heures le lieutenant-général comte de Bourmont, nommé au commandement de la 16ᵉ division militaire ; la garde nationale se réunit aussitôt et se rendit, suivie de la foule, au-devant du « premier » envoyé » de Louis XVIII.

Vers trois heures, M. de Bourmont s'avança à cheval, entouré des gardes nationaux de Lille, dans les rangs desquels était porté le buste du Roi, des gardes nationaux de l'arrondissement et de gardes d'honneur à cheval venus de Lille et des environs.

Les autres communes du département ne restaient pas en arrière : pendant le mois entier, danses, jeux, illuminations, repas publics, adresses votées par les assemblées municipales furent les manifestations ordinaires.

Les armées alliées se conduisirent en France comme en pays conquis, ravageant les campagnes, levant des impôts, commettant toutes sortes d'exactions. Le territoire du département fut occupé par des troupes anglaises, hanovriennes, danoises, saxonnes et russes, les environs de Lille en particulier par des régiments saxons et hanovriens, et parmi ces derniers le régiment de cavalerie hanovrienne Prince-Régent.

Lord Wellington, dont le quartier général était au Mont-Saint-Martin, passa plusieurs fois en revue les contingents étrangers cantonnés dans le département.

Le 1er octobre 1816, il inspecta dans la plaine de Seclin le corps saxon du général de Gablenz. Celui-ci avait fait préparer, au château de Mérignies, un repas de quarante couverts, auquel participèrent, à l'issue de la revue, lord Wellington, le marquis de Jumilhac, commandant la 16e division militaire, et le préfet du Nord. Le généralissime anglais but à la santé de S. M. Louis XVIII et le marquis de Jumilhac répondit par un toast aux Alliés de la France.

Le 22 du même mois, Anglais, Hanovriens, Danois et Saxons, étaient aux environs de Denain. LL. AA. RR. les ducs de Kent et de Cambridge, les généraux en chef Woronzow et Ziéten et le général de Jumilhac accompagnaient Wellington.

Le 25 septembre 1817, on vit encore ce général sur la plaine d'Ennequin, passant devant le corps saxon du général de Gablenz, à Haubourdin au dîner que ce dernier, comme l'année précédente, lui offrait ainsi qu'au général de Jumilhac et à M. de Rémusat, préfet du Nord, enfin à Lille où lui furent présentées les autorités civiles et militaires.

En 1818, les 10 et 11 septembre, nouvelles revues, à Denain de 28.000 hommes, aux environs de Maubeuge du corps d'armée russe, en présence du duc et de la duchesse de Kent.

Le 18 septembre, les troupes saxonnes exécutent une manœuvre « à feu et au canon » sur la plaine d'Ennequin.

Les grands-ducs de Russie, Nicolas en mars 1817 et Michel en juin 1818, se montrèrent dans les cantonnements.

Tous deux s'arrêtèrent à Lille, où on leur rendit les mêmes honneurs qu'aux princes de la famille royale.

Un congrès des puissances, ouvert à Aix-la-Chapelle le 30 septembre 1818, fixa au 30 novembre l'évacuation du territoire français. Le roi de Prusse et l'empereur de Russie vinrent à Valenciennes suivre la concentration de leurs corps d'armée.

Ils arrivèrent dans cette ville le 21 octobre, mais se retirèrent immédiatement à leur hôtel, trop fatigués pour aller, au Pavillon Chinois de la place Verte, au banquet préparé à leur intention par lord Wellington, et au spectacle le soir. Des illuminations clôturèrent la journée.

Le 22, l'armée russe leur fut présentée dans la plaine de Maing. Après un repas au Pavillon Chinois, le tsar rentra dans ses appartements, laissant le roi de Prusse et le prince royal profiter des distractions du théâtre et du bal. « Les » dames les plus riches et les plus jolies de Valenciennes » augmentèrent encore l'éclat de ce bal par le luxe de leur » toilette et les augustes voyageurs ont paru aussi satisfaits » de l'accueil qu'ils ont reçu que la ville l'étoit de les » posséder. »

Le 23 octobre, 50 à 60.000 Alliés simulent, aux yeux de toute la population valenciennoise, le long de la rive gauche de la Selle, une reconnaissance sur Valenciennes, terminée par la prise de Famars et le défilé devant les souverains.

Enfin le 24 octobre, le tsar et le roi de Prusse se dirigèrent sur Paris par Maubeuge et Sedan.

Les habitants de Valenciennes revirent le tsar le 29 ; ayant été prévenus de son approche, ils se portèrent en foule à deux lieues à sa rencontre. De la porte Notre-Dame Alexandre traversa la ville à pied jusqu'à sa résidence, l'hôtel Maingoval, où un feu d'artifice fut tiré en son honneur. Son départ s'effectua le lendemain.

Six semaines après la rentrée du Roi eurent lieu les élections à la Chambre des députés : le duc de Berry présida les opérations du collège électoral du Nord (22-26 août 1815). Ce prince, reçu à Lille le 18, partit à Béthune le 19, par Armentières, Estaires, La Gorgue, Sailly-sur-la-Lys, Laventie, La Couture et Locon. Le 20, Roubaix et Tourcoing eurent sa visite et le 21, de retour à Lille, il passa la revue des troupes de la garnison.

Le 25, jour de la fête du Roi, il assista à la cérémonie religieuse de Saint-Maurice et s'en alla le lendemain, laissant aux pauvres une somme de deux mille quatre cents francs.

Le général Chartran fut à Lille la victime de la réaction royaliste, contre laquelle le gouvernement se trouva impuissant.

Né à Carcassonne en 1779, entré au service en 1793, il ne fut nommé officier qu'en 1807. En non-activité, lors du débarquement de Bonaparte, il témoigna d'abord au duc d'Angoulême ses sentiments royalistes, mais se tourna aussitôt après du côté de Napoléon, qui lui confia la mission de rallier sous les aigles impériales les troupes appelées dans le Midi en faveur du Roi. Il réussit et fut nommé chef d'une brigade à la tête de laquelle il fit la campagne de 1815.

Enfermé à la citadelle, le général Chartran y fut dégradé et exécuté le 22 mai 1816 [1].

Au mois de décembre 1818, le 3, le fils aîné du comte d'Artois, le duc d'Angoulême, qui voyageait dans le Nord, reçut à Lille, de M. le comte de Muyssart et du peuple tout entier, le plus chaleureux accueil. Le prince, le 4 décembre, après l'inspection de la garde nationale et des corps de troupe, voulut voir l'arsenal, l'hôpital militaire, le musée, le collège et deux manufactures, dont celle de M. Aug. Mille-Desmons, où il laissa trois cents francs à partager entre les ouvriers; le soir, il tint cercle et les dames furent admises.

---

1. Ses restes furent inhumés au cimetière de Wazemmes ; à la suppression de ce cimetière, on transporta au cimetière du Sud, avec le monument, deux coffrets qui se trouvaient dans la tombe.
On lit sur la colonne : « Chartran, Jean-Hyacinthe-Sébastien, maréchal de camp, né à Carcassonne, le 28 janvier 1779, assassiné juridiquement à Lille, le 22 mai 1816.
» Au général Chartran, la garde nationale de Lille et de Wazemmes, MDCCCXXXII. »

L'examen des fortifications et la citadelle occupèrent la journée du 5, et, le 6, il partit pour Dunkerque. Le duc d'Angoulême revint à Lille, en novembre 1821, pour un jour ; à son départ, il fit distribuer deux mille francs aux pauvres.

La tournée que le duc de Berry avait faite en 1815 avait créé dans la région en faveur du second fils du comte d'Artois un courant de sympathie, dont on constata la sincérité en juin 1816, lors de son mariage, à l'occasion duquel on organisa des réjouissances populaires, et surtout quand l'on sut le monstrueux crime de Louvel, le 13 février 1820.

Le conseil municipal de Lille, dans sa séance du 18 février, vota une adresse au Roi dans laquelle il exprimait à Sa Majesté les sentiments de douleur des habitants ; les cours de l'Académie de musique furent suspendus ; une souscription commença en faveur de Desbiez et Paulmier, qui avaient arrêté l'assassin ; les troupes prirent le deuil ; une chapelle ardente fut érigée à Saint-Maurice, et des messes y furent chaque jour célébrées pour S. A. R., depuis le 19 jusqu'au 25 février. A ces messes étaient régulièrement présentes des délégations de l'administration municipale, de la garde nationale et des corps militaires et, leur jour choisi, les autorités s'y rendirent au complet : le 19, le lieutenant-général marquis de Jumilhac, commandant la 16e division, et les officiers ; le 20, le préfet, le maire et le conseil municipal ; le 22, les dames du comité de la Société de charité maternelle, dont le duc de Berry avait été le protecteur.

Le 14 mars, eut lieu le service solennel à Saint-Maurice, au milieu des autorités civiles et militaires, de la garde nationale, des troupes de la place et de la foule en deuil. Des services funèbres furent encore chantés, notamment le 16 mars, au nom du comité de l'Association fraternelle des chevaliers de Saint-Louis et du Mérite militaire, le 20, à la chapelle de l'hospice général, et dans les cantons de La Bassée et d'Haubourdin, à Beaucamps, Wavrin, Fournes, etc.

Louis XVIII écrivit le 16 mars une lettre aux évêques, les

priant d'ordonner un service funèbre, le 24, dans toutes les églises du Royaume.

A la cérémonie d'Haubourdin, M. le comte d'Hespel, maire, M. Clarisse, ancien maire et marguillier, et M. le doyen se concertèrent pour y déployer « une pompe dont » ne paraissait pas susceptible un bourg si peu considérable; » mais le zèle supplée à tout, et les habitants d'Haubourdin, » aidés des talens du sieur Testelin, peintre, l'ont parfai- » tement prouvé. »

L'église avait été plongée dans une demi-obscurité; au centre du chœur, sur des gradins élevés, était dressé un sarcophage entouré d'un nombreux luminaire et que « quatre » trépieds antiques et deux pleureuses artistement drapées » rendaient encore plus imposant. » Des morceaux de circonstance furent joués par la musique et, l'office terminé, les pompiers et un détachement de la garde nationale défilèrent devant le tombeau.

Le comte de Muyssart, maire de Lille, rendit publique le 25 mars une nouvelle qui fut accueillie par la population avec reconnaissance et satisfaction : le Roi avait décidé que les entrailles du malheureux prince seraient transportées à Lille et inhumées dans l'église principale.

Dès que la date fut fixée, le premier magistrat municipal porta un arrêté en vertu duquel on ne serait reçu qu'en grand deuil à Saint-Maurice pendant les jours des prochaines solennités.

Parti de Paris le 17 avril, le convoi arriva le 20, un peu après quatre heures du soir, à la porte de Paris. Un détachement de la garde nationale à cheval et des hussards du Nord s'étaient portés à la rencontre du cortège, ainsi que les autorités militaires et civiles.

La première des voitures renfermait les gentilshommes d'honneur et aides-de-camp du duc de Berry.

Dans la seconde, un petit cercueil en vermeil surmonté d'une couronne ducale recouverte d'un crêpe contenait les restes du prince, accompagnés par Mgr le marquis de

Bombelles, évêque d'Amiens, premier aumônier de la duchesse de Berry, M. le baron de Saint-Félix, premier aide des cérémonies de France, et le maître des cérémonies de la chapelle du Roi. Aux portières, chevauchaient un officier des gardes du corps de Monsieur et l'officier chef du détachement de la garde royale d'escorte.

Les troupes étaient disposées de chaque côté de la chaussée, de la porte de Paris à l'église Saint-Maurice, où Mgr le baron de Belmas, évêque de Cambrai, à la tête du clergé de toutes les paroisses de la ville, reçut les précieux restes des mains de Mgr de Bombelles. Ils furent placés sur un catafalque dans le chœur; à la suite des prières des morts, des ecclésiastiques les veillèrent jusqu'au lendemain.

Dès le point du jour, le 21, les messes commencèrent jusqu'à l'heure de l'office solennel, onze heures.

Pendant la messe que célébra pontificalement Mgr Belmas, les personnages venus de Paris se tinrent près du catafalque. L'absoute donnée, le cercueil fut porté jusqu'au lieu de la sépulture [1], par les gardes du corps, précédés de l'évêque d'Amiens et du baron de Saint-Félix, deuillants, et des gentilshommes et aides de camp, avec les insignes du prince défunt; derrière suivaient les autorités. La garde nationale et la troupe, rangées dans les bas côtés et autour du chœur, rendaient les honneurs supérieurs, à mesure que le cortège s'avançait devant elles. L'inhumation accomplie et le tombeau scellé, M. de Jumilhac fit présenter les armes et prononça la formule : « Monseigneur Charles-Ferdinand d'Artois, fils » de France, duc de Berry, est mort. »

Après la disparition de la victime de Louvel, tous les regards se tournèrent vers sa veuve et l'on attendit avec anxiété l'événement officiellement annoncé. Dans toutes les paroisses de Lille, à Haubourdin, tous les mardis, par les soins des dames de la commune, et dans la France entière, des messes furent demandées pour l'heureuse délivrance de

---

[1]. Dans la nef de gauche, à la chapelle du Dieu de Pitié.

la duchesse que le peuple ne respectait pas moins que son mari. Elle se plaisait à secourir les infortunes et l'on n'invoquait pas en vain sa générosité : c'est ainsi qu'en juillet, elle fit remettre une somme de cent francs à la veuve d'un ouvrier d'Emmerin, tué par la chute d'un mur en démolition.

Le canon apprit aux Lillois, le 29 septembre 1820, la naissance de l' « enfant du miracle », qui reçut le titre de duc de Bordeaux.

On se livra aux transports de la joie la plus vive : le maire en fit l'objet d'une proclamation à ses administrés ; les cloches furent mises en branle ; à Saint-Maurice, à Sainte-Catherine et dans les autres églises, furent chantées des messes solennelles d'actions de grâces ; des illuminations ornèrent les édifices publics et privés et des fêtes populaires égayèrent les journées des 21, 22 et 23 octobre.

Des réjouissances eurent encore lieu au baptême, qui se fit en grande pompe à Paris, le 1er mai 1821 ; le conseil municipal y délégua MM. le maire, Févez-Ghesquière, Le Thierry, le comte de Vidampierre, Dusart-Descarne et Albert Dubosquiel. A Loos, une somme de cent quatre-vingts francs fut destinée par l'assemblée communale à une distribution de pain et de viande aux indigents.

Le département fut loin de rester étranger à la souscription nationale qui donna au jeune Henri le château de Chambord, — Loos versa cinquante francs —; de plus, les communes votèrent des fonds — Haubourdin deux cents francs — pour un monument à ériger à Lille, à la mémoire de S.A.R. Mgr le duc de Berry.

Un mausolée [1] fut inauguré à l'église Saint-Maurice, le 14 février 1822, après le service anniversaire de la mort du duc.

« Ce monument, dit le *Journal du département*, le
» premier qui soit jusqu'ici érigé en France à l'honneur de

---

1. Il valait quarante mille francs.

» cet infortuné prince, se compose d'un obélisque en marbre
» noir ; dans la partie supérieure est placé le buste en profil
» de l'auguste victime que nous regrettons, entouré d'une
» auréole et au bas duquel on lit ces mots (en lettres d'or)
» qu'il adressa naguère aux fidèles Lillois : « Entre nous,
» c'est à la vie et à la mort. »

» Au milieu est un socle portant une inscription latine
» composée par M. Quatremère de Quincy ; il supporte
» l'urne dans laquelle sont censées renfermées les entrailles
» de Mgr le duc de Berry. De chaque côté est une figure
» colossale. A la gauche du spectateur, la ville de Lille
» personnifiée et ceinte d'une couronne murale est assise
» sur des canons amoncelés ; l'étendard des Bourbons est
» renversé près d'elle, sur un bouclier aux armoiries de la
» ville ; elle est éplorée, elle tient de la main droite une
» branche de lis et de l'autre elle presse avec attendrissement
» l'urne sacrée.

» A droite, la Religion debout, soutenant de la main
» gauche la croix de la Rédemption, lève la main droite
» vers le buste vénéré et s'adressant à la ville de Lille qui
» le contemple, elle semble lui dire : « Console-toi, il est
» au Ciel ».

L'entrée à Lille d'un régiment retour d'Espagne qui y venait tenir garnison, la mort de Louis XVIII, les fêtes à l'occasion du sacre de Charles X, le voyage du Roi, l'inauguration du monument départemental à la mémoire du duc de Berry, la nouvelle de la prise d'Alger, tels furent les événements principaux qui marquèrent dans la région les années suivantes de la Restauration.

Les succès du duc d'Angoulême en Espagne, en rétablissant Ferdinand VII dans son autorité absolue, eurent pour le gouvernement français de sérieux résultats : ils attachèrent l'armée aux Bourbons et leur donnèrent la gloire militaire qui leur manquait.

Le 19 octobre 1823, un *Te Deum* fut chanté à Saint-Maurice, en action de grâces des victoires de l'armée ; le soir, les édifices publics furent illuminés. En décembre, le conseil municipal vota des félicitations au Roi et, quand le 18e de ligne arriva en ville le 28 janvier 1824, il lui fut réservé une inoubliable réception.

Le marquis de Jumilhac [1], à la tête de la compagnie de la garde nationale à cheval et du 6e régiment de dragons se rendit à l'extrémité du faubourg de Paris, au-devant du 18e, dont il complimenta le colonel.

Le maire de Lille, le Conseil municipal, le préfet et le général Dejean, lieutenant de roi, se trouvaient à la barrière.

La porte de Paris était couverte de trophées et d'écussons où se lisaient les noms des batailles où s'était distingué le 18e. Castel-Tersol, San-Felin, Molins del Rey, Martorel, Tarragone, Altafulla.

Sur le sommet de l'arc de triomphe, en bas-relief, on voyait le duc d'Angoulême et son armée, un grenadier du 18e plantant sur les Pyrénées un drapeau avec l'inscription ; « Il n'y a plus de Pyrénées », et par-dessus tout : « La Ville » de Lille au 18e de ligne ». Les canonniers, les sapeurs-pompiers, les grenadiers de la garde nationale, les sous-officiers sédentaires, le 64e de ligne, formaient la haie sur le passage du régiment qui fit une entrée triomphale au milieu de l'enthousiasme général, traduit par les cris de « Vive le Roi ! Vivent les Bourbons ! » Les maisons furent pavoisées et illuminées, des banquets offerts par les autorités aux officiers, sous-officiers et soldats du 18e, des représentations gratuites données au théâtre et six mille francs distribués aux indigents.

Louis XVIII étant mort, un service funèbre fut célébré à l'église Saint-Maurice, où l'on ne pouvait pénétrer qu'en grand deuil.

La veille, le 22 septembre 1824, les cloches des différentes

---

[1]. Il mourut le 19 février 1826 des suites d'une blessure reçue à Quiberon. Après le service à Sainte-Catherine, son corps fut inhumé à Haubourdin.

paroisses sonnèrent le trépas du souverain et ne se turent qu'au moment de la cérémonie du lendemain. On arbora le drapeau blanc garni de crêpe, les magasins et ateliers se fermèrent et une assistance nombreuse et recueillie entendit l'office divin.

Le 25 septembre, Charles X reçut de la ville l'expression de son respectueux hommage.

Le sacre du Roi, à Reims, fut l'occasion de fêtes, les 28 et 29 mai et les 12, 13 et 14 juin 1825 : salves d'artillerie, représentations théâtrales gratuites, distributions de secours aux indigents, illuminations, cortège dans lequel figuraient Lydéric et Phinaert, trois ballons, carrousel, feu d'artifice.

A son séjour à Lille, les 7 et 8 septembre 1827, Sa Majesté fut témoin de l'attachement des habitants de la ville et des campagnes à la famille royale.

Afin de laisser aux paysans toutes facilités dans leurs amusements, le maire décida que les portes de la ville, fermées en temps habituel du coucher au lever du soleil, seraient ouvertes deux fois jusqu'à minuit pour leur permettre de regagner leur village.

De tous les points de l'arrondissement, le 7 septembre, une foule innombrable convergea vers la porte de Paris, au-delà de laquelle était élevée une tente magnifique, occupée par M. le comte de Murat, préfet du Nord, M. le comte de Muyssart, maire de Lille, le corps municipal, l'état-major de la place et les fonctionnaires.

Des guirlandes entrelacées étaient suspendues sur une grande étendue le long de la route de Douai.

A l'approche de Sa Majesté, à dix heures, le grondement du canon, les sonneries des cloches, les roulements des tambours, le bruit des trompettes et les vivats de la multitude constituèrent une acclamation dont le monarque se montra visiblement émotionné. Le Roi, à cheval, fut conduit jusqu'au palais de la rue Royale, par les rues de Paris, des Manneliers, la Grand' Place, la rue Esquermoise, ornées d'un bout à l'autre de drapeaux, d'oriflammes, de branchages et de tentures blanches.

Il était midi passé quand les autorités purent être présentées à Charles X ; celui-ci alla ensuite à l'hôtel-de-ville, à l'exposition des objets d'art et d'industrie. Le Roi y voulut faire mouvoir lui-même une machine récemment inventée pour la confection des cardes et fabriqua ainsi un morceau de sept pouces de longueur. Puis Sa Majesté visita le cabinet d'histoire naturelle, les fabriques de MM. Le Thierry-Virnot, Scrive, Mille-Desmons et enfin l'hôpital général.

La soirée se termina par un banquet, — le public était admis à circuler autour des tables, — un bal à neuf heures et demie et des illuminations.

Le lendemain, le Roi se rendit à pied à la messe, à Saint-André, de là à l'hôpital militaire et à l'arsenal avec Mgr le Dauphin ; il passa la revue de la garde nationale et de la garnison, ayant à ses côtés S. A. R. le prince héréditaire des Pays-Bas, arrivé dans la matinée. L'inspection de la citadelle suivit la revue. Charles X sortit ensuite par la porte de Gand ; il vit la fabrique de Marcq-en-Barœul et posa la première pierre du canal de Roubaix, à l'ancienne abbaye de Marquette, revint par la porte Saint-André et entra à la Monnaie, où fut frappée une médaille en souvenir de son séjour [1].

Il y eut banquet à six heures et demie, comme la veille, puis spectacle et feu d'artifice.

Sa Majesté quitta Lille le 9 septembre, à sept heures du matin, à la suite de la messe. A la porte de la Barre, le monarque s'arrêta quelques instants pour remettre à M. le comte de Muyssart les clefs de la ville que ce dernier lui avait présentées l'avant-veille.

Deux ans après la venue du Roi, le monument départemental à la mémoire du duc de Berry fut inauguré sur la place du

---

1. Un exemplaire en or fut remis au Roi.

Concert. On avait choisi, le 26 août, anniversaire du jour où le prince avait fait ses adieux aux électeurs du département.

Une messe solennelle, à dix heures, à Saint-Maurice, en la chapelle où étaient déposées les entrailles du fils de Charles X, précéda la cérémonie de l'inauguration. Au sortir de l'église, le cortège se rendit à l'endroit désigné ; il était composé d'un détachement de la garde nationale et des corps de la place, des commissaires du roi, du lieutenant-général baron de Rottembourg, de l'évêque de Cambrai, des maréchaux-de-camp commandant le département et la ville, des députés du Nord, des conseillers généraux et de toutes les autorités civiles, judiciaires et militaires.

A midi, au moment où tomba la toile qui recouvrait la statue, les troupes présentèrent les armes, les tambours battirent aux champs, une salve d'artillerie fut tirée et les cris de : Vive le Roi ! Vivent les Bourbons ! retentirent jusque dans les rues avoisinantes.

M. le comte de Muyssart et M. le comte de Villeneuve, préfet, prononcèrent, de l'estrade construite face au monument et aménagée pour les autorités, les discours d'usage en pareil cas.

La prise d'Alger, connue le 10 juillet 1830, fit déborder, pour la dernière fois, les sentiments d'affection que nourrissaient les Lillois à l'égard de Charles X. Un commissaire de police, accompagné de tambours et à la lueur des flambeaux, fit dans les quartiers la publication du bulletin télégraphique officiel, que saluèrent le canon, les cloches, des acclamations, qui désormais ne devaient plus s'adresser à la branche aînée des Bourbons, et le déploiement de drapeaux blancs, remplacés quelques jours plus tard par les trois couleurs.

*
* *

Le détail de ces événements qui concernent tout l'arrondissement de Lille ne doit pas faire oublier l'état du village de Loos.

Ainsi qu'il a été exposé, les magistrats municipaux demeurèrent les mêmes pendant la Restauration. Au garde-champêtre Cocheteux succéda Louis-Joseph Odent (1823). Né à Haubourdin en 1785, celui-ci avait accompli son service militaire au 26e régiment d'infanterie, où il était entré le 19 brumaire an XIII (10 novembre 1804). Retourné dans ses foyers le 28 septembre 1815, avec le grade de sergent, il avait été autorisé par Louis XVIII le 20 août 1814 à porter la décoration du Lis et avait été créé chevalier de la Légion d'Honneur le 17 mars 1815.

En 1849, son fils lui fut adjoint comme garde-champêtre.

La population, de 1160 en 1822, passa en 1827 à 1328, y compris 134 indigents et 7 mendiants.

Une briqueterie, un four à chaux, une fabrique de blanc de céruse, une fabrique d'acide sulfurique et de soude, une fabrique d'indiennes et un moulin à l'huile, telles étaient les industries du village en 1829.

En février 1820, un incendie, dû à la négligence des ouvriers, se déclara dans la fabrique d'indiennes, dont M. Févez-Ghesquières était le propriétaire [1]. Le zèle des pompiers de Lille et d'Haubourdin empêcha l'incendie de se communiquer aux bâtiments voisins, mais le local où il s'était montré fut entièrement consumé.

M. Antoine-Marie-Roch Bavelaer, chanoine honoraire de la cathédrale de Cambrai, prit possession de la cure le 10 octobre 1816, après le décès de M. Couvreur, survenu un mois auparavant.

M. l'abbé Bavelaer mourut en 1828, après une longue maladie, et eut pour successeur M. l'abbé Edouard-Henri-Joseph Lemahieu, curé de Faches, recommandé par M. Détrez. Le nouveau curé avait 32 ans ; il était de Comines et le plus jeune de douze enfants. En sortant du

---

1. Cette fabrique d'indiennes se trouvait près de la campagne occupée aujourd'hui par M. Béghin.

séminaire, il avait été nommé vicaire à Bondues ; de là on l'avait envoyé à Marcq-en-Barœul et à Férin.

Après J.-B. Duponchelle, qui remplissait la charge de fossoyeur, ce fut à Eugène Monpays que l'emploi fut attribué en 1819. Son fils le remplaça et le fils de ce dernier est encore actuellement gardien du cimetière.

La propriété où s'était élevée jadis la superbe chapelle de Notre-Dame de Grâce fut achetée à M. Luizet, vers 1820, par M. Raboisson ; la maison du chapelain devint l'habitation de M. Themry, son beau-père, jusqu'en 1848.

En septembre 1823, M. Louis Castellain, président de la fabrique de l'église, donna sa démission à cause de son grand âge, 85 ans, et de ses infirmités. Ses collègues le nommèrent marguillier honoraire et lui donnèrent pour successeur M. Margerin-Dumetz, qui était venu au château de Loos [1].

L'inventaire des titres, comptes et papiers, remis par M. Castellain à M. Margerin, est intéressant à connaître :

« 1° Les comptes et budgets de ladite église des exer-
» cices 1804 jusques et compris 1822 et budget de 1824.
» 2° Le registre intitulé fabrique de l'Église de Los
» servant aux délibérations, nominations et installations
» des membres de ladite fabrique avec d'autres notes essen-
» tielles, commencé le 19 avril 1811 et suivi jusqu'à ce jour.
» 3° Une farde contenant : 1° Les instructions de Mgr
» l'évêque de Cambrai au sujet des comptes et budgets de
» la fabrique des églises.— 2° Tarifs des droits des fabriques
» des églises. — 3° Inventaire du mobilier de l'église de
» Los. — 4° Questions faites à M. le curé de Los par
» Mgr l'évêque de Cambrai, répondu par ledit curé en
» janvier 1813. — 5° Un arrêté de la préfecture de Lille
» concernant les cimetières. — 6° État par apperçu des frais
» ordinaires de la célébration du culte et des frais de répa-
» rations, des ornemens, meubles et ustensiles de l'église de

---

1. M Louis Castellain était le père de M. Casimir ; il mourut en 1827, à 89 ans.

» Los. — 7° Bienfaits à l'église de Los par défunt
» M. Breckevelt, curé de Los, terminé le 21 février 1813. —
» 8° Réponses aux questions touchant les chaises et bancs
» proposées par Mgr l'évêque de Cambrai le 12 mars 1812
» et répondu le 5 avril de ladite année. — 9° Le testament
» de Marie-Annetoinette, reine de France, et mandement
» de Mgr l'évêque de Cambrai à ce sujet.

» 4° Une farde de papiers qu'il est bon de garder pour y
» avoir recours au besoin.

» 5° Prisées des grains de la Saint-Remy 1821 et 1822.

» 6° Un ancien registre concernant Notre-Dame de Grâce
» établie dans l'église de Los depuis la restauration, dans
» lequel il se trouve parmi d'autres papiers, le compte des
» revenus de cette ancienne chapelle des années 1784
» jusqu'au 20 octobre 1788 rendu par M. l'abbé Chevalier
» prêtre chapellain de ladite chapelle à dom Antoine Billau,
» abbé de Los.

» 7° Le titre original de l'arrentement de onze ares dix
» centiares (cent vingt-cinq verges) de terres sur lequel se
» trouve un manoir situé à Los, à front de la rue du
» Bazenghien accordé au sieur Alexandre Noël, jardinier,
» demeurant audit Los, pour le terme de 99 ans commencé
» le 1er octobre 1820 au canon annuel de trois hectolitres
» 90 litres de bled froment première qualité avec d'autres
» pièces y relatives.

» 8° Un ancien plan des propriétés de Notre-Dame de
» Grâce.

» 9° Un abbrégé historique, vieux imprimé de ladite
» chapelle, très rare à trouver.

» 10° L'état des honoraires du chapellain de la susdite
» chapelle et tout ce qui la concerne, dressé et signé de la
» main de M. F. Breton, abbé de Los, et de N.-J. Chevalier.

» 11° Une plaque en cuivre à l'effigie de Notre-Dame de
» Grâce avec 200 exemplaires tirés de ladite plaque. »

Le produit des chaises de l'église, perçu par abonnement, n'ayant pas été trouvé assez rémunérateur, les membres du conseil de fabrique convinrent, en 1828, d'établir un nouveau règlement et un nouveau tarif.

Tous les paroissiens sans exception furent tenus de payer leur chaise. Le prix en fut fixé à un centime un quart ou un liard, à chaque office des dimanches et fêtes; mais les dimanche et lundi de Pâques et de Pentecôte, les jours de l'Ascension, de l'Assomption et de la Toussaint, aux messes, on dut payer deux centimes et demi, ou deux liards. La rétribution était double pour les chaises à dos ou avec appui appartenant à l'église ou aux particuliers.

M. l'abbé Détrez, sous le gouvernement de Louis XVIII et de Charles X, dépensa, à ses œuvres et à de nouvelles qu'il entreprit, son incroyable activité. Ses dévouées auxiliaires, MM^{lles} Marie-Anne Desruelles et Catherine Legrand, gouvernaient avec bonheur le petit couvent; en 1816, il confia à l'une de ses anciennes orphelines, Mlle Augustine Fourrure, une école de filles qui devait, dans la suite, revenir à la communauté de l'Éducation chrétienne.

Mlle Fourrure, ayant quitté son pensionnat pour entrer au monastère d'Esquermes [1], fut remplacée par Mlle Rohart, et celle-ci par Mlle Lestocart. Des difficultés paralysèrent la prospérité de la maison jusqu'au jour où Mlle Legrand, de Lille, vint s'en charger elle-même; celle-ci trouva enfin en Mlle Joséphine Delattre (1831) une remplaçante de valeur.

Les qualités de M. l'abbé Détrez l'avaient mis en évidence; ses supérieurs lui offrirent des postes élevés qu'il refusa, mais l'ancienne abbaye ayant été convertie en maison centrale de détention, il consentit à y exercer les fonctions d'aumônier.

La convention du 23 avril 1814, obtenue par le comte d'Artois et M. de Talleyrand, à la suite de la première invasion des Alliés, ayant nécessité une autre circonscription du Royaume, ce fut l'abbaye, ou plutôt le dépôt de mendicité qu'on avait tenté d'y installer, que l'ordonnance royale du

---

1. Elle y mourut en 1865.

6 août 1817 désigna pour renfermer les condamnés précédemment envoyés à Vilvorde.

Au début de 1818, M. le comte de Rémusat, préfet du Nord, après entente avec le ministre de l'Intérieur, prescrivit les adjudications pour la transformation des bâtiments de l'abbaye. Les condamnés à un an et plus de réclusion furent internés à partir de 1822.

En 1824, les prisonniers étaient au nombre de 665, dont 526 hommes et 139 femmes.

Ils étaient occupés en divers ateliers, où ils continuaient leur profession ; s'ils n'en avaient pas, ils étaient forcés d'apprendre un métier. Ils pratiquaient la filature de lin et d'étoupes, la filature de coton, le serançage, la fabrication de calicots, de toiles, couvertures, la couture, la broderie de sarraux, la cordonnerie et la menuiserie.

A l'exposition générale du Louvre en 1827, la maison centrale fut mentionnée honorablement pour quelques-uns de ses produits : le coton filé, le lin filé, la toile et la prunelle bleue.

Les détenus mangeaient ensemble, à la même heure, et dans des réfectoires ; ils étaient vêtus uniformément. Ils avaient un dortoir commun et leur couche se composait d'un lit de sangle, un matelas, un traversin, une couverture de laine et des draps.

En mai 1826, les détenus essayèrent de se mutiner. Ils se plaignaient de la qualité des aliments. Un jour, au moment du repas, ils refusèrent de toucher à leur ration. Le directeur, M. Poirel, tenta inutilement les moyens de persuasion ; il se vit contraint d'informer le préfet et le procureur du roi, qui vinrent immédiatement à l'abbaye, suivis d'un détachement de gendarmerie et d'un piquet de dragons. Le calme se rétablit à la fin de la journée. Quatre meneurs furent transférés à Lille, pour y être livrés aux tribunaux.

Les fêtes nationales avaient lieu le 25 août, sous Louis XVIII, et le 4 novembre, sous Charles X. Une grand'messe suivie de *Te Deum* était chantée dans toutes les églises ; la quête qu'on y faisait était destinée aux veuves et orphelins des chevaliers de Saint-Louis. A Lille, la parade et la revue de la garnison, l'ouverture des musées, le bal de nuit, donné par la garde nationale aux officiers de l'armée, et les illuminations, complétaient la journée.

Ces mêmes réjouissances se répétaient à Lille, au mois de juin, depuis 1825, à l'anniversaire de la procession instituée en 1269 par Marguerite de Constantinople. Il faut citer surtout les fêtes de 1829, marquées par l'inauguration de l'église Saint-Maurice restaurée, l'ouverture du marché Saint-Nicolas, le concours des musiques de Bruxelles, Gand, Douai, et l'innombrable multitude qui y prit part.

Les 13 ou 14 février se disaient, dans la plupart des paroisses, des messes pour le duc de Berry.

Le 21 janvier, partout, l'on assistait aux services funèbres solennels célébrés à la mémoire de Louis XVI. En 1826, le Roi ordonna que le service dit séparément, au mois d'octobre, pour la reine Marie-Antoinette, fût confondu à partir de cette année avec celui du roi-martyr.

Tout discours ou oraison funèbre était interdit; mais le prêtre montait en chaire et lisait aux fidèles l'admirable testament de l'innocente victime de la Convention. A Lille, les troupes étaient amenées à Saint-Maurice, en armes et en grande tenue. Les drapeaux étaient cravatés de deuil; les tambours, recouverts de serge noire, ne battaient point. Les officiers portaient un crêpe au bras et à l'épée, et les quatre plus élevés en grade se plaçaient aux angles du catafalque, le sabre à la main, jusque l'office terminé.

LOUIS-PHILIPPE Iᴱᴿ

(29 JUILLET 1830 - 24 FÉVRIER 1848)

Accueil fait au nouvel ordre de choses. Destruction de la statue et du mausolée du duc de Berry. Les ducs d'Orléans et de Nemours à Lille. Le choléra-morbus. Louis-Philippe à Lille. Parhélie. Mort du duc d'Orléans. Le 8 octobre 1842. La misère de 1847. Campagne réformiste. — Loos . Administration municipale, mort de M. Castellain d'Escleps, son oraison funèbre, population, les omnibus, incendie de la fabrique Scrive. Administration religieuse, le conseil de fabrique, reconstruction de l'église, visite de Mgr Giraud, vol à l'église, mort de M. Détrez, son oraison funèbre, le petit couvent et les écoles de garçons et de filles. La maison centrale. Fêtes publiques. M. d'Herbigny.

Le bruit de soulèvements populaires à Paris était à peine connu des Lillois que le baron de Rottembourg convoqua la garde nationale pour le maintien de la tranquillité dans les rues. Il lui assigna un poste sur la place d'Armes et lui prescrivit des patrouilles avec la ligne.

Le 2 août, M. de Muyssart fit placarder sur les murs l'avis suivant :

Nous, Maire de la ville de Lille,
Vu la lettre de M. le préfet en date de ce jour ;
Avons arrêté et arrêtons ce qui suit :
La dépêche télégraphique ci-après sera affichée dans toute la ville et publiée immédiatement.

Le comte de Muyssart.

Lille, 2 août 1830.

Dépêche télégraphique de Paris

Le 1ᵉʳ août au soir, et transmise le 2 à quatre heures du matin. Le Ministre de l'intérieur à M. le préfet du département du Nord.

Monsieur le préfet,

« Je vous ordonne, sous votre responsabilité, de faire publier
» solennellement, et sur le champ, ce qui suit :
» S. A. R. Mgr le duc d'Orléans a été proclamé lieutenant-général
» du Royaume.
» Le Roi est parti de Saint-Cloud et a congédié sa maison.
» Les Députés sont appelés sur le champ à Paris. »

La 16ᵉ division militaire passa sous le commandement du comte Corbineau, qui, le 6 août, fit arborer le nouveau drapeau national et enjoignit à ses troupes d'enlever les fleurs de lis des uniformes et de prendre la cocarde tricolore.

Le 9, à six heures du soir, en même temps que grondait le canon sur les remparts, des cortèges formés de tambours et de musiques parcouraient les quartiers — où l'on pavoisait à mesure — et proclamaient la résolution prise par le duc d'Orléans de placer sur sa tête la couronne réservée à Henri V par Charles X et le duc d'Angoulême.

L'accueil reçu par le gouvernement de Louis-Philippe fut loin d'être universellement sympathique. A Lille, se fit, il est vrai, le 13 décembre 1830, par les différents corps de garde nationale, au milieu d'un immense concours de peuple, l'inauguration du buste du Roi au poste de la place ; le 20, on accompagna avec le même empressement toutes les troupes de la garnison qui se rendaient à la porte de Paris, au-devant de la députation rapportant les drapeaux remis par le Roi pour la garde nationale ; la distribution de ces emblèmes patriotiques à chacun des bataillons suscita l'enthousiasme, on ne saurait le contester ; en janvier 1831, la garde nationale se réunit encore à la mairie, salle du Conclave, pour l'inauguration du buste du Roi offert par M. Bra et pour la réception du portrait du général Chartran, envoyé par sa famille. Mais il faut aussi tenir compte des réflexions de l'*Echo du Nord*, par exemple, qui se plaint de l'attachement des campagnes à la branche aînée des

Bourbons ; il est bon de savoir qu'en février 1831, le baron Méchin, préfet, alors en tournée dans l'arrondissement d'Hazebrouck, demandait à ses administrés dévouement et confiance en Louis-Philippe et leur faisait entrevoir l'inutilité de tentatives en faveur du duc de Bordeaux. Une indication plus caractéristique ressort d'une lettre pastorale de Mgr Belmas, écrite en octobre 1830 : les autorités civiles lui ayant signalé qu'en diverses localités, les invocations pour Louis-Philippe Ier ne sont pas dites dans les cérémonies publiques, l'évêque de Cambrai invite son clergé à obéir aux règles liturgiques et à offrir leurs prières, sans examiner ses droits, pour celui qui représente la France et porte le fardeau du pouvoir.

A l'occasion d'un service funèbre, célébré (14 février 1831) à la demande des légitimistes de Paris en mémoire du duc de Berry, l'église Saint-Germain-l'Auxerrois fut saccagée par la populace. Lille aussi voulut avoir son mouvement :

« Hier[1] vers midi, raconte l'*Echo du Nord*, une nombreuse
» députation s'est présentée à la mairie pour demander que la
» statue du duc de Berri, érigée sur la place du Concert,
» fût transférée dans l'intérieur du Musée. M. le maire a
» répondu que des ordres avaient été donnés dès le matin
» pour opérer cette translation. Effectivement, à la même
» heure, des ouvriers étaient occupés à dresser un échafau-
» dage pour descendre la statue de son piédestal. La foule
» était grande autour d'eux, et comme les travaux allaient
» trop lentement à son gré, en un tour de main, une corde
» fut attachée au corps du prince et la statue renversée,
» brisée, foulée aux pieds, mutilée dans toutes ses parties.
» Il ne reste plus de cet ouvrage du statuaire Bra[2] qu'une

---

1. 17 février 1831.
2. Théophile Bra était né à Douai en 1797. Il y mourut en 1863. Outre la statue du duc de Berry, ses principales œuvres sont : *Aristodème au tombeau de sa fille*, que Louis XVIII ordonna d'exécuter en marbre pour la ville de Douai ; la *ville de Lille*, qui surmonte la colonne de la grand'place ; le *lieutenant-général Négrier*, au bout de l'Esplanade ; *la Vierge et les Anges*, à Sainte-Catherine ; *S. Pierre* et *S. Paul*, à Saint-Maurice ; le fronton des hôtels-de-ville de Lille et de Douai.

M. Bra acheta en 1833 le bronze de la statue du duc de Berry ; il se proposait de recommencer son œuvre.

» masse informe sans autre valeur que le métal dont il était
» formé. Dans l'après-midi, on a démonté pièce à pièce et
» avec soin le mausolée du même prince élevé dans l'église
» Saint-Maurice. Un piquet de la garde nationale défendait
» l'entrée de cet édifice à la foule et protégeait la démolition
» de l'obélisque [1]. »

Les ducs d'Orléans et de Nemours allant à Bruxelles s'arrêtèrent à Lille en octobre 1831.

Ils arrivèrent le 14, à huit heures du soir, reçurent les autorités le lendemain au quartier général de la division, puis visitèrent l'hôpital militaire, les casernes, les établissements de MM. Bigo, fabricant de fils retors, Scrive, fabricant de cardes, Auguste Mille, filateur de coton. Le 16, qui était un dimanche, les gardes nationales de Lille, Wazemmes, Roubaix, Tourcoing et les troupes de la garnison furent passées en revue par les princes, qui partirent le lundi matin.

L'année 1832 fut pour l'Europe et la France une année de deuil. A la fin de mars, le choléra-morbus se déclara à Paris et dans les départements. A peine, dans les premiers temps, daigna-t-on s'en occuper, mais bientôt le fléau exerça d'affreux ravages.

Des bureaux sanitaires furent établis en chaque commune de l'arrondissement de Lille — celui de Loos était composé de M. Masquelez, maire, et de M. Févez, fabricant — et mis en rapport avec les agences sanitaires qui faisaient publier par les journaux les résultats de leur expérience, études, conseils ou remèdes.

Ce malheur public ranima la foi et la piété chez les populations et de longues files de pèlerins prirent tous les jours le chemin de Notre-Dame de Grâce : les paroisses de Lille, conduites par leur pasteur, vinrent l'une après l'autre, le

---

[1]. Seule la statue de la Religion est restée à Saint-Maurice, à la chapelle du Dieu de Pitié ; la statue de la ville de Lille, transférée dans la cour des Ecoles académiques, y est restée jusqu'en ces derniers temps ; elle se trouve reléguée maintenant dans un des nombreux magasins de la ville. Le médaillon a été acheté par un fripier et les grilles vendues comme ferraille.

chapelet à la main, implorer le secours d'en haut.

M. Brun-Lavainne dans la *Revue du Nord* de 1833 signale un fait digne d'être rapporté.

Les vieillards de l'hôpital général, particulièrement les femmes, étant éprouvés par la maladie et tous les efforts demeurant inutiles, M. Martin [1], aumônier, de concert avec son collègue, M. Vassart, osa faire entreprendre, le 13 août, le pèlerinage de Loos. Les vieillards valides, hommes et femmes, partirent à travers la pluie et malgré le mauvais état des routes, sous la conduite de quelques religieuses.

Ils revinrent, sans accident, après avoir entendu la messe. Les registres de l'état-civil font foi que, dès ce jour, la mortalité diminua, puis disparut de l'hôpital général, tandis qu'elle continuait de désoler la ville et l'hôpital Saint-Sauveur.

Les pèlerinages ne constituaient pas les seules pratiques religieuses en honneur. Les madones placées au coin de certaines rues, — notamment au marché au fil de lin et rue Saint-Nicaise — avaient été restaurées et ornées et, à la fin de la journée, des habitants s'arrêtaient devant elles pour y chanter et y prier. Mais il arriva, le 12 septembre, que des jeunes gens s'en prirent à ces réunions jusqu'alors respectées, opposèrent aux cantiques les chants de la Marseillaise et de la Parisienne et portèrent le désordre dans le reste de la ville. Trois perturbateurs furent arrêtés. Le lendemain, M. D. Le Thierry, maire de Lille, défendit les rassemblements.

Les lieux où l'on constata officiellement le choléra-morbus furent, dans l'arrondissement: Lille, Quesnoy-sur-Deûle, Aubers, Cysoing, Armentières, le faubourg de Béthune, Wazemmes, Houplines, Beaucamps, La Chapelle d'Armentières, Wattrelos, Erquinghem-sur-Lys, Wervicq-Sud, Capinghem, Annœullin, Lomme, Croix, Wasquehal, Haubourdin, Roubaix, Esquermes, Flers, Fives, Fournes,

---

[1]. Il fut directeur du monastère d'Esquermes, après la mort de M. l'abbé Détrez. Voir *Notice sur M. l'abbé Martin, directeur du monastère d'Esquermes*. Lille, Ducoulombier, 1879.

Wambrechies, Lannoy, Annappes, La Bassée, Illies, Marcq-en-Barœul, Lambersart, Tourcoing, Frelinghien, Toufflers, Bourghelles, Ennevelin, Moncheaux. Cinq cas, dont un seul suivi de décès, furent enregistrés à Loos. 276 communes atteintes dans le département donnèrent un total de 5688 morts sur 12.800 malades, de fin mars à mi-novembre.

Depuis l'année du choléra jusqu'en 1848, parmi les événements qui passionnèrent les esprits, il convient de citer : l'arrestation de la duchesse de Berry et son internement dans la citadelle de Blaye (1832) ; les tentatives d'insurrection à Paris et les attentats contre la famille royale (Fieschi [1], Alibaud, Meunier, Darmès, Lecomte, etc.) ; le passage à Lille (août 1832) du nouveau roi des Belges, Léopold, et de sa jeune femme, la princesse Louise d'Orléans, fille de Louis-Philippe ; le voyage du Roi dans le Nord ; l'incendie du cirque Gauthier et Liébhart et de deux autres spectacles, sur la petite place, derrière le théâtre, pendant la foire de 1835 ; la mort de Charles X qui affligea profondément les légitimistes (1836) ; un phénomène météorologique en mars 1838 ; les tentatives de Louis-Napoléon Bonaparte à Strasbourg (1836) et à Boulogne (1840) ; le retour des cendres de Napoléon que ramenait de Sainte-Hélène le prince de Joinville (1840) ; la mort de Mgr Belmas (21 juillet 1841), pour lequel un service funèbre fut célébré dans tout le diocèse ; la mort du duc d'Orléans (juillet 1842) ; la fête du 8 octobre 1842 ; l'établissement des premières lignes de chemins de fer [2] ; la pacification de l'Algérie et la soumission d'Abd-el-Kader ; les troubles occasionnés par la cherté des vivres ; enfin la campagne réformiste, qui provoqua la chute du gouvernement de Juillet.

---

[1]. Le maréchal Mortier, duc de Trévise, y trouva la mort ; une souscription fut ouverte pour lui élever une statue au Cateau, sa ville natale. Mgr Belmas ordonna un service solennel dans les églises de son diocèse pour les victimes de l'attentat ; la messe terminée, un *Te Deum* fut chanté « en actions de grâces pour la conservation du Roi et de ses augustes fils ».

[2]. En 1846, le 14 juin, les ducs de Nemours et de Montpensier inaugurèrent la ligne de Paris à Lille et à Bruxelles.

De ces événements divers, il en est qui peuvent retenir un moment l'attention.

Louis-Philippe fit coïncider son voyage à Lille avec la rentrée des troupes du siège d'Anvers (janvier 1833).

La reine Marie-Amélie entra en ville le 8, avec Madame Adélaïde et les princesses d'Orléans ; elles furent reçues par le lieutenant-général comte Corbineau, le préfet et son secrétaire général, et M. Le Thierry, maire de Lille. Le lendemain, vers onze heures du matin, arrivèrent le roi et la reine des Belges : la garde nationale et la troupe de ligne formaient la haie sur leur passage ; des salves d'artillerie étaient tirées en leur honneur et les Lillois et les étrangers accourus en foule les saluaient de leurs acclamations.

Le 11, à trois heures de l'après-midi, la même affluence se pressait sur le passage du Roi des Français, au-devant duquel s'étaient rendus le maire, les adjoints et le conseil municipal. Il était plus de quatre heures quand Louis-Philippe commença au palais de la rue Royale la réception des autorités et des corps constitués.

Jusqu'au 16 janvier, date de son départ, revues, visites et réceptions, absorbèrent les journées du souverain : le 12, revue de la division Sebastiani sur le Champ de Mars, en présence des reines, décoration de militaires et défilé des troupes ; le 13, réception de députations de gardes nationales et d'autorités voisines de Lille, revue, à midi, sur la grand'place, de la division Fabre, des gardes nationales de Lille, de Wazemmes, et « d'une compagnie magnifique » d'artilleurs de la garde nationale de Dunkerque », distribution de récompenses ; le 14, réception des chambres consultatives des manufactures de Roubaix et de Tourcoing, du maire et du conseil municipal de cette dernière ville ; le 15, revue de la brigade d'Orléans et de la division Achard, visite des fabriques de M. Scrive et de M. Mille, de l'hôpital général, et décoration de M. Le Thierry ; le 16, dans la matinée, visite à l'hôpital militaire, où S. M. s'approcha du lit de chaque soldat malade, réception des officiers généraux de passage à Lille et de la commission du palais, don de deux mille francs à l'hôpital général, de quatre mille francs au bureau de bienfaisance.

La reine et les familles royales de France et de Belgique quittèrent Lille le surlendemain, 18 janvier, au lever du jour.

Le 13 mars 1838, un spectacle aussi merveilleux que rare excita, si l'on s'en rapporte aux journaux, l'attention et l'admiration des curieux et fit les frais de longues conversations dans la région du Nord tout entière. Il s'agissait d'un parhélie : de huit heures à neuf heures du matin, en même temps qu'apparaissaient deux arcs-en-ciel opposés par la courbure, le soleil, perçant le brouillard, se montra entre deux autres soleils, aussi éclatants que le véritable ; un cercle immense entourait ces globes de feu, reliés par une traînée lumineuse et qu'il était impossible de regarder fixement.

Un accident de voiture, sur la route de la Révolte, à Neuilly, coûta la vie au duc d'Orléans (13 juillet 1842).

Le préfet porta la douloureuse nouvelle à la connaissance des habitants du Nord. Les sentiments d'affliction que fit éprouver la mort du prince royal furent unanimes : un esprit éclairé, une intelligence ouverte, de brillantes qualités avaient assuré au duc d'Orléans les sympathies des Français.

Des adresses de condoléances furent envoyées à Louis-Philippe par les autorités. Le lundi 25 juillet, à Saint-Maurice de Lille, notamment, fut chanté un service solennel : les délégations de l'armée, de la garde nationale, de la préfecture et de la mairie, se tinrent, dans le chœur décoré de tentures noires à lames d'argent, autour d'un catafalque dont une des faces portait les noms d'Anvers, Mouzaïa, Mascara, où le prince s'était distingué. Pendant la cérémonie, un orchestre joua la marche funèbre d'une des symphonies de Beethoven et des chanteurs exécutèrent une partie du

Requiem de Cherubini et le *De Profundis* de Ferdinand Lavainne.

Le 8 octobre 1842, cinquantième anniversaire de la levée du siège de Lille, on posa sur la grand'place la première pierre de la colonne commémorative.

La garde nationale lilloise se mit, dès la veille, à la disposition des gardes nationales arrivant des villes voisines. Le jour de la fête, à midi, par un temps magnifique, eut lieu sur le Champ de Mars la revue de tous les corps armés, qui, vers une heure et demie, vinrent rehausser de leur présence la cérémonie officielle, puis défiler devant le monument figuré en toile peinte. Un banquet réunit, au soir, deux mille militaires dans une salle improvisée, en la cour de l'hôtel des canonniers, pendant que les musiques des environs donnaient un concert près de la colonne. Les décorations et illuminations des maisons et des édifices publics dépassèrent ce qu'on avait vu jusqu'à ce jour ; la façade de l'hôtel-de-ville attira particulièrement les regards par un transparent, dû au pinceau de M. Stalars et représentant l'incendie de l'église Saint-Etienne.

Malheureusement, le feu, qui se déclara à onze heures du soir chez M. Ghesquières, filtier, assombrit les derniers moments de la fête. Les pompiers de Lille et ceux qui n'avaient point encore regagné leur village s'y portèrent aussitôt et s'en rendirent maîtres à deux heures du matin, non sans dommage, car on compta quelques blessés.

La colonne, achevée et surmontée de la statue de la ville de Lille, fut inaugurée trois ans plus tard, le 8 octobre 1845.

De graves désordres en certaines contrées de l'Europe, en France, en Angleterre, en Belgique, éclatèrent pendant le cours de 1847. Le prix élevé des subsistances était la cause principale de ces mouvements révolutionnaires. A Lille et à Wazemmes, les 12, 13 et 14 mai, on pilla les boulangeries et l'ordre ne se rétablit que par le rassemblement de la garde nationale et les mesures énergiques contre les fauteurs de-trouble.

La prévoyance, la délicatesse et la générosité de M. Ernest Le Liepvre, qui était maire de Loos, ne se trouvèrent pas en défaut en cette période critique.

Le 15 mars 1847, M. Ernest Le Liepvre exposa simplement au conseil municipal que, devant le prix des céréales, il avait cru bon de faire une provision de cent hectolitres de blé, entre quarante et quarante-cinq francs, en son nom personnel, pour ne point devoir suivre toute la filière administrative avant d'avoir une autorisation; M. Lepers voulait bien se charger de l'emmagasinement. Les habitants pourraient, de la sorte, se procurer le blé à un prix raisonnable. En cas de hausse, le surplus devait être versé au bureau de bienfaisance; si la baisse survenait, M. Le Liepvre se déclarait heureux d'en supporter les conséquences.

Les ouvriers de l'usine Kuhlmann voulurent contribuer pour leur part à soulager l'extrême misère qui affligeait alors une partie de la population du village.

Chaque année, le jour de la Pentecôte, ils se réunissaient en un repas fraternel, suivi de réjouissances diverses, entre autres un feu d'artifice pour terminer la journée. Ils décidèrent, cette fois, de restreindre les dépenses et d'employer le superflu en faveur des habitants les plus nécessiteux. M. Kuhlmann, secondant le désir généreux de ses ouvriers, chargea le bureau de bienfaisance de distribuer mille bons de soupe aux indigents.

Comme cinquante autres villes, Lille eut son banquet réformiste. De toutes parts, même des départements voisins, affluèrent les adhésions : le 7 novembre 1847, mille convives se trouvèrent sous une vaste tente, au quai de la Haute-Deûle. Recouverte de toile, cette salle était traversée dans sa longueur par une allée et contenait vingt-quatre tables de quarante places; devant la tribune, avaient été installées les tables des députés, des célébrités politiques et des journalistes.

Un grave incident surgit au dernier moment entre la majorité de la commission et les députés invités, MM. Odilon Barrot, Beaumont, Gauthier de Rumilly, Delespaul, Lestiboudois. Craignant de servir la cause de l'opposition républicaine, M. Odilon Barrot témoigna le désir d'accentuer dans le sens constitutionnel le toast qu'il devait porter à la réforme électorale et parlementaire. Il crut reconnaître une fin de non-recevoir dans l'hésitation à prendre sa demande en considération, se retira, et ses collègues l'imitèrent.

Malgré ce contre-temps le banquet commença ; il était trop tard pour reculer. La Marseillaise fut exécutée au début et, au dessert, les toasts se succédèrent : M. Huré but à la réforme électorale et parlementaire, M. Delebecque, rédacteur en chef du *Libéral du Nord*, à la presse libérale du Nord, et M. Ledru-Rollin aux travailleurs, à l'amélioration du sort des classes laborieuses.

* *

En 1830, M. C. Castellain d'Escleps laissa la charge de maire de Loos à M. François Guilbert [1], qui ne la garda qu'un an ; jusqu'en 1848, les différents maires furent MM. Masquelez (1831-1834), Masurel-Duburcq (1834-1843), Ernest Le Liepvre [2] (1843-1848). Ils eurent tous le même adjoint, M. Devernay, qui avait remplacé M. Aimé Defives en 1829.

M. Casimir Castellain d'Escleps mourut en avril 1843, survivant à deux de ses enfants, Mlle Laure Castellain [3] et M. Juvénal Castellain [4]. Le château de Landas continua d'être tenu par Mme de Madre de Norguet, autre fille de

---

[1]. M. François Guilbert est mort en 1896, dans sa quatre-vingt-dix-septième année.

[2]. M. Ernest Le Liepvre, originaire de Valenciennes, où sa famille était fort considérée et où il avait été juge suppléant au tribunal de commerce, était venu habiter le château de Loos en 1835.

[3]. Morte en 1831.

[4]. Mort en 1855. M. Juvénal laissait aux pauvres de Loos tous les meubles, linge, instruments de musique, tableaux, gravures, son argent comptant, pour former du tout un capital à placer le plus avantageusement possible par le bureau de bienfaisance. La seule condition était une messe à faire dire chaque année pour le repos de son âme.

M. Castellain, et M. de Madre de Norguet, puis par M. Ferdinand Lefebvre de Lattre d'Hailly, leur gendre.

Le discours que prononça M. Héroguer, curé de Saint-André, aux obsèques de M. Casimir Castellain fera connaître ce qu'était cet homme de bien :

Chrétiens, mes frères,

En montant pour la première fois dans cette chaire, en m'inclinant devant ces autels sacrés, aux pieds de cette Vierge vénérée à tant de titres, j'aurais voulu vous tenir un autre langage que celui qu'inspire un cercueil : il eût été plus doux pour moi de publier les louanges de celle que nous appelons si justement notre Mère, que de vous faire entendre les lugubres accents de la douleur ! Telle est, mes frères, la triste destinée de l'homme sur la terre, sa vie est remplie d'amertumes et de chagrins : *Repletur multis miseriis.*

Pauvre cœur humain, faut-il donc que tu ne sois nourri que d'un pain de larmes ! Pourquoi faut-il donc que notre vie soit une mort continuelle ? Admirables desseins de la Providence, mes frères, on ne peut apprendre à vivre qu'en apprenant tous les jours à mourir : *Quotidie morior.*

Oui, mes frères, voilà encore une victoire remportée par la mort sur un homme charitable ; avide qu'elle est d'accroître le nombre de ses victimes, elle précipite ses coups : Déjà nos larmes ont coulé sur plusieurs membres de cette respectable famille ; déjà nos pleurs ont été versés sur une jeune personne qui excitait l'admiration de tous par sa candeur, sa douceur, sa simplicité vraiment chrétiennes, par la vivacité et la fermeté de sa foi. Hélas ! elle aussi avait appris à mourir, ses dernières années furent une longue agonie. Nos larmes avaient à peine cessé de couler et le même tombeau s'ouvrit pour recevoir les dépouilles de son bien-aimé frère ; il tardait à sa belle âme de se réunir à celle de sa sœur ! Qui n'a point connu, apprécié, l'excellent M. Juvénal, jeune homme accompli s'il en fut jamais ? Aujourd'hui, mes frères, c'est à leur père que nous préparons un sépulcre ; hélas ! ce qui nous en reste n'est plus même lui !

N'attendez pas, mes frères, que je suive notre cher défunt dans tout le cours de sa longue carrière pour le surprendre partout où il faisait le bien ; non, mes frères, il est des œuvres que l'œil de Dieu seul a aperçues, et c'est moins pour lui que pour nous que nos lèvres vont formuler quelques mots d'éloge.

Qui ne sait, qui ne dit pas que M. Castellain d'Escleps était le père des pauvres, le soutien de la veuve et de l'orphelin ? Qui peut oublier le bien qu'il fit dans cette commune pendant les vingt-cinq ans qu'il la dirigea comme maire ? Qui ignore les bienfaits qu'il répandait dans les établissements si utiles, si précieux qui se sont élevés sous la protection de Notre-Dame de Grâce ? Et vous, temple du Seigneur, n'élèverez-vous pas la voix pour publier sa munificence, sa charité, sa piété ? Ah ! vous unissez votre voix à la nôtre ; mais que votre écho est lugubre ! C'est ainsi que vous payez votre tribut de reconnaissance. Et nous, prêtre du Seigneur, qui l'avons suivi jusqu'à son dernier soupir, dirons-nous avec quelle ferveur il élevait ses mains défaillantes et ses yeux avec sa prière vers le Ciel ? Lorsque nourri du pain des anges et fortifié par l'onction salutaire, il voyait sa fin approcher, avec quelle effusion de cœur il disait : « Jésus, mon Sauveur, ayez pitié de moi ; » Sainte Vierge Marie, secours des chrétiens et consolatrice des affligés, » priez pour moi. »

Et vous, mes frères, resterez-vous muets devant le corps glacé de celui qui vous a édifiés par sa charité et sa ferveur ? Ne lui paierez-vous pas aussi, par vos prières, le tribut de votre gratitude ? Remarquez-le, chrétiens : lorsque le Saint-Esprit laisse à l'assemblée des fidèles le soin de publier les bonnes œuvres des personnes charitables, il n'a d'autre intention que de nous instruire, en nous montrant la route que nous devons suivre nous-mêmes ; car si nous sommes les enfants des saints et si nous attendons leur récompense, c'est à la condition que nous serons les imitateurs de leurs vertus : *Filii sanctorum sumus et vitam illorum expectamus.*

La mémoire du juste sera donc immortelle parmi vous, mes frères : ses exemples ne seront pas perdus, vous les retrouverez dans celle qu'il laisse au milieu de vous ; digne fille d'un tel père, elle saura perpétuer ses œuvres et combler le vide qu'il a laissé en montant au ciel.

Dormez votre sommeil, homme vénérable, dormez en paix ; reposez à l'ombre du sanctuaire consacré à Marie ; reposez sous l'arbre tutélaire, sous l'arbre de la croix ; un jour elle vous réveillera pour compléter l'éternel bonheur.

Toutefois, en quittant cette vallée de larmes, en paraissant au pied du tribunal de Celui qui juge les justices même, il est possible que des vestiges de ses anciennes fragilités n'aient pas entièrement disparu, et voilà pourquoi votre bien-aimé pasteur monte aujourd'hui à l'autel du Dieu vivant, pour offrir l'Hostie pure et sans tache, la victime de propitiation. Prions donc, mes frères, demandons que le séjour de la paix éternelle lui soit ouvert, magnifique récompense réservée à la vertu.

Les habitants, de 1564 en 1831, 1891 en 1836, s'élèvent à 3404 en 1841 et à 4117 en 1846. Cet accroissement rapide de population était causé par les progrès incessants de l'industrie, par la situation de la commune appelée à faire partie d'un grand centre manufacturier, et aussi par l'intelligente administration de MM. Masquelez, Masurel et Le Liepvre, qui profitèrent du calme dont jouit le pays durant quelques années du gouvernement de Juillet, pour prendre d'excellentes mesures, entre autres l'amélioration des chemins, le comblement des fossés qui bordaient la grand'route et l'éclairage des rues.

Les communications avec Lille devinrent encore plus faciles par la création d'un service de voitures publiques. Une société se forma, en 1838, entre quelques personnes de Lille, Wazemmes, Esquermes, Loos et Haubourdin, pour l'établissement de ces « omnibus ».

L'acte d'association fut passé le 29 janvier 1838, par-devant Me Morin, notaire à Lille. La raison sociale était Mahy et Cie, du nom du maître de poste, le capital de trois mille actions de cent francs chacune et les voitures devaient desservir les routes de Roubaix, Tourcoing, Armentières, Seclin et Haubourdin.

De Lille à Haubourdin et vice-versâ, le prix était fixé à vingt-cinq centimes ; les départs avait lieu de demi-heure en demi-heure et l'on pouvait confier au conducteur de l'omnibus des marchandises à transporter ou des recouvrements à opérer. Aux actionnaires seuls était réservée la faculté de retenir leur place à l'avance.

Sur le terrain de l'ancien sanctuaire de Notre-Dame de Grâce avait été élevée une filature appartenant en 1847, à M. Scrive fils ; cent à cent vingt ouvriers y étaient occupés. Le 12 février 1847, à dix heures du matin, la fabrique fut entièrement consumée par un incendie. Les pompes de Loos, d'Haubourdin, de l'usine Kuhlmann et de M. Févez, arrivèrent rapidement, mais durent se borner à protéger les maisons voisines.

La pompe que possédait la commune lui avait été donnée par M. Kuhlmann après un incendie survenu dans son établissement vers 1843. M. Ernest Le Liepvre avait réussi, quoique avec peine, à rassembler des servants et, sur sa demande, le conseil municipal avait inscrit dans son budget, en 1845 et 1846, une somme de sept cents francs, pour le cas où une compagnie aurait pu être formée ; mais la question demeura sans solution.

L'incendie de 1847 fit ressortir la nécessité des sapeurs-pompiers ; les négociations furent reprises et menées à bonne fin.

M. l'abbé Lemahieu, vice-doyen du canton d'Haubourdin depuis le 8 septembre 1842, fut nommé chanoine honoraire le 10 novembre 1847.

A partir de décembre 1840, il fut secondé par un vicaire : le premier, M. Simoulin, d'Orchies ; en 1841, M. Looten, de Bailleul ; la même année, M. Hénaut, d'Iwuy [1] ; en 1842, M. Questroy, de Bourbourg ; à la fin de 1847, M. Tonnelle, d'Haubourdin ; en décembre 1850, M. Deleplanque, de La Bassée.

A M. Margerin-Dumetz, président du conseil de fabrique de l'église, démissionnaire en 1833, succéda M. Taffin, aumônier de la maison centrale. Celui-ci occupa la présidence jusqu'en 1842. Au mois de mai de cette année, Mgr Giraud, archevêque de Cambrai, fit procéder à un renouvellement intégral, les formalités prescrites par le décret du 30 décembre 1809 n'ayant pas été observées dans la nomination de nouveaux membres. MM. Charles Themry, François Guilbert et Antoine Descamps furent choisis par Mgr Giraud ; MM. Ernest Le Liepvre et Hippolyte Fockedey par le préfet du Nord. Les fabriciens prirent alors M. Ernest Le Liepvre pour président, M. Fockedey pour secrétaire et M. Themry pour trésorier. M. Ernest Le Liepvre ayant été nommé maire (1843), M. Lefebvre fut appelé au conseil, M. Le Liepvre étant devenu membre de droit. En 1847,

---

1. Vicaire à Solesmes, en 1849, il y mourut victime de son dévouement, pendant l'épidémie de choléra (juin).

M. Célarier remplaça comme membre et comme trésorier M. Themry, décédé.

De 1830 à 1832, une affaire assez embrouillée fut soumise aux délibérations du conseil de fabrique. Voici en quoi elle consistait :

Athanase Segond, seigneur de Ghelle, avait légué aux pauvres de Loos 1.550 florins pour deux distributions annuelles, l'une de six razières de blé [1] converties en pains, l'autre de vingt pains et vingt harengs, sous condition de quatre obits. En 1661, le 12 mars, M⁰ Bauduin Sohier, pasteur de Loos, messire J.-B. de Thiennes, chevalier, seigneur du Moulin, des Frennes, etc., Ignace Godon, son lieutenant-bailli, Piat Roose et Etienne Poissonnier, marguilliers, et autres manants, allèrent à Lille offrir les 1.550 florins aux administrateurs de la bourse commune des pauvres, qui les acceptèrent en se soumettant aux clauses testamentaires.

Jusqu'en 1792, une rente de soixante-quatre florins fut ponctuellement servie.

En 1826, les marguilliers réclamèrent, au nom des pauvres de Loos, ce que leur devait l'administration des hospices civils de Lille.

En juin 1830, le préfet du Nord fit savoir au conseil de fabrique que la commission des hospices ne niait pas sa dette, mais ne consentait à payer que quarante francs de rente, à cause de la réduction au tiers consolidé. Le conseil ne voulut pas accepter d'arrangement sur ces bases et le litige soumis au comité consultatif de l'arrondissement ne prit fin qu'après l'examen des époques pendant lesquelles les arrérages avaient été légalement dus et l'offre de 2.316 francs 28 par le bureau de bienfaisance de Lille.

Cette somme fut versée au bureau de bienfaisance de Loos, chargé désormais d'exécuter les volontés d'Athanase

---

[1]. 4 hectolitres, 20 litres, 68 centilitres.

Segond [1]. Elle fut placée en rentes sur l'Etat conformément à une ordonnance royale du 2 avril 1833.

Le délabrement de l'église, dont il a déjà été question, s'était accentué depuis le commencement du siècle. Après la chute sur le chœur de la flèche en pierres blanches, on avait transporté à l'entrée le maître-autel et les autels latéraux. Une autre entrée avait été pratiquée au côté nord de la tour. Cette disposition ne pouvait être que provisoire, l'édifice d'ailleurs tombait de vétusté, était humide, malsain, avec des nefs basses et étroites, et trop petit non-seulement à cause de l'augmentation du nombre d'habitants, mais aussi parce que la statue de Notre-Dame de Grâce y avait été installée et que l'on en faisait désormais le but du pèlerinage.

Mme la comtesse de la Grandville, la première, eut l'idée, vers 1832, de remplacer par un temple plus vaste et plus digne l'église gothique du XIVe siècle.

Elle fut admirablement secondée par M. le comte de la Grandville, son beau-père, et quelques personnes influentes, entre autres M. le comte d'Hespel. En peu de temps, « sans » éclat, sans ostentation, écrit M. Brun-Lavainne, sans tout » ce luxe de publicité qu'on donne aux moindres souscrip- » tions politiques, » les fonds nécessaires furent recueillis, en dehors de toute participation pécuniaire du conseil municipal et du conseil de fabrique.

En mai 1832, M. le comte de la Grandville fit connaître officiellement son intention à M. Masquelez, maire, et lui communiqua les devis, s'élevant à soixante-dix mille francs et dressés par M. Benvignat ; il fit la même démarche auprès du conseil de fabrique de l'église.

De part et d'autre l'entreprise fut approuvée.

Mais ces plans furent abandonnés, leur exécution devant entraîner de grandes dépenses pour l'entretien de l'église

---

1. En 1831, le bureau de bienfaisance reçut de M. Aimé Nolf, qui habitait une maison de campagne sur la grand'route de Béthune une autre rente perpétuelle de cinquante francs, à condition de faire dire deux obits par an et de le recommander, ainsi que sa mère, Dorothée Picavet, tous les dimanches, au prône.

gothique que l'on avait projetée. M. Benvignat se chargea d'en établir de nouveaux sur lesquels le conseil municipal fut appelé à délibérer le 13 juillet 1833.

Ce second projet offrait les avantages d'un entretien moins dispendieux et d'une construction plus solide. L'intérieur de l'église était disposé pour contenir plus de monde ; une plus grande partie de l'ancienne église était démolie et remplacée par des bâtiments neufs ; le sol était exhaussé de trois pieds. La tour, qui se trouvait à l'endroit du banc de communion actuel, était conservée, et l'église, qui comprenait l'espace entre le banc de communion et la tombe de M. Détrez était agrandie vers la place. Les matériaux susceptibles d'être employés devaient être mis en œuvre. M. Blondeau-Piat, notaire à Radinghem, mandataire de M. le comte de la Grandville, s'engageait à faire achever les travaux pour le 1er janvier 1835, à moins d'empêchement de force majeure.

Le conseil municipal [1] accepta le projet et ajouta un article qui ne fut pas inutile : défense était faite de déplacer aucun tombeau du cimetière sans autorisation préalable ; « tous les » objets qu'on découvrira par suite de la démolition de » l'église actuelle ou des fouilles pratiquées dans le sol, tels » qu'emblèmes religieux, cénotaphes, épitaphes, plaques » avec inscriptions, médailles, monnaies, et tous documents » relatifs à l'histoire de l'ancien édifice, resteront la propriété » de la commune de Loos et seront remis à l'autorité. »

Deux jours après, M. le baron Méchin envoyait son approbation :

« Approuvé à la condition que l'église reconstruite des » deniers de M. le comte de la Grandville et des personnes » pieuses qui se sont associées à son œuvre bienfaisante ne » cessera pas d'être propriété communale.

» Saint-Amand, le 15 juillet 1833.

» Le conseiller d'État, préfet du Nord,

» Baron MÉCHIN. »

---

1. MM. Masurel, P.-J. Rogie, F. Delru, C.-D. Platel, C. Fiévet, A.-J. Gilquin, J. Denoyelles, C. Gilquin, C. Castellain, Honoré Prémesque, Couroubble, Francomme, P.-F. Devernay, F. Masquelez, maire.

Dès le commencement des travaux, on trouva dans les blocs de maçonnerie des moellons sculptés provenant de l'église sur l'emplacement de laquelle celle du XIVe siècle avait été bâtie; puis on recueillit une tête coloriée, sculptée dans la pierre d'Hordain, ornée d'une sorte de tiare dorée ; un fragment de statue — des pieds reposant sur un lion — aussi en pierre d'Hordain ; un morceau d'ornement provenant du faîte d'un pignon et agrémenté d'une inscription indéchiffrable ; des cercueils en chêne entourés de dalles blanches ; à côté de ces tombeaux et dans l'un d'eux un vase en terre cuite et des pièces de monnaie de Charles VI, de Philippe de Bourgogne, de Philippe de Valois et de la fin du XIVe siècle. Enfin on retira du sol une pierre tombale sur laquelle étaient représentés un homme et une femme en costume du XVe siècle, entourés d'un double portique à ogives et de l'inscription : « Chi gist damoiselle Caterine
» Le Preudome ... à Grart de Warenghien, dame de tienn ...
» ch ... representation de Flourent de Warenghien le Vert.
» q. trespassa en la bataille Dasincourt q. fu. en l'an mil
» CCCC et XV le XXV jour doctobre, priés pour leurs ames [1]. »

Le 19 août 1833, à neuf heures du matin, Mme la comtesse de la Grandville posa la première pierre, préalablement bénie par M. Lemahieu, curé de la paroisse, spécialement délégué par Mgr Belmas, et assisté de MM. Taffin, aumônier de la maison centrale de détention, Dalennes, curé de Verlinghem, Gombert, vicaire d'Haubourdin. Dans la foule qui se pressait aux abords des chantiers, on remarquait M. le comte de la Grandville [2], M. le comte de Lauwe et M. Vandercruisse, principaux donateurs.

---

1. *Revue du Nord,* 1833.
2. M. Lonis-Julien-Joseph Bidé, comte de la Grandville, mourut à Beaucamps le 19 novembre 1859. Son inépuisable charité était proverbiale. Il contribua à l'embellissement et à la réparation des églises de Sainghin, Ennetières, Radinghem, Beaucamps, à la construction d'écoles, d'orphelinats, de tous les établissements pieux élevés à Lille depuis la Restauration et fut un des bienfaiteurs de l'œuvre des Missions étrangères. Il descendait d'une noble famille de Bretagne qui comptait du Guesclin et Descartes parmi ses membres et il était apparenté aux maisons de Maillé, d'Hautefort, de Sainte-Aldegonde, de Wignacourt. Son fils avait épousé Mlle Caroline de Beaufort, dont la bienfaisance égala, si elle ne surpassa pas, celle de son beau-père.

Le pèlerinage étant une des causes de la construction d'un nouvel édifice, on ne crut pas pouvoir mieux faire que de demander à Cambrai de dédier l'église à Notre-Dame de Grâce, au lieu de saint Pierre d'Antioche. Mgr Belmas répondit par l'ordonnance suivante :

Louis BELMAS, par la miséricorde divine et l'autorité du Saint-Siège apostolique, évêque de Cambrai.

Vu la demande qui nous a été faite par Monsieur Lemahieu, desservant de Loos, aux fins que nous placions sous l'invocation de la Sainte Vierge la nouvelle église qui vient d'être érigée dans cette paroisse.

Considérant que la Sainte Vierge est vénérée d'une manière toute particulière à Loos sous le titre de Notre-Dame de Grâce.

Nous avons assigné et assignons pour Patronne à la nouvelle église paroissiale de Loos, la Très Sainte Vierge, sous le titre de Notre-Dame de Grâce. La fête patronale sera célébrée le jour de l'Assomption.

Donné à Cambrai sous notre seing, notre sceau et le contreseing de notre secrétaire, le 10 août 1835.

Louis,
évêque de Cambrai.
Par ordonnance, DUPRET, secrétaire général.

L'inauguration fut fixée au mardi 20 octobre 1835.

Dès le matin, le temple se remplit d'une nombreuse assistance, venue, malgré le mauvais temps, de Lille et des communes voisines.

Dans le chœur prirent place M. Wicart, doyen-curé de Sainte-Catherine, grand-doyen de la première section de l'arrondissement de Lille, délégué pour la bénédiction par Mgr Belmas, MM Lemahieu, curé de Loos, Bellain, doyen d'Haubourdin, Plaetvoet, doyen de Seclin, Héroguer, curé de Saint-André, Dalennes, curé de Verlinghem, Taffin, aumônier de la maison centrale, Gombert, vicaire d'Haubourdin. « Tandis que la prière et les chants de jubilation, écrit la » *Gazette de Flandre et d'Artois* [1], s'élevaient vers la

---

[1] L'article de la *Gazette de Flandre et d'Artois* fut reproduit dans la *Revue du Nord* de 1835, sous le titre *De l'église de Loos*, avec la signature L. G..., (Le Glay), reproduite en toutes lettres à la table.

» voûte, au milieu des flots d'encens, le célébrant accom-
» plissait sur le maître-autel, sur les chapelles, sur les murs
» et le pavé de l'église, les ablutions consécratoires. Le
» recueillement, le silence le plus respectueux régnaient
» dans l'enceinte qui prenait dès lors un caractère sacré.
» Ensuite fut célébrée la messe solennelle pendant laquelle
» une voix pure et sonore fit entendre deux morceaux d'une
» musique religieuse fort bien appropriée à la gravité
» sainte du moment. »

Après l'évangile, M. Wicart monta en chaire : « Prenant
» pour texte, continue le compte rendu de la *Gazette*,
» les paroles du livre des Machabées, où il est dit que le
» peuple d'Israël releva le temple et vint y offrir de nouveaux
» sacrifices, l'orateur chrétien commença par rendre grâces
» à Dieu de ce qu'il n'y avait point ici comme chez les Juifs
» une profanation antérieure à déplorer ; il fut amené
» bientôt à remercier les âmes charitables à qui est due
» l'érection de cette belle église. Imitons la réserve qu'il
» s'est imposée et n'offensons pas par une reconnaissance
» indiscrète la charité modeste qui a fait de si louables
» sacrifices. Disons seulement que c'est dans le cœur noble
» et pieux d'une femme qu'est venue la première pensée de
» ce monument aujourd'hui heureusement achevé : disons
» que c'est elle et les siens qui ont pourvu avec munificence
» aux principaux frais de cette construction ; et qu'un si
» beau monument a trouvé sur le champ un généreux
» concours de la part de quelques autres âmes non moins
» dévouées. M. le grand-doyen s'adressant aux habitants
» de la paroisse leur peignit de la manière la plus pathétique,
» les joies, les consolations, les espérances qu'ils recevront
» tous au pied de cet autel où Dieu va descendre, dans ce
» saint lieu où Marie, trône de sagesse et rose mystique, va
» établir le siège de ses divines assistances. J'ai peine à
» croire, s'écria-t-il, que dans ce jour où nous lui décernons
» un digne tribut d'hommages, la mère de consolation
» puisse refuser son secours à ceux d'entre vous qui le lui
» demanderont avec ferveur et confiance.

» A ces paroles si pleines d'onction, tous les cœurs
» semblèrent s'ouvrir aux émotions les plus douces. On vit
» des mères qui tenaient sur leur sein leurs enfants nouveau-
» nés, les soulever par un mouvement spontané, comme
» pour appeler sur eux les tendresses protectrices de la
» reine des anges. »

Mgr Giraud, accompagné de MM. Wicart, devenu vicaire général [1], et Cappelle, missionnaire diocésain, vint à Loos le 5 mai 1843. Il examina attentivement l'église, chapelles, autels, retables, pierres sacrées, fonts baptismaux, confessionnaux, chaire, lampe, tableaux, et se fit représenter à la sacristie les ornements, linges et vases sacrés. Puis, dans une courte allocution, il félicita les fidèles rassemblés d'avoir concouru à l'édification de l'église, leur donna sa bénédiction et, après avoir vu le cimetière et s'être reposé quelque temps au presbytère, il se dirigea vers le monastère d'Esquermes.

Dans la nuit du 14 au 15 mai 1847, de hardis malfaiteurs, repris de justice [2], s'introduisirent dans l'église et dépouillèrent de ses ornements l'image de Notre-Dame de Grâce.

On décida une réparation solennelle pour le 11 juillet suivant. L'Association de Saint-Joseph de Lille vint offrir deux couronnes en vermeil, en remplacement de celles qui avaient été enlevées ; Mme de la Grandville y joignit une chaîne d'or de grande valeur. M. l'abbé Bernard, vicaire-général, bénit ces objets et prononça quelques paroles pendant la messe, chantée par les sociétaires de Saint-Joseph. Il prouva que le titre de Notre-Dame de Grâce donné à la patronne de la paroisse n'était pas un vain mot, rappela le but de la cérémonie, dit un mot d'éloge aux pèlerins lillois et demanda le pardon des profanateurs, leur conversion et celle de « quelques apôtres d'impiété qui avaient
» été applaudir au sacrilège. »

---

[1]. Elevé à l'épiscopat, Mgr Wicart occupa les sièges de Fréjus et de Laval. Avant d'être doyen de Sainte-Catherine et vicaire-général, Mgr Wicart avait été vicaire à Douai, puis directeur du petit séminaire et curé de Saint-Jacques à Tourcoing.

[2]. Ils furent arrêtés sur les indications d'un enfant témoin du vol et condamnés par la cour d'assises de Douai en mai 1848.

M. l'abbé Détrez qui avait contribué de toutes ses forces à hâter la construction de l'église, n'en vit pas l'achèvement; la maladie le surprit le 17 juillet 1832, au monastère d'Esquermes. Transporté à sa maison des orphelines, à Loos, il y reçut les derniers sacrements des mains du père Justin et mourut le 8 août, après avoir exprimé le regret de n'avoir pas assez vécu pour être présent à la dédicace du nouvel édifice [1].

Aux funérailles, M. l'abbé Wicart retraça en ces termes la vie et les travaux du vénérable prêtre :

> Lorsque la mort frappe au milieu de nous des coups si précipités qu'elle semble vouloir nous faire oublier les victimes de la veille par celles du lendemain, un homme dont la perte se mêle au grand deuil dont nous sommes environnés est destiné à laisser dans notre cité d'éternels souvenirs et d'ineffaçables regrets. Cet homme est l'abbé Détrez : celui dont la mémoire vivra d'âge en âge au milieu de nous, parce qu'il fut un de ces êtres rares qui agrandissent leur existence par tant de vertus, de bienfaits et de lumières qu'ils l'étendent en quelque sorte à l'humanité entière dont ils sont les plus dignes et les plus nobles représentants. En présence de cette vie si pleine, nous pourrions sans doute nous abstenir d'ajouter l'empreinte fugitive de nos paroles à tant de mérites et de bonnes actions qui perpétuent le nom de l'abbé Détrez : peut-être même que la vertu si profondément modeste de ce vénérable prêtre aurait le droit de nous interdire ces accents qui ne sauraient être sans éloges pour lui; mais la douleur a aussi ses exigences et ses droits et tous ceux qui ont connu l'abbé Détrez, ceux en si grand nombre à qui il fut utile éprouvent sans doute comme nous le besoin, au moment où il vient de leur faillir, de retrouver quelque chose de lui.
>
> C'est à Lille, le 30 novembre 1769, que naquit l'abbé Détrez, au sein d'une famille bourgeoise, dont la vertu héréditaire était la principale distinction. Ses premières années furent remplies par les occupations de l'étude dont il devait plus tard pousser les investigations et les lumières. Il nous suffira de dire qu'à l'âge de vingt-trois ans et d'après les dispenses de Rome, il reçut la prêtrise. Cette initiation précoce dans la carrière si grave où tant de dévouement l'attendait est une

---

1. Voir le *Mois de Marie populaire*, x⁺ jour. Lille, Lefort, 1839.

preuve incontestable du mérite qu'annonçait déjà l'abbé Détrez. Car à cette époque où les rangs du clergé n'avaient pas encore été décimés par les fureurs révolutionnaires et où il n'était pas comme aujourd'hui nécessaire de se hâter pour diminuer les vides du sanctuaire dépeuplé par la hache et les persécutions, ce n'était qu'à des qualités supérieures que s'appliquait le privilège de la dispense. Ce privilège fut pour l'abbé Détrez l'occasion de s'associer sans retour à ces persécutions qui étaient réservées au clergé de France. Ce fut pour ainsi dire sur le champ de bataille même et en présence du danger qu'il reçut les ordres sacrés. L'année 1790 avait commencé : elle avait ouvert le cours de cette vaste tyrannie qui devait s'attaquer à Dieu même et qui voulait anéantir dans un même abîme son culte, ses autels et ses ministres. Aussi à peine l'abbé Détrez est-il revêtu de son nouveau caractère que la proscription s'attache à lui. Rentré un moment à Lille, les persécutions l'obligent bientôt de recourir à la protection d'un déguisement pour se réfugier à Tournai, qui était alors le chef-lieu du diocèse. Il n'y fut pas longtemps sans que le pouvoir révolutionnaire, trop bien servi par la valeur française, y vînt établir son impie domination. Mais l'abbé Détrez était déjà fatigué des précautions qui enchaînaient son zèle. Il avait bien pu une première fois chercher dans le diocèse auquel il appartenait un asile contre les fureurs qu'il pouvait croire passagères ; mais ce sacrifice fait à la prudence lui parut suffisant. Non-seulement il ne voulut pas quitter le diocèse auquel il appartenait, mais armé d'un plus grand courage et animé d'une plus grande ferveur en présence du plus grand danger, il prit la résolution périlleuse de retourner à Lille. Il y entra sous l'habit de mendiant et y exerça longtemps son ministère à la dérobée, faisant servir au profit de son dévouement religieux les connaissances variées qu'il avait acquises dans les sciences humaines. Cependant chaque jour augmentait la rage et les violences des persécuteurs. L'abbé Détrez obligé de chercher dans la campagne une retraite moins exposée n'en continua pas moins au milieu des périls sans cesse renaissants de remplir les devoirs de son ministère. Tant de zèle ne pouvait rester impuni : l'abbé Détrez fut enfin arrêté et jeté dans les cachots infects de Lille. Un gouvernement moins atroce vint le rendre à la liberté et à l'activité de son zèle.

Les églises n'avaient plus de pasteurs, le pain de la parole chrétienne manquait à une foule de populations ; aussi l'abbé Détrez sut-il se multiplier et, devenu missionnaire sur ce sol de France où l'athéisme avait passé et où il fallait arrêter et réparer ses ravages, il y multiplia les bienfaits de son apostolat jusqu'à l'époque du Concordat.

Une existence plus calme mais non moins dévouée s'ouvrait alors pour l'abbé Détrez. Retiré à Marcq-en-Barœul, son zèle lui rendit faciles les services qu'il rendit à cette paroisse et aux paroisses de

Loos et d'Esquermes, pour lesquelles il avait obtenu des pouvoirs de Mgr l'évêque.

Mais si le bien qu'il fit dans ces trois villages pouvait suffire à son ambition modeste, les preuves si nombreuses qu'il avait données de sa sagesse, de sa science et de son entier dévouement à la foi catholique pendant les jours orageux de la Révolution, tant de services qu'il avait rendus, tant de conseils éclairés qu'il avait donnés, tant de courage qu'il avait montré et inspiré, tant de consolations qu'il avait apportées poussèrent vers lui, dans son humble retraite tous ceux qui avaient encore besoin de conseils, de lumières, de consolation et de courage. C'est vers lui qu'arrivaient tous ceux dont une pensée sainte, dont un projet utile à l'humanité et à la religion échauffait le cœur d'une généreuse ardeur. C'est là, c'est auprès de lui que ces pensées prenaient, sous sa direction éclairée, ce caractère providentiel qui écartait les obstacles et assurait la durée de l'exécution. Aussi presque toutes les institutions dont la religion s'est enrichie autour de nous dans ces derniers temps, proclament avec reconnaissance le nom de l'abbé Détrez. La maison des orphelines à Loos, celle des filles repenties, des filles de l'Enfant-Jésus à Lille, feront vivre à jamais la mémoire du vénérable prêtre qui contribua si puissamment à les élever. Que ne pouvons-nous encore pénétrer dans cette humble cellule qu'il s'était choisie et où il oubliait jusqu'au soin de sa nourriture pendant le jour et son sommeil la nuit pour suffire aux travaux immenses que sa charité et son mérite lui attiraient de toutes parts et pour augmenter cette masse de connaissances qui déjà l'avaient rendu une des principales lumières du diocèse ! Que ne pouvons-nous l'y voir faisant succéder à de longues journées des veilles non moins longues, pour répondre à l'empressement de tous ceux, savants et ignorants, ecclésiastiques ou laïques, riches et pauvres, qui venaient le consulter et qui tous le quittèrent toujours plus éclairés, plus consolés et plus pieux.

L'abbé Détrez exerçait par sa vertu une influence trop grande pour que la courte tyrannie des Cent-Jours n'eût pas pour lui une part des persécutions toute prête. A peine le pouvoir d'alors avait-il eu le temps d'envoyer ses proconsuls à Lille que l'abbé Détrez fut arrêté et enfermé dans la citadelle, où il resta près d'un mois.

Une ère plus heureuse s'ouvrit pour la France.

L'abbé Détrez, appelé par l'élévation de ses connaissances, de ses lumières et de ses vertus à tout ce que la carrière sainte dans laquelle il était entré comporte de distinction, resta néanmoins dans l'obscurité modeste qui faisait le besoin de son cœur ; et, semblable à saint Vincent de Paul qui, de toutes les dignités offertes à son zèle, ne voulut accepter que le titre et les fonctions pénibles d'aumônier général des galères, l'abbé Détrez, qui eut avec le saint tant de traits de ressemblance, ne trouva également d'attrait pour sa charitable ambition que dans l'emploi qu'il accepta à la maison centrale de détention de Loos.

Ce fut là, au milieu des malheureux que renfermait cette maison, qu'il put épancher cette tendresse chrétienne dont son âme surabondait. Nul effort ne coûtait à son zèle ardent, à sa bonté ingénieuse pour ramener à des sentiments de vertu ces êtres faibles ou dégradés. Un jour on le trouva aidant de ses propres mains l'un d'eux à raccommoder ses vêtements usés.

Théologien éminemment distingué, l'abbé Détrez était profondément versé dans la science des écritures, des lois canoniques et dans la connaissance des saints pères. Son érudition avait d'ailleurs embrassé ces connaissances qui, sans être de première nécessité pour le prêtre, lui donnent néanmoins un accès plus facile auprès des hommes et sont dignes à ce titre de faire partie de la science catholique à laquelle un avenir plus heureux permettra peut-être de les attacher d'une manière intime, en confondant dans un même sens les mots de sagesse et de science.

C'est ainsi que l'abbé Détrez trouva dans ses notions de la médecine, des mathématiques, du droit civil, de l'histoire, et même du génie militaire, des ressources nombreuses qui lui facilitèrent, dans les temps difficiles, l'exercice de ses fonctions ecclésiastiques.

Après avoir rappelé tout ce qu'il avait de science et de lumière, après avoir dit ce qui le rendait si hautement recommandable aux yeux des hommes, nous aurions néanmoins mal parlé de l'abbé Détrez si nous n'insistions pas sur le mérite qui le rendit surtout recommandable aux yeux de Dieu, c'est-à-dire sur l'extrême modestie du respectable prêtre à qui ces lignes sont consacrées. C'était là, on peut le dire, parmi tant de vertus dont il brilla, sa vertu de prédilection. Au milieu de tant d'hommages rendus à sa sagesse et à sa science, l'abbé Détrez conserva toujours une humilité profonde. Ayant tant et de si bonnes choses à dire, ce n'était néanmoins que lorsqu'il était interrogé qu'elles sortaient de sa bouche. Il disait alors avec simplicité ce qu'il croyait bon. Au milieu de ses confrères, la dernière place était toujours celle non pas qu'il choisissait, mais qu'il prenait sans choisir, car la modestie était chez lui comme un instinct auquel il obéissait sans réfléchir.

Cette vie si belle, si pleine de travaux et de fatigues, était arrivée à son terme. Depuis quelque temps déjà, l'abbé Détrez n'existait plus que par le fond de son âme. C'est en vain néanmoins que ses parents et ses amis le pressaient de chercher loin de ses pénibles fonctions à la maison de Loos le repos que réclamait l'état de sa santé. L'abbé Détrez voulut mourir comme il avait vécu, toujours à son poste, toujours sur la brèche. Il termina enfin sa longue carrière le 8 août dernier, à Loos, dans la maison des orphelines qu'il avait fondée et d'où son âme put s'élever avec confiance vers le Père de ceux à qui, ici-bas, les orphelins furent chers. Riche de ses privations pendant sa vie, il fut trouvé pauvre à sa mort, car sa vie s'était passée à donner. Jamais il n'avait voulu repousser par un refus celui qui lui avait demandé ; et dans l'incertitude que son aumône fût mal placée, il ne pouvait se résoudre à ne pas la faire, de peur que ce pauvre qui la sollicitait ne fût Jésus-Christ.

Dans le cimetière étaient tracés les contours de la future église : M. Détrez fut inhumé de manière que son tombeau fût compris dans le temple, en face de l'image de Notre-Dame de Grâce — devant laquelle tous les samedis il disait la messe pour la France — et au milieu des prisonniers que l'on y avait enterrés avant l'établissement d'un cimetière à la maison centrale (1826).

Le petit couvent de M. Détrez subit, peu de temps après, deux pertes qui ne lui furent pas moins sensibles : Mlle Marie-Anne Desruelles mourut en 1834, et l'année suivante, Mlle Catherine Legrand. Le fardeau de la direction échut à Mlle Henriette Cuvelier, ancienne orpheline. Elle demeura à la tête de la maison jusqu'en 1844. A cette époque, les dames de l'Education chrétienne d'Argentan s'en chargèrent, mais l'abandonnèrent en mars 1845 en faveur des dames du Bon Pasteur d'Angers, appelées par M. Lemahieu et Mme de la Grandville.

L'instruction primaire était devenue une des grandes préoccupations des administrations civile et religieuse, qui s'entendirent à merveille et virent leurs efforts couronnés de succès.

Un comité local de surveillance de l'instruction primaire fut créé en janvier 1834. M. Masquelez, maire, président et membre de droit, réunit à la maison commune MM. Edouard Lemahieu, curé, membre de droit, Charles-Denis Platel, propriétaire et cultivateur, J.-B. Masurel, propriétaire, Févez fils, fabricant, qui acceptèrent de faire partie de ce comité, après avoir prêté serment de fidélité au Roi des Français et obéissance à la charte constitutionnelle et aux lois du royaume.

Le comité fonctionna très régulièrement de 1843 à 1848, et tout ce qui avait rapport avec ses attributions fut exactement transcrit sur un registre spécial. Les membres en étaient alors MM. Ernest Le Liepvre, maire, président, Lemahieu, curé, Lefebvre, Fockedey, Despierre et Févez, et, plus tard, MM. Kuhlmann (1845) et Célarier (1847).

En mars 1844, M. Liagre absorbé par les fonctions d'instituteur, de clerc et de greffier, et commençant à prendre de l'âge, donna sa démission d'instituteur.

M. Ernest Le Liepvre, de concert avec M. Lemahieu, s'efforça de pousser l'école des garçons dans une voie de développement que nécessitaient les nouveaux besoins de la localité.

Ne jugeant pas la caisse municipale assez riche pour faire face à ce qu'il désirait, M. Le Liepvre fit un appel à la générosité de tous ceux qui s'intéressaient à la commune. Il alla en personne présenter une liste de souscription où il figurait en tête pour une grosse part, ainsi que M. le curé, qui l'accompagnait dans ses visites. Les noms les plus honorables, quelques-uns même étrangers à la région, y furent inscrits et des ressources suffisantes furent assurées : un bâtiment comprenant deux grandes classes fut construit [1], le logement pour les instituteurs fut restauré et augmenté, un mobilier scolaire complet fut acquis et après ces dépenses une somme assez considérable resta pour subvenir pendant un certain temps à l'entretien des instituteurs sans recourir au budget communal.

Il fallait choisir des maîtres : on s'adressa aux frères de Sion-Vaudémont et, grâce à la protection de Mgr Giraud, le supérieur de ces religieux, bien que harcelé de demandes,

---

1. Ce bâtiment aujourd'hui converti en maisons particulières servait, avant la laïcisation, aux sœurs de charité. Celles-ci l'occupaient depuis la translation (1867) de l'école des garçons à la rue du Bon-Pasteur.
La propriété qu'avait achetée M. Liagre en 1816 et sur laquelle il avait fait construire son école en 1823 devint en 1844 l'habitation du vicaire, laquelle fut transformée plus tard en cercle de Saint-Joseph.
Les séances du conseil municipal jusqu'en 1867 se tinrent dans la maison voisine.

consentit à envoyer deux frères pour ouvrir l'école, le 15 octobre 1844.

Au premier janvier 1845, il y avait cent six élèves et la classe du soir était fréquentée par quatre-vingts jeunes gens employés dans la manufacture de M. Rouche et dans celle de MM. Charvet et Févez. Les nouveaux instituteurs furent les frères Dublanchy (1845), Godard (1846) et Richard (1852).

Les dames d'Argentan prirent le pensionnat fondé par Mlle Fourrure, quand MM^{lles} Joséphine Delattre, Hortense Trinelle et Delphine Ferret entrèrent dans leur communauté en 1843 [1]. Les bâtiments primitifs étaient à la ferme Destieux actuelle ; en 1839, Mlle Delattre avait acheté le terrain qu'occupe encore l'établissement, dont la première pierre fut bénite par M. Lemahieu.

Le 26 décembre 1843, le recteur de l'académie de Douai, sur le rapport favorable du comité local, accorde une autorisation régulière à Mme Delattre, religieuse de l'Education chrétienne.

En juillet 1845, M. Le Liepvre consulte ses collègues du comité local, à l'instigation du recteur de l'académie, sur l'opportunité qu'il y aurait à permettre à Mme Delattre de tenir des pensionnaires. Un avis favorable est donné, basé premièrement sur l'importance toujours croissante de la commune de Loos, la quantité chaque jour plus grande des familles aisées qui s'y viennent fixer, et le petit nombre dans les environs de pensionnats plus spécialement destinés à la classe moyenne par le prix de la pension et le genre d'éducation ; en second lieu, sur l'habile direction, le zèle et le dévouement de la directrice et des maîtresses qui la secondent, lesquelles ont acquis à bon droit la confiance des familles ; enfin sur la situation et la distribution de la maison et du jardin, qui offrent toutes garanties de salubrité et de bon ordre.

Au mois d'octobre 1840, M. Lemahieu installa, grâce à la munificence de Mme la comtesse de la Grandville, dans

---

1. A la suite d'une mission prêchée par un missionnaire normand.

la maison où elles sont encore, les sœurs de charité de Saint-Vincent-de-Paul. La population ouvrière augmentait en proportion des fabriques, des besoins de toute espèce se faisaient sentir, et les premières supérieures, sœur Vigneau (1840-1847), sœur Audoyer (1847-1848), sœur Pinard (1848), sœur Véronique (1848-1850) trouvèrent amplement de quoi satisfaire leur zèle.

En novembre 1843, sœur Cécile-Thérèse Bonneau reçoit de l'autorité académique la permission d'enseigner et, en mai 1845, le comité local est d'avis de demander pour elle la nomination d'institutrice communale : il n'en existe point en effet, l'externat de Mme Delattre ne permet pas de recevoir un grand nombre d'élèves à titre gratuit et la sœur Bonneau, dans l'exercice des fonctions dont elle a bien voulu se charger, a montré une aptitude et un zèle très satisfaisants.

En 1846, les jeunes enfants sont recueillis dans une salle d'asile. L'année suivante, à la réunion du 10 mars. M. Le Liepvre expose aux membres du comité local que « malgré
» la part faite dans les écoles de filles aux travaux manuels
» les plus utiles, les personnes qui font autorité dans la
» question d'éducation regardent comme un inappréciable
» bienfait la création d'ouvroirs dans lesquels les jeunes
» filles vers l'âge où les besoins de la famille les forcent à
» quitter l'école pour l'atelier, trouvent un moyen de tirer
» de leur travail un modique salaire ; qu'une telle institution
» en complétant leur éducation les soustrait aux chances de
» démoralisation qu'offrent la plupart des établissements
» industriels et cela sans nouveaux sacrifices de la part des
» parens. Il ajoute que le besoin d'un ouvroir s'est fait sentir
» plus vivement encore dans cette commune depuis la
» destruction d'un établissement occupant un grand nombre
» de jeunes filles, qui sont aujourd'hui forcées d'aller
» chercher, la plupart infructueusement, du travail loin de
» leur famille ; que dans ces circonstances le fondateur de
» la salle d'asile a offert de créer un ouvroir qui occuperait

» l'étage à construire sur toute la longueur de la salle d'asile
» et dont la direction serait confiée à ses frais à l'établissement
» charitable qui dirige l'école communale de filles et la salle
» d'asile.

« Le comité donne son entière approbation et prie M. le
» maire de solliciter un secours important du préfet et du
» ministre de l'instruction publique. »

La maison centrale de détention fut dirigée, après M. Poirel, par MM. Marquet-Vasselot (1828-1840), Dumont (1840-1843) et Durant (1843-1848).

Chevalier de la Légion d'Honneur, M. Marquet-Vasselot avait été à la tête du dépôt de mendicité de Poitiers et des maisons centrales d'Eysses (Lot-et-Garonne) et de Fontevrault (Maine-et-Loire). Il faisait partie de sociétés savantes et publia différents ouvrages, dont la *Revue du Nord* donna des analyses et des extraits : *Examen historique et critique des diverses théories pénitentiaires ramenées à l'unité d'un système applicable à la France*, honoré d'un prix Monthyon; *Du système cellulaire de nuit pour la réforme de nos prisons* ; *Philosophie du système pénitentiaire* ; *École des condamnés*.

L'auteur d'une *Histoire de Lille* et de l'*Histoire de l'abbaye de Notre-Dame de Loos*[1], M. Lucien Prunol de Rosny, était le gendre de M. Marquet-Vasselot et faisait partie, en 1836 et 1837, du haut personnel de la maison centrale[2].

---

1. Lille, Lelen et Petitot, libraires ; Paris, Techner, 1857.

2. Le 5 avril 1837, il eut un fils, M. Léon de Rosny, qui à ce sujet nous écrivait dernièrement : « J'ai eu le plaisir de rencontrer un gardien qui m'a raconté que mon grand-père avait fait sortir ce jour-là tous les prisonniers des cachots et qu'ayant demandé à l'un d'eux comment il était sorti de sa cellule, il avait été accueilli par ces mots très flatteurs pour ma petite personne : « Il nous est né ce matin un petit bougre qui nous a tous » f..... à la porte. »

Fondateur et organisateur de la société d'Ethnographie (1857), président de l'Alliance scientifique universelle, M. Léon de Rosny, par ses immenses travaux et son enseignement à l'école des Langues orientales, au collège de France et à l'école des Hautes Etudes, s'est placé au premier rang des orientalistes contemporains ; les idiomes, les mœurs, la paléographie, les systèmes philosophiques de la Chine, du Japon surtout et des anciens peuples de l'Amérique n'ont plus de secrets pour lui.

Faisons remarquer en outre que du jour où commencèrent les cours de M. de Rosny sur la langue et les mœurs du Japon (1868), l'on se prit en France à s'enthousiasmer pour les productions artistiques et littéraires de ce pays.

(Voir la *Nouvelle Encyclopédie*, 25 août 1898 ; la *Revue politique et littéraire*, 26 décembre 1874.)

A la mort de M. Détrez, l'aumônerie fut confiée à M. Taffin (1832-1842), puis à M. Vandenbussche (1842-1853), auquel on adjoignit, lors de la création d'une colonie agricole pour les jeunes détenus (1844), M. Agache, jusqu'en 1849, puis M. Flament.

Les bâtiments subirent les modifications nécessaires à leur destination : des bureaux pour les employés furent établis dans l'ancien quartier abbatial (1837) ; des locaux séparés aménagés pour les hommes, les femmes et les enfants (1845) ; les dortoirs éclairés et disposés de façon que les gardiens puissent voir sans être vus.

M. Brun-Lavainne, dans la *Revue du Nord* (1833), raconte qu'il découvrit dans un coin du jardin du directeur une margelle de puits provenant du monastère. De forme octogonale, ce vestige des siècles passés portait comme inscription : « L'an XVe me fist chy mettre dan Allard Raoult » maître des bois de cheens » et sur chaque côté, en des ogives, des personnages de l'époque, moines, hommes, femmes.

De 1830 à 1844, la moyenne des détenus fut de 949 hommes et 338 femmes et jusqu'en 1850 — date du départ des femmes et des filles — de 994 hommes, 238 femmes, 234 garçons et 36 filles.

Le département du Nord fournissait la plus grande partie des individus ; venaient ensuite le Pas-de-Calais, la Somme, l'Aisne, la Marne, l'Oise, les Ardennes, la Seine et la Seine-et-Marne.

Une compagnie de vieux soldats de l'Empire montait la garde à la prison. Les hommes étaient surveillés (1842) dans leurs occupations par des gardiens, anciens militaires, les femmes par dix-huit sœurs de l'Enfant-Jésus et les enfants par six frères de Saint-Joseph. Des arrêtés des 10 mai 1839 et 28 mars 1844 accentuèrent la sévérité du régime auquel étaient soumis les détenus : silence obligatoire, partout et toujours, tâche imposée, douze heures de travail, interdiction au cantinier de vendre du tabac, de la viande ou des boissons fermentées. L'alimentation se composait d'un pain de 750 grammes, d'une ration de soupe à neuf heures du matin et d'une ration de légumes, à trois heures de l'après-midi.

Des terrains loués par le gouvernement dans l'enclos de l'abbaye étaient cultivés par les enfants ; ceux-ci suivaient également des classes, où étaient admis par faveur les hommes et les femmes se conduisant bien.

La filature du coton, le tissage du calicot, du lin, du stoff, le peignage des laines, la bonneterie, la fabrication du tulle, la couture, la cordonnerie, la ganterie, étaient les industries qui occupaient les prisonniers. Sur le produit de leur travail, les condamnés correctionnels recevaient cinq dixièmes, les réclusionnaires quatre dixièmes et les condamnés aux travaux forcés trois dixièmes ; on retenait un dixième en plus pour chaque peine au-dessus d'un an, antérieure à la condamnation. Les plus laborieux obtenaient des gratifications, au moyen desquelles ils avaient la faculté de se procurer un supplément de nourriture.

Il leur était accordé chaque jour deux heures de promenade sur trois rangs et en silence ; les enfants pouvaient causer et jouer.

Une ordonnance royale du 5 novembre 1847 institua une commission de surveillance, composée du préfet, président, du premier président de la cour royale, du procureur du roi, du président du tribunal civil de Lille, de deux membres du conseil général, deux membres du conseil d'arrondissement et du maire de Loos.

Ces personnages devaient s'assembler au moins une fois par mois et donner leur avis sur l'instruction morale, religieuse et élémentaire des prisonniers, sur l'état sanitaire de la maison, l'exercice de la justice disciplinaire, les clauses des cahiers des charges en cas de renouvellement d'entreprise, les tarifs de main d'œuvre, enfin sur les améliorations à apporter au régime et à la discipline.

Durant quelques années, un esprit d'insubordination et de

révolte règne à la maison centrale, les tentatives d'évasion ne sont pas rares, et dans la plupart des sessions de la cour d'assises, des audiences sont réservées à des criminels, pensionnaires de l'ancienne abbaye. Cette crise n'eut d'autre cause que la présence d'individus, qui, ne voulant pas subir le régime de la prison, ne reculaient pas, pour sortir, devant le crime prémédité, exécuté de sang-froid et renouvelé avec la même infernale résolution, si le jugement de la cour ne les satisfaisait pas.

A la fin de 1834, un prisonnier usa pour s'évader d'un stratagème pour le moins original.

Il se rendit à la chapelle, pénétra dans la sacristie et s'affubla des habits qui servaient pour la messe au détenu-sacristain. Puis il s'avança par le chemin de ronde, gravement et à pas comptés, les yeux obstinément fixés sur un livre dont il s'était muni en guise de bréviaire. « Qui vive ? crie la sentinelle. — Ecclésiastique », répond notre homme, et il passe. Une deuxième sentinelle l'arrête : « Qui vive ? — Ecclésiastique », reprend-il avec un imperturbable sang-froid. Il s'apprêtait à jouer le même tour à la sentinelle placée devant les armes et descendait les escaliers pour arriver à la porte, quand un détenu-surveillant aperçut le faux aumônier, le saisit à bras le corps et le força de réintégrer la prison.

Six semaines auparavant, au mois d'août, deux détenus enfermés à la salle de police pour une légère infraction avaient assailli deux gardiens qui amenaient au local disciplinaire un de leurs camarades en état d'ivresse. L'un des gardiens ne survécut pas à sa blessure.

Le surlendemain, au milieu de la nuit, des amis des meurtriers mettent le feu dans les séchoirs de la collerie. L'incendie est aussitôt éteint et cette vengeance demeure ainsi sans effet.

Aux obsèques du malheureux gardien, M. Marquet-Vasselot prononce un discours dans lequel il tâche de faire entendre aux détenus rassemblés le langage de la raison :

Il les appelle ses amis, bien que sachant qu'on était dans l'intention de le tuer le jour même où il leur annonçait soixante-quatorze grâces ou commutations et où il leur demandait de la reconnaissance pour le Roi et, pour lui, un peu de confiance et d'amitié. Il les a vus soumis pendant les cinq premières années de sa direction, pourquoi depuis six à sept mois veulent-ils se soulever ? Les assassins du gardien Grimmel n'ont donné aucune excuse de leur crime et, conduits à Lille, dans les villages qu'ils traversaient en chantant, leur attitude était scandaleuse. Deux jours après, les amis de ces criminels tentent d'incendier la maison centrale. Avant de prendre la parole, il a été prévenu qu'un condamné s'est écrié : « Le directeur l'a échappé dimanche, il ne l'échappera » pas aujourd'hui ». M. Marquet-Vasselot ordonne à celui-là de se montrer, s'il l'ose, il remercie les détenus qui ont fait preuve de courage au feu et termine en disant que le spectacle qu'ils ont devant les yeux leur commande la résignation à leur triste sort et doit les faire revenir à de bons sentiments.

Le 10 février 1835, le jury ayant écarté la préméditation, les deux coupables furent condamnés aux travaux forcés à perpétuité et à l'exposition sur la place publique de Douai.

A la même session, trois autres prisonniers comparurent pour répondre d'une tentative d'assassinat préméditée sur un de leurs co-détenus. Deux furent condamnés à mort et exécutés sur le Champ de Mars à Lille le 8 avril 1835 ; le troisième, n'ayant que dix-sept ans, fut condamné aux travaux forcés à perpétuité.

L'année suivante, le 5 février, la cour d'assises inflige la peine des travaux forcés à perpétuité à D........., qui, enfermé dans la salle dite des galeux, avait cherché à tuer l'infirmier.

En avril 1837, des détenus percevant une forte odeur de brûlé dans un atelier, découvrirent une chaufferette renversée dans la boîte à trames d'un métier. Les deux coupables furent amenés devant le jury le 20 juillet : l'un fut condamné à mort, mais les jurés signèrent un recours en grâce ; l'autre, ayant agi sous l'influence de son compagnon, obtint un verdict d'acquittement.

Vers la fin de 1840, les 30 novembre, 16, 18 et 19 décembre, le feu se déclara en différents endroits de la prison ; quatre détenus soupçonnés furent arrêtés, puis condamnés, en février 1841, trois, H......, M........ et Des...., à dix ans de travaux forcés avec exposition, le dernier, Del...., à six ans de la même peine. Le but avoué de ces individus étant de quitter la maison centrale, pour ne pas leur donner satisfaction sur ce point, ils furent réintégrés à l'abbaye et enfermés ensemble au quartier fort.

Au mois de mars, un d'eux, H......, ayant été puni de fers aux pieds et aux mains pour violences à l'égard de ses complices, fut étranglé par eux. Quand il fut mort, ils appelèrent le gardien : « Pour cette fois, nous sortirons d'ici ! » lui dirent-ils en montrant le cadavre. Ces bandits passèrent en jugement le 8 mai 1841 et s'entendirent condamner Del.... et M........ à quinze ans de travaux forcés, Des.... aux travaux forcés à perpétuité.

La veille et l'avant-veille, l'abbaye de Loos avait encore tenu les audiences : à un détenu qui avait frappé d'un ciseau M. Casse, adjudicataire des travaux, avaient été infligés quinze ans de travaux forcés et l'exposition, et trois autres, C....., F.......... et G...., qui avaient frappé au bas-ventre et dans le dos un de leurs gardiens, furent punis des travaux forcés à perpétuité et de l'exposition sur la place de Lille.

Etrange coïncidence, le jour même où trois des incendiaires de 1840 étaient exposés à Lille, une partie de la maison centrale devint la proie des flammes.

A six heures et demie du matin, le 9 juin 1841, le garde de M. Reynard-Lesage, propriétaire à Sequedin, en face de l'abbaye, s'aperçut du sinistre. Son premier soin fut de le signaler, mais l'on n'en put arrêter les premiers progrès. A sept heures et demie, la toiture de l'église et du clocher étaient en feu. Tout l'établissement était menacé : les chefs de l'administration, des gardiens et quelques détenus, comprirent qu'il fallait se placer sous le vent qui soufflait du nord, pour attaquer l'incendie avec quelque chance de succès. Ils grimpèrent sur les toits et s'y établirent au haut d'échelles afin de pouvoir diriger les lances. Grâce à la présence d'esprit de M. Leplus, architecte de Lille, le sinistre se trouva circonscrit : il se hissa sur la toiture de l'église et fit débarrasser les voûtes, au fur et à mesure, des débris et bois enflammés qui s'abattaient sur elles. Quand le clocher croula, les voûtes reçurent cette énorme masse, mais en furent à peine ébranlées ; heureusement, car elles protégeaient plusieurs étages d'ateliers établis dans une partie de l'église. A dix heures, on était maître du feu et les cuirassiers, qui avaient été désignés pour maintenir l'ordre et contenir les prisonniers qui pouvaient tenter une évasion, retournaient à Lille, laissant leur consigne aux autres troupes venues dans le même but.

Parmi les personnes qui se distinguèrent en cette circonstance, on remarqua M. Dumont, directeur; M. Stéphany, pharmacien ; M. Bénard, gardien, malade depuis plusieurs jours; M. l'aumônier et une jeune fille, qui opérèrent le sauvetage de la chapelle et ne l'abandonnèrent qu'entièrement vide ; M. Resnier; M. Calemard, contre-maître libre, qui, avec le concours du détenu A......, préserva l'atelier des jacquarts et le grand atelier des calicotiers ; le préfet du Nord, qui arriva le premier, à cheval; M. Févez, M. Kuhlmann, avec leurs pompes, ce dernier accompagné de tous ses ouvriers; les pompiers de Lille, Esquermes, Les Moulins, Wazemmes, Santes, Haubourdin; enfin le général Magnan, qui prit le commandement des troupes et se tint constamment à l'endroit le plus périlleux.

En juillet de cette même année, un détenu de dix-huit ans commet une tentative d'assassinat sur un de ses compagnons; en août le nommé Du..... se rend coupable du même crime. Vingt ans de travaux forcés et l'exposition furent leur récompense.

Le quartier fort de la maison centrale était bien occupé en 1842 ; les condamnés des précédentes années y étaient internés, et notamment F.........., Du....., G...., M.........., Del.... Des...., C......et V.......... La plus parfaite harmonie était loin de régner entre ces individus de nature perverse. Ils conspirèrent les uns contre les autres, les trois premiers contre les cinq derniers, et un jour arriva ce que l'on peut penser, une lutte à coups de ciseaux. Les travaux forcés à perpétuité furent infligés à F.......... et à Du......

Le 26 novembre 1843, tentative d'incendie. C..... — en cellule depuis un mois par mesure disciplinaire — profitant de l'absence momentanée des gardiens, brise les barreaux de la cellule, gagne le corridor, la cour, la chambre des gardiens, où il s'empare des clefs, et délivre deux compagnons. Ces gredins réunis reviennent éventrer les paillasses des gardiens, en semer le contenu et y mettre le feu. Quatre détenus logeaient à l'étage supérieur, l'un d'eux périt asphyxié. A l'arrivée des gardiens, les secours ayant été organisés, le danger fut conjuré.

Condamnés à mort par le jury, les trois incendiaires, F.........., Dr... et C......., furent exécutés à l'abbaye le 20 avril 1844. Prévenus, la veille, du rejet de leur pourvoi, ils passèrent la nuit dans le recueillement et se préparèrent à bien mourir.

Vers huit heures, les condamnés descendirent dans la cour du quartier fort, où on leur fit la toilette ; ils demandèrent ensuite pardon au directeur et aux gardiens et s'avancèrent d'un pas ferme vers l'échafaud, qui avait été dressé dans l'enceinte extérieure. Au pied de la guillotine, ils s'agenouillèrent l'un après l'autre pour murmurer une dernière prière avant de se livrer au bourreau. Ce lugubre spectacle avait attiré une foule immense qui se retira péniblement impressionnée.

A l'avènement de Louis-Philippe, les fêtes publiques avaient changé de date : la fête du Roi se célébrait le 1ᵉʳ mai et, en même temps qu'on avait aboli la solennité de la procession de Lille, on avait établi des fêtes anniversaires des journées de juillet.

Ces réjouissances, suivies avec entrain les premières années, dans toutes les localités de l'arrondissement, furent peu à peu réduites à leur plus simple expression ; il fallait en effet des circonstances particulières pour en relever le programme. A Lille, c'étaient, la veille, des salves d'artillerie, le jour même, le pavoisement des édifices publics, un *Te Deum* à Saint-Maurice, l'ouverture des musées, la revue de la garde nationale et des troupes de la garnison, des jeux et spectacles gratuits, des illuminations et des bals. A l'anniversaire des journées de juillet, en 1831, on célébra dans toutes les églises, le 27, des services religieux à la mémoire « des victimes du despotisme de Charles X », et le 28, les troupes et la garde nationale défilèrent sur le Champ de Mars devant un immense mausolée élevé en l'honneur des « héros des trois jours ». En juillet 1832, le 29, les fêtes comprenaient notamment la pose de la première pierre du palais de justice, l'ouverture du cabinet d'histoire naturelle restauré et enrichi, une distribution de primes décernées aux cultivateurs par la Société des sciences et une exposition de plantes en fleurs et d'arbustes sous les galeries de la Bourse. Le palais de justice fut inauguré le 1er mai 1839 — huit jours après un voyage du duc d'Orléans — par le préfet, assisté des autorités judiciaires, civiles et militaires, des officiers de la garde nationale et des officiers de la garnison.

Les « esbatements » de la ducasse de Loos avaient amené un abus contre lequel s'élevèrent, en 1830, les membres du conseil de fabrique : chaque année on réclamait les chaises de l'église pour les placer dans les jardins où l'on dansait. Il ne convenait pas que ce mobilier servît à ces amusements, et, de plus, lorsqu'on rendait les chaises, elles étaient tellement abîmées que le prix de la location ne suffisait pas pour les faire raccommoder. Aussi, ce 15 août 1830, MM. Lemahieu, Margerin, J. Castellain, Guilbert, Derache et Traché, décidèrent-ils de ne plus accorder en aucune circonstance le matériel en usage pour le culte.

Avant de terminer le chapitre, il n'est pas inutile de donner quelques notes biographiques sur M. Pierre-François-Xavier Bourguignon d'Herbigny, ancien secrétaire-général de la préfecture du Nord qui, le 13 mars 1846, mourut à Loos, où il vivait retiré.

Il descendait d'une famille depuis longtemps établie et estimée dans le pays de Laon. C'est dans cette ville qu'il était né, le 4 décembre 1772. Son père se réserva la direction de ses études : il réussit à lui donner une solide instruction et favorisa chez lui le développement d'un esprit naturellement observateur et réfléchi.

Ses études terminées, Pierre d'Herbigny se rendit à Paris, où la recommandation de Condorcet lui fit obtenir la place de secrétaire du comité d'instruction publique. Il se lia d'amitié avec les philosophes de l'époque, mais en dépit des disciples de Voltaire, ses idées demeurèrent ce qu'elles étaient auparavant. Il prenait soin, dès cette époque, de relater les graves événements auxquels il assistait de près ; malheureusement, il se résolut à détruire son manuscrit aux plus mauvais jours de la Révolution, craignant, si on le découvrait, de payer de sa liberté, de sa vie peut-être, l'audace d'avoir écrit des souvenirs.

A la mort de Louis XVI, M. d'Herbigny se réfugia dans le Nord aux environs de Lille [1]. Il consacrait les loisirs que lui laissait sa retraite à la lecture des anciens, surtout de Tacite, pour lequel il se sentait un attrait particulier.

MM. de Choiseul, de Vibray et de Montmorency, s'étant embarqués à destination des Indes pour s'y mettre à l'abri des fureurs révolutionnaires, furent assaillis par une tempête et jetés à la côte à Calais. Ils furent pris, conduits et emprisonnés à Lille. M. d'Herbigny sut l'évènement ; de tout son

---

[1]. Vers la même époque, son frère émigra à la Nouvelle-Orléans, où il devint membre du Conseil suprême de justice et président de l'Etat de Louisiane.

pouvoir il s'employa au soulagement des prisonniers auxquels il ne cessa de s'intéresser que le jour où le Premier Consul les fit remettre en liberté. Ils se montrèrent reconnaissants des services qui leur avaient été rendus ; c'est ainsi que M. de Choiseul permit par testament à M. d'Herbigny de prendre connaissance de documents qu'avait laissés son oncle, le ministre de Louis XV, et de mémoires secrets sur le règne de Louis XVI et sur la Révolution. Mais il ne put profiter de cette faveur : son état de santé et les évènements l'en empêchèrent.

Sous le gouvernement impérial, dont il n'était point partisan, M. d'Herbigny habitait Haubourdin qu'il ne quittait guère. Il y continuait l'étude des auteurs grecs et latins et entretenait avec Royer-Collard une correspondance suivie.

Aux Cent-Jours, chargé de traiter au nom du Roi de la reddition de Lille, M. d'Herbigny se montra à la hauteur de cette mission dangereuse.

Au retour de Louis XVIII, Royer-Collard obtint pour son ami le rectorat de Grenoble, puis celui de Rouen, que M. d'Herbigny abandonna au bout de quelque temps.

Le duc de Richelieu le nomma censeur à Lille, puis le 30 septembre 1820, l'appela aux fonctions de secrétaire général de la préfecture du Nord. Il y demeura jusqu'au jour où M. de Villèle révoqua M. de Rémusat. Ayant refusé de laisser paraître un article injurieux pour l'ancien préfet, M. d'Herbigny fut disgracié. Il se jeta alors dans l'opposition, où il avait des amis, entre autres le général Foy, et publia un ouvrage remarquable, la *Revue politique de l'Europe en 1825*, et surtout les *Nouvelles lettres provinciales*, violent pamphlet, qui lui valut une condamnation à trois mois de prison.

M. d'Herbigny préféra s'exiler et se rendit dans les Pays-Bas, où le roi Guillaume le reçut et l'honora de sa confiance. Il ne revint en France qu'après la Révolution de Juillet.

Parmi ses œuvres il convient de citer des *Fables*, composées dans sa jeunesse, trois tragédies, *Absalon*, *les Parthes*, *Hécube et Polynice* — cette tragédie, représentée au Théâtre-Français, échoua, faute de mise en scène, — le *Traité politique de l'éducation publique*, dédié au roi des Pays-Bas, les *Etudes politiques et historiques* (1836).

Il avait épousé, le 4 octobre 1825, Mlle Aglaé-Lasthénie Leclerc de Landremont, petite-fille du général du même nom ; au mariage avaient été témoins MM. de Choiseul, le général Foy, de Barante, pair de France, Cordier. Mme d'Herbigny mourut moins d'une année après son union.

SECONDE RÉPUBLIQUE

(24 février 1848 — 2 décembre 1852)

Troubles à Lille. Ateliers nationaux. Funérailles de Négrier. — Loos : Administration municipale, plantation de l'arbre de la Liberté. Mgr Régnier et Mgr Forcade. La maison centrale. Fête annuelle des établissements Kuhlmann.

La chute de Louis-Philippe fut loin d'amener la cessation des maux dont se plaignaient les agitateurs républicains et les rêveurs socialistes, disciples de Fourier et de Victor Considérant, de Louis Blanc et de Proudhon. Quand il fallut gouverner, les difficultés accumulées provoquèrent des émeutes.

Dans la soirée du 25 février 1848, les révolutionnaires lillois se rassemblèrent à la préfecture, dont ils brisèrent les portes. Ils pénétrèrent à l'intérieur de l'hôtel, s'emparèrent des décors, tapis et tentures, ayant servi, l'un des jours précédents, à un bal de M. Desmousseaux de Givré, portèrent leur butin au pied de la colonne, sur la grand'place, et ne se retirèrent qu'après l'avoir brûlé.

A la même heure, un commencement d'incendie éclatait à la station de Fives ; les dégâts se bornèrent pour le moment à deux wagons détruits, mais, vers minuit, des individus porteurs de torches mirent le feu aux salles d'attente et à un wagon de marchandises et dévalisèrent le buffet.

Le lendemain arriva le délégué du gouvernement provisoire, Anthony Thouret, ancien rédacteur à la *Tribune,* qui, comme tel, s'était vu infliger les rigueurs de l'emprisonnement. Il se rendit à la mairie, s'y fit reconnaître du conseil municipal, qu'il pria de continuer ses fonctions, puis il lança une proclamation dans laquelle il engageait « ses frères de » la ville de Lille » à ne point se laisser entraîner à des excès regrettables. « Le peuple de Paris, disait-il encore, » a vaincu 80.000 hommes ; il a été généreux, il a pardonné » aux vaincus, il est rentré dans l'ordre ! Le peuple de la » brave ville de Lille voudra faire comme le peuple de Paris. » Ce même jour, un arrêté du maire de Lille faisait connaître que le gouvernement provisoire se composait de François Arago, Marie, Lamartine, Ledru-Rollin, Louis Blanc, secrétaire, tous pris parmi les ministres, et que la république était proclamée.

Le soir, des rassemblements se formèrent sur la grand'place, pour y chanter la Marseillaise et le Çà ira. La garde nationale et la troupe de ligne contenaient difficilement ces éléments révolutionnaires, qui prirent bientôt le chemin de la préfecture, rue Royale, espérant y trouver encore matière à manifestation. En effet un buste de Louis-Philippe leur tomba sous la main ; ils lui placèrent une pipe à la bouche et l'allèrent jeter à la Deûle, non sans avoir comblé de soufflets et d'avanies ce pauvre plâtre qui n'en pouvait mais.

Le dimanche 27, même scène : un buste du Roi fut promené en ville durant plusieurs heures, sous les quolibets et les huées des manifestants. Un groupe ayant voulu s'emparer du drapeau arboré à l'une des fenêtres de la préfecture, la garde nationale et la troupe s'y opposèrent résolument. Des insultes les émeutiers en arrivèrent au jet de pierres et aux coups ; les soldats tentèrent alors de faire évacuer la rue ; mais la foule ne céda que lorsque les baïonnettes eurent étendu plusieurs blessés sur le sol.

Charles Delescluse et son adjoint Pilette, nommés le 10 mars aux fonctions de commissaires du gouvernement provisoire, ne surent point réprimer les désordres qui se produisirent en ville chaque fois qu'à Paris l'ordre avait été troublé : les 13 et 14 mars, quand on alla briser les vitres et enfoncer les fenêtres chez M. Yon, et chez M. Bonami-Defrenne, filateurs ; le 17, lorsque sept à huit cents ouvriers rassemblés rue du Vieux-Faubourg se jetèrent sur un détachement de garde nationale qui les surveillait et essayèrent, mais en vain, de le désarmer ; les 18 et 20 avril, lors d'attroupements hostiles aux ouvriers travaillant dans les fabriques.

Le 25 février, le gouvernement provisoire avait garanti « l'existence de l'ouvrier par le travail » et l'administration des travaux publics s'était vue dans la nécessité d'organiser immédiatement les ateliers nationaux.

On entreprit à Lille l'enlèvement de la butte du Cirque. Cette œuvre, utile si l'on songe que là devait s'élever plus tard la basilique de Notre-Dame de la Treille, n'amena, comme ailleurs, sous tous autres rapports, qu'une complète déception.

Pour s'opposer à l'émeute qui suivit le décret de suppression de ces ateliers, les canonniers lillois furent requis de fournir leur part et d'envoyer un détachement à Paris ; ce fut dans ces malheureuses journées du 23 au 26 juin que trouvèrent la mort avec tant d'autres, les généraux Damesme, Duvivier, Négrier[1] et Mgr Affre.

M. Bigo obtint que les funérailles de Négrier fussent célébrées à Lille.

La dépouille mortelle du général arriva en ville le 1ᵉʳ juillet. Le préfet du Nord, son secrétaire et le conseil général étaient allés se joindre à Arras aux représentants du peuple qui accompagnaient leur regretté collègue. Le

---

[1]. François Négrier était né au Mans en 1788. Dès 1806, il assista aux guerres de l'Empire et se distingua notamment à Dantzig, Friedland et durant la campagne de France, pendant laquelle il fut créé chef de bataillon. Après l'Empire, il conquit les grades de lieutenant-colonel, colonel et maréchal de camp, prit part à la pacification de l'Algérie, d'où il revint pour exercer le commandement de la 16ᵉ division militaire, en qualité de général de division.
Représentant du Nord à la Constituante de 1848, il était questeur de cette assemblée.

cortège funèbre se dirigea vers le quartier Saint-André, paroisse du défunt.

Le lendemain, à trois heures, le convoi se mit en marche dans l'ordre suivant : la garde à cheval de Lille, les canonniers, les 2e et 4e bataillons de la garde nationale, les canonniers et la garde nationale de Wazemmes, des détachements des gardes nationales d'Amiens, Arras, Douai, Valenciennes, Saint-Omer, Haubourdin, Tourcoing, Roubaix, les Moulins, Loos, Seclin, Armentières, Phalempin, etc.; le clergé de Lille et des environs et les prêtres de Paris ; le cercueil porté par huit sous-officiers, et chargé des insignes de général de division, des croix et médailles, du ruban de représentant et de l'écharpe de questeur ; un sous-officier conduisant le cheval couvert d'un crêpe ; M. Lebrun, aide-de-camp du général ; M. Négrier fils ; les diverses délégations.

Après l'office des morts à l'église Saint-André, on gagna le cimetière, où furent rendus les derniers honneurs par des feux de peloton au moment de la descente du cercueil au caveau, et où prononcèrent des discours MM. Dubois, le général Carrelet, le maire de Lille, le colonel de la garde nationale, les représentants du peuple Porion et Anthony Thouret, le préfet, Legrand, avocat, et l'aide-de-camp Lebrun, qui exprima ses sentiments de reconnaissance envers la population.

La cérémonie terminée, le fils du général se rendit à l'hôtel des Canonniers pour y porter l'épée que son père avait destinée par testament à la vieille phalange lilloise.

Le 28 octobre 1849, sur le rond-point de l'Esplanade [1], se fit l'inauguration du monument Négrier. Cette solennité avait été précédée d'un service funèbre à Saint-Maurice, en présence des autorités civiles et militaires et de détachements des gardes nationales de Paris, de Valenciennes, Tourcoing, Armentières, Haubourdin et Wazemmes.

---

[1]. La statue fut plus tard transférée à son emplacement actuel.

Le choléra, qui de la fin de cette fatale année 1848 (19 novembre) jusqu'au 31 août 1849 fit à Lille quatorze cents victimes; le gouvernement du général Cavaignac (juin-décembre 1848) et l'élection de Louis-Napoléon Bonaparte à la présidence de la République (10 décembre 1848); la loi du 15 mars 1850 sur la liberté d'enseignement ; les voyages des légitimistes à Wiesbaden, des orléanistes à Claremont et du prince-président en province; les démêlés de ce dernier avec l'assemblée; le coup d'Etat du 2 décembre 1851 ; le plébiscite des 20 et 21 décembre, qui conférait le pouvoir pour dix ans à Louis-Napoléon, et le rétablissement de l'Empire (2 décembre 1852), tels sont les évènements généraux qu'il était bon de signaler avant d'examiner la situation particulière de Loos sous la République de 1848.

**

Quand Delescluze se vit à la tête de l'administration départementale, il destitua les maires et adjoints dont les idées n'étaient pas conformes aux siennes. Ainsi M. Ernest Le Liepvre, malgré le dévouement dont il avait fait preuve et les services qu'il avait rendus à la commune, fut remplacé par M. Gilquin, et M. Devernay par M. Laden. « Cet » homme-là ne peut nous convenir », avait-on répondu à un ouvrier du village qui avait cru qu'une protestation en faveur de M. Le Liepvre serait accueillie en haut lieu.

Loos eut donc son administration provisoire, définitivement réélue en août 1848, ses clubs, ses avocats, ses cris et ses chants patriotiques, ses ateliers nationaux, ses luttes électorales.

Les hommes publics ont de tout temps excité la verve des malicieux. Et il est curieux de relire, après un demi-siècle, les satires amusantes, mais absolument inoffensives de l'*Abeille lilloise* à l'adresse des gros bonnets de l'endroit, le maire, l'adjoint, le capitaine des pompiers! Ainsi, le capitaine Chose, qui veut passer pour un oracle dans les cabarets, patauge dans la politique, fait la roue devant sa compagnie ! Il lui arrive bien de laisser échapper des *cuirs* en commandant l'exercice ! Au dire de son tambour, il prend quelquefois sa droite pour sa gauche ! Il ne rêve que revues, inspections, patrouilles, marches et contre-marches ! Mais, après la manœuvre,

« Flambart rengaînant son épée
» N'en vend pas moins son moka-chicorée
» A ses obscurs blasphémateurs. »

Et la municipalité !

« Il faut savoir, dit l'*Abeille*, que lorsque nos élus
» municipaux voulurent nommer notre maire et son adjoint,
» ils choisirent avec sagacité les deux plus fortes têtes
» contenues dans leur sein.

» Chez nous, on appelle fortes têtes celles qui peuvent
» absorber sans trop d'écueil la plus grande quantité de ce
» liquide huileux que l'on appelle bière brune.

» Les choix furent donc très difficiles, car tout le conseil
« indistinctement avait, de ce côté, des prétentions hautement
» justifiées ; mais enfin les titres des dignitaires actuels étant
» notoires, ils furent élevés sur le pavois et nommés maire
» et adjoint. »

Un jour, le préfet du Nord envoya aux maires une circulaire les invitant à « envoyer coucher leurs villageois à l'heure
» où les poules ferment l'œil, c'est-à-dire à neuf heures du soir.

» Au reçu de cette pièce marquée au coin de la sagesse,
» nos élus, continue l'*Abeille*, se sont réunis dans un
» bouchon du village, lieu ordinaire de leurs séances, et là,
» après s'être éclairés mutuellement jusqu'à une heure du
» matin, à l'aide de copieuses rasades, ils ont décidé
» qu'aucune grâce ne serait faite à ceux qui enfreindraient
» l'arrêté préfectoral.

» Depuis ce jour les exécutions s'accomplissent ; c'est
» une vraie Saint-Barthélemy de buveurs ; chaque soir,
» l'adjoint, tenant en laisse son garde-champêtre, » fait la visite des cabarets.

Cette surveillance devenant gênante, on résolut de corriger le trop zélé fonctionnaire.

On lui fit croire que les pompiers avaient organisé un souper ; on n'eut pas besoin d'ajouter qu'ils étaient gens capables de dépasser l'heure de la retraite.

Au jour dit, à neuf heures et demie, flairant une bonne affaire, l'adjoint entraîne le garde-champêtre et se présente à l'estaminet où l'orgie se perpétrait.

Effectivement, il y a là des pompiers ! Et dans une tenue ! A faire croire qu'ils sont ivres !

D'un bond, l'adjoint est sur l'un des délinquants : « Ah !
» j' t'y prinds ! p'tit Jean, s'écrie-t-il, j' te déclare *procès-*
» *verbail.* »

Hélas ! sous la main de fer qui le saisit, le casque cède et laisse entrevoir une botte de paille ! Le malheureux adjoint est tombé dans un guet-à-pens !

Honteux et confus, il se retire, mais en sortant, trébuche, glisse dans la boue et perd son écharpe, pendant que les gamins postés aux environs l'accablent de leurs impitoyables exclamations !

Ce sont des confidences de Charles Tournemeule et de Moricot, sapeur-pompier et démocrate pur sang, qui étalent au grand jour les faits et gestes de cette municipalité de 1848. Elle ne vaut pas moins qu'une autre, disent-ils malignement, et ne mérite pas d'être tournée en ridicule ! Quoi ! « Parce qu'elle n'aurait pas inventé la poudre ? Parce
» qu'elle serait venue au monde avant l'invention des
» maîtres d'école ? » Mais, « si elle ne sait ni lire ni écrire
» (on m'a cependant affirmé que notre maire savait signer),
» elle sait parler du moins. Et toi-même, Moricot, tu dois
» te rappeler le fameux discours de notre premier magistrat
» à l'ouverture du club :

» Citoyens, j'ai emmené avec moi deux *artistes* de Lille
» qui vont vous en dire long ; ce sont mes amis Bonneface
» et Avoquasi, républicains de naissance. Citoyens, je vous
» en ai dit assez ; répétez avec moi ce vieux dicton : L'union
» fait la force ! Vive la République démocratique et sociale ! »

A la fin de mars 1848, une circulaire du commissaire général de la République invita les maires à célébrer une fête civique à l'occasion de la plantation de l'arbre de la Liberté.

A Lille, le marché aux fleurs, derrière le Théâtre, fut l'emplacement choisi ; le 9 avril, à dix heures, les trente mille hommes qui devaient faire partie du cortège étaient massés sur l'Esplanade : on se mit en marche dans l'ordre prévu, les délégations civiles, les autorités militaires, le clergé catholique, le clergé protestant. Le général Négrier et le maire de Lille prononcèrent les discours obligés. Après le défilé qui, commencé à onze heures, dura plus de trois heures, les canonniers étant revenus déposer une couronne d'immortelles, leur exemple fut suivi par les divers corps et clubs, si bien que l'arbre fut couvert jusqu'à deux mètres de hauteur.

La plantation de l'arbre de la Liberté à Loos eut lieu le 16 avril. « Cette fête, dit l'*Echo du Nord*, grâce à la
» coopération fraternelle des communes environnantes et
» grâce à l'enthousiasme général, présentait un aspect
» imposant. Jamais les anciens gouvernements n'ont vu
» leurs fêtes patriotiques se célébrer avec autant d'accord
» et de bonne volonté. On voit que les habitants des
» campagnes ont comme ceux des villes la ferme espérance
» que l'ère glorieuse qui vient de s'ouvrir sera le terme de
» nos souffrances politiques et sociales. Plusieurs discours
» ont été prononcés. On a surtout applaudi celui du
» citoyen maire et celui du curé. »

Dans son discours plein de fine ironie, M. Lemahieu déclare qu'en se rendant aux désirs des administrateurs de la commune, il n'a fait que suivre l'élan de son cœur. Il vient avec autant de satisfaction que d'empressement bénir le grand principe de la liberté, mais de la liberté sans restrictions et sans exception. A la création de l'univers, Dieu plaça un arbre de vie au paradis terrestre ; l'arbre planté en ce moment sera aussi un arbre de vie si l'on comprend le magnifique programme qu'il représente et si l'on sait défendre et pratiquer ce programme sincèrement,

chrétiennement et généreusement. « Chrétiennement, dit
» M. Lemahieu, ne l'oublions pas, c'est une trop belle pensée
» pour qu'on se lasse de la reproduire. Il y a dix-huit cents
» ans que le premier arbre de la Liberté a été planté par le
» Christ sur le Calvaire pour sauver la race humaine de
» l'esclavage, de l'esclavage social et politique, comme de
» l'esclavage du péché et des passions. Aujourd'hui encore
» l'arbre de la Liberté que nous plantons, c'est-à-dire le
» principe qu'il représente, a brisé nos chaînes et détruit les
» obstacles que l'orgueil humain voulait opposer au dévelop-
» pement des principes que Notre-Seigneur Jésus-Christ a
» inaugurés sur la croix. C'est donc avec effusion que nous
» allons le bénir au nom du Sauveur du monde. Mais avant
» d'offrir à Dieu nos prières, épurons nos cœurs. Que le
» sentiment d'une cordiale et sincère fraternité entre tous les
» enfants d'un même Dieu et d'une même patrie y domine
» tous les autres. Ne voyons plus autour de nous que des amis,
» des frères : travaillons tous ensemble et dans la mesure de
» toutes nos forces à notre bonheur, à notre amélioration
» mutuels.

» Puisse ce jour être la date, puisse cet arbre être le vivant
» monument pour cette commune d'une ère nouvelle. Qu'il
» croisse, cet arbre de la Liberté, qu'il enfonce profondément
» ses racines dans notre sol, qu'il s'élève bien haut vers la
» céleste patrie pour la relier avec celle de la terre. Puisse-t-il
» rappeler à nos derniers neveux comme un puissant et
» solennel enseignement le long et glorieux exercice d'une
» liberté complète et sincère, d'une égalité raisonnable et chré-
» tienne, d'une pieuse, touchante et universelle fraternité ! »

Le maire, de son côté, apprend à ses administrés et aux Haubourdinois qui assistaient à la fête, ce qu'il entend par liberté, par égalité, par fraternité : l'idée qu'il se fait de ces grands principes, il la développe, comme, à l'époque, les orateurs de village, simplement, naïvement, avec la conscience d'un homme qui accomplit sa tâche, heureux dès qu'il peut lancer le cri final : Vive la République !

L'*Écho du Nord* termine le compte rendu — dont le début a été donné plus haut — par cette amère constatation :

« Comme dans plusieurs localités, des mains sacrilèges » ont osé renverser clandestinement l'emblème de la Liberté [1], » la nuit même de son érection ; nos citoyens pompiers » se sont dévoués pour lui improviser une garde d'honneur. »

Afin de rendre aux « citoyens voisins » l'amabilité qu'ils avaient montrée, la municipalité de Loos se rendit le lendemain, 17 avril, à trois heures, à la plantation de l'arbre de la Liberté d'Haubourdin ; elle s'y rencontra avec les magistrats (!) d'Hallennes et de Radinghem. De la place de l'hospice, le cortège composé des autorités, de la garde nationale et de la compagnie de pompiers d'Haubourdin, traversa la commune — toute pavoisée — jusqu'à la place de la mairie, où devait être planté l'arbre offert par M. Deledeuille, commandant de la garde nationale.

La cérémonie de la bénédiction et le discours de M. le doyen furent suivis de harangues de MM. Fichaux, maire provisoire ; Menche, au nom de la garde nationale ; d'Herbigny ; Tourlotte, au nom de la société démocratique d'Haubourdin ; Vannin, au nom des pauvres, auxquels le bureau de bienfaisance avait distribué des secours ; le juge de paix ; un lieutenant d'infanterie en garnison à Loos. Avant le défilé, M. Depadt entonna l'air « La République nous appelle », que les assistants reprirent en chœur. Des illuminations à la mairie, aux édifices communaux et aux maisons marquèrent la fin de la journée.

En juin 1848, une lettre de M. Durant de Saint-Amand enjoint à l'administration communale de Loos de provoquer le départ pour Paris de quarante hommes résolus. Cette invitation avait reçu l'accueil le plus enthousiaste, la liste

---

1. Une aventure analogue arriva au premier arbre de la Liberté. Le 17 messidor an VIII (6 juillet 1800), le maire donne avis au sous-préfet de Lille que des « malveillans se sont » ingérés de troubler l'ordre public la nuit dernière, en s'oubliant au point de toucher » à l'arbre de la Liberté en lui portant quelques atteintes avec ferment ou couteau. » Il prévient aussi ses concitoyens « qu'il va faire des perquisitions pour chercher les coupables » et les dénoncer à l'accusateur public. »

était remplie ; une souscription avait été ouverte pour que les familles des absents pussent recevoir des indemnités et que les frais de déplacement ne fussent pas entièrement à la charge de l'Etat. Tout équipé, le détachement, escorté des sapeurs-pompiers, s'apprêtait à prendre la route de Lille, quand une nouvelle lettre du préfet vint lui donner contre-ordre. « La douleur de ne pouvoir manifester ostensiblement son » dévouement à la cause de l'ordre a été calmée par l'heureuse » nouvelle de l'entière et définitive défaite des insurgés. »

Quelques jours après, la *Liberté* publie une lettre de Jérôme Pajot, qui s'y moque de la « bonne quantité de » prudents citoyens » qui « s'étaient confinés dans d'obscurs » cabarets et même au fond de leurs demeures, de crainte » que l'engagement volontaire, ne dégénérant en réquisition, » ils ne fussent compris dans le contingent. »

Aujourd'hui, ajoute-t-il, « ils poussent la vaillance jusqu'à » faire des gorges chaudes et des lazzis sur notre résolution » de départ, qu'ils appellent une équipée manquée, une » fanfaronnade intempestive. Ces citoyens ont vraiment belle » grâce, outre l'inconvenance de la chose ; on trouve géné- » ralement qu'ils ressemblent assez au corbeau qui sortit de » l'arche quarante jours après le déluge. »

En juillet 1852, le préfet du Nord maintint M. Charles Gilquin dans sa charge de maire et lui donna pour adjoint M. Adolphe Rogie. Au mois de septembre, se firent les élections. Il n'y eut qu'une seule liste ; elle réunit la presque unanimité des 348 votants : M. Geoffroy Hochstetter, 345 voix ; MM. Charles Gilquin, maire, J.-B. Traché, Léandre Franchomme, 344 ; Jules Gilquin, 343 ; François Devernay et Philibert Destieux, 342 ; Ad. Rogie, adjoint, et Frédéric Kuhlmann, 341 ; J.-B. Potigny, 340 ; Ed. Billon, 339 ; J.-B. Laden, 331 ; Louis Aleton, 326 ; Ernest Le Liepvre, 315 ; Denis Platel, 272 ; Henri Célarier, 238.

Mgr Regnier, successeur de Mgr Giraud (1850), vint à Loos le 5 novembre 1851, avec son vicaire général, M. Vallée.

M. le chanoine Lemahieu reçut l'archevêque de Cambrai à la porte de l'église. Dans les paroles de bienvenue qu'il lui adressa, il lui rappela d'abord que plusieurs de ses prédécesseurs, entre autres l'illustre Fénelon, accomplirent le pèlerinage de Loos, insista sur l'intérêt qu'il prendrait à visiter le sanctuaire nouvellement reconstruit par la générosité des fidèles et, en particulier, de Mme de la Grandville, et, présentant les chefs de la commune, exprima pour eux le regret de n'avoir pu, à cause de la saison avancée et de l'heure matinale[1], organiser une plus éclatante réception.

Le prélat répondit en quelques mots, administra la confirmation, inspecta l'église et la sacristie et adressa une courte allocution aux fidèles. Il se rendit ensuite à la maison centrale, où il dit la messe et donna la confirmation. Revenu de la prison, Mgr Regnier alla confirmer au Bon-Pasteur et termina par la visite des écoles communales et du pensionnat.

Un an après (20 novembre 1852), M. Lemahieu offrit l'hospitalité à Mgr Forcade, évêque de Samos, vicaire apostolique du Japon et fondateur, en Chine, à Hong-Kong, du premier asile pour les petites filles abandonnées. Mgr Forcade dit la messe le dimanche 21, en présence d'une foule considérable qu'un temps affreux n'avait pu arrêter. A l'évangile, il se déclara heureux de présider la fête annuelle de la Sainte-Enfance et entretint son auditoire de cette œuvre et de la Propagation de la Foi. La musique municipale qui, la veille, avait donné une sérénade à l'évêque missionnaire, prit part à la cérémonie en y jouant ses meilleurs morceaux.

Vers quatre heures, Mgr Forcade se rendit à la maison centrale avec M. le chanoine et M. Vandenbussche, aumônier; il adressa quelques mots aux détenus, leur recommandant la résignation à leur triste sort.

Le lendemain, l'évêque de Samos dit sa messe, à neuf

---

1. Sept heures.

heures, chez les sœurs de charité, et passa l'après-midi au pensionnat des dames de l'Education chrétienne, siège de la Sainte-Enfance. Une pièce de circonstance, interprétée par les élèves et terminée par une quête pour les Chinois, précéda le tirage d'une loterie de huit cents objets; après les remerciements d'une élève, Mgr Forcade bénit les assistants et leur exposa l'œuvre des missions à laquelle il dépensait sa vie.

Mgr Forcade quitta Loos le 24 novembre; il avait célébré la messe, la veille, au Bon-Pasteur, et le jour de son départ en la chapelle du pensionnat.

De notables changements furent apportés à la maison centrale, où M. Durant fut remplacé par M. Dosquet de Martinfort (1848), et celui-ci par M. Poutignac de Villars (1848-1855). En avril 1849, les frères de Saint-Joseph spécialement attachés à la colonie agricole des jeunes détenus quittèrent l'établissement, et, en février 1850, les femmes furent dirigées sur la maison centrale de Clermont. Par suite de cette dernière mesure, le nombre d'hommes et de jeunes gens fut augmenté : la moyenne des trois années (1850-1852) accuse 1.169 hommes et 278 garçons.

L'esprit général des détenus fut loin de s'améliorer, mais la faute en fut en partie imputable au gouvernement provisoire, qui, par décret du 24 mars 1848, sous prétexte de concurrence à l'industrie privée, résilia les marchés avec les entrepreneurs et interdit tout travail dans les prisons.

L'oisiveté complète et l'ennui occasionnèrent des mutineries, en juin et en septembre 1848.

Le 6 septembre, un gardien n'ayant point permis à un détenu d'aller chercher une lime, un signal fut donné et dès cet instant les prisonniers refusèrent catégoriquement d'obéir. Les employés et le directeur s'efforcèrent en vain de leur faire entendre le langage de la raison. Les détenus opposèrent la force d'inertie et consentirent seulement à formuler leurs revendications : ils voulaient fumer, travailler, avoir libre accès dans les différentes parties de la maison et soumettre au préfet leur desiderata.

M. Balson, aux lieu et place du préfet du Nord, vint à la prison. Il tâcha de plaire aux détenus en leur accordant l'oubli des faits qui s'étaient produits et en leur promettant le renvoi de trois gardiens. Encouragés par cette attitude, les mutins se laissèrent aller à leur joie et passèrent la nuit à vociférer la Marseillaise, à exécuter des danses effrénées et causer un vacarme qui s'entendait du dehors.

A la première heure du jour, les sapeurs-pompiers et gardes nationales de Loos, d'Haubourdin, de Lille, furent convoqués pour rétablir l'ordre ; mais les révoltés avaient brisé les clôtures et s'étaient réfugiés sur les toits. Le quartier fut alors cerné ; les détenus ne consentirent à descendre que lorsque deux des leurs eurent été grièvement blessés de coups de feu. Soixante à soixante-dix hommes furent mis aux fers.

Parmi les évasions relatées dans les journaux, l'une d'elles dénote un sang-froid extraordinaire chez celui qui l'entreprit.

Le directeur, avant de partir pour la pêche, avait laissé sans surveillance un détenu occupé à travailler dans son jardin. Celui-ci ne perdit pas l'occasion : il pénétra dans les appartements de M. Poutignac, revêtit ses habits bourgeois, et sortit tranquillement, sans être reconnu du portier et en saluant des dames qui répondirent à sa politesse.

A la fin de l'année 1850, un assassinat est commis par le nommé Des..... Ce criminel, compagnon des F..........., M......... et autres, s'était attiré par une soumission feinte une confiance que les gardiens n'auraient pas dû lui octroyer. Ses allées et venues n'étaient pas contrôlées ; aussi eut-il la facilité d'attirer un jeune détenu de seize ans, de le tuer et de s'enfuir par la porte donnant sur le cimetière, sans être le moins du monde inquiété.

Arrêté près de la gare de Lille, le 27 décembre, il passa en cour d'assises le 12 mai suivant et fut condamné à mort.

Enfermé à la prison de Douai, on le prévint, le 16 juillet, que son crime devait s'expier et qu'il fallait partir pour Loos.

Pendant le voyage, il exprima à l'aumônier de la prison de Douai ses sentiments de repentir et de résignation. A un arrêt, le maréchal-des-logis de gendarmerie qui l'accompagnait lui ayant présenté un verre de vin : « Je ne suis pas » digne de cette attention, répondit Des...., quand le Fils » de Dieu marcha à la mort, on ne lui offrit aucun » adoucissement. »

La voiture arriva à Loos à huit heures. M. Vandenbussche, aumônier, se joignit à son collègue de Douai pour consoler et fortifier le condamné.

L'exécution était fixée à onze heures, mais elle aurait pu se faire à cette heure, tous les préparatifs étant terminés. Aussi M. Tierce, juge de paix d'Haubourdin, pour épargner à Des.... trois terribles heures d'attente, demanda-t-il au bourreau d'accomplir son œuvre sans tarder. Celui-ci ayant refusé, le condamné fut conduit à la chapelle, où l'on récita les prières des agonisants et passa le reste du temps dans une cellule avec les deux ecclésiastiques.

A dix heures trois quarts, il demanda pardon au directeur, le pria de se tenir près de lui au moment fatal, puis, la toilette finie, il s'avança aux yeux des six cents personnes réunies sur la terrasse devant la porte de la prison. Soutenu par les aumôniers, il gravit d'un pas ferme les degrés de l'échafaud, embrassa le crucifix et les aumôniers, et les exécuteurs — celui de Douai et ses deux fils, celui d'Amiens et deux aides — s'emparèrent de leur proie.

L'autorité judiciaire avait décidé que l'exécution serait faite sur une des places publiques du village, mais les habitants ayant énergiquement protesté, on leur épargna cette humiliation.

En septembre 1851, deux prisonniers se lardent de coups de couteau. On a peine à s'imaginer le motif de cette querelle : un dissentiment à propos d'une règle de grammaire !

Le 30 mars 1852, le gardien Jombart est assailli par quatre détenus ; ils le désarment, le frappent et le blessent mortellement. Les autres détenus, spectateurs de cette lutte, demeurent impassibles, laissant le gardien aux prises avec ses agresseurs.

Ce crime fut suivi de scènes de révolte, principalement les 6 et 25 avril ; la présence du préfet devint nécessaire et la troupe, pour réduire les mutins, dut faire usage de ses armes : quelques-uns furent blessés.

Les assassins P........, L........, Der...... et R.... furent traduits le 3 mai devant les assises ; les trois premiers furent condamnés à la peine capitale, R.... aux travaux forcés à perpétuité.

Une fois encore, en juin, l'échafaud se dressa dans l'enceinte de l'abbaye. Der...... ayant été gracié, P........ et L........, partis de Douai à trois heures du matin, accompagnés d'un brigadier de gendarmerie et de trois aumôniers — MM. Vandenbussche, de la prison de Loos, Bourlet, de la prison de Douai, et Baron, habitant Douai — arrivèrent à huit heures à l'abbaye.

Pendant que les condamnés s'entretenaient avec les ecclésiastiques et manifestaient leur repentir, les détenus étaient à la chapelle et y disaient les dernières prières, avec MM. Tierce, juge de paix, commis pour présider les opérations, Gilquin, maire de Loos, le directeur et l'inspecteur de la maison centrale, et l'aumônier, qui leur adressa un discours de circonstance.

A l'instant où son complice L........ fut exécuté, pour éviter à P........ la vue du spectacle dont il allait être le second acteur, on le maintint sous la voûte de la porte d'entrée.

Quatre à cinq mille personnes étaient rassemblées devant la prison ; aussi les sapeurs-pompiers de Loos avaient-ils été mobilisés pour empêcher le long de la route les dégâts aux récoltes.

En ce qui concerne les fêtes publiques, avec le traditionnel lundi de Pâques — en 1852, un boulanger vendit, paraît-il, 6.992 « pains français » — et la ducasse de cette même année — pendant laquelle fut organisé un concert au bénéfice des pauvres par la nouvelle musique municipale [1] et la chorale les *Enfants du Nord* — il faut citer la fête des dimanche et lundi de Pentecôte à l'usine Kuhlmann.

Depuis la fondation des établissements (1826), une fête annuelle, dont il a été fait mention à propos de la misère de 1847, réunissait non-seulement les patrons et les ouvriers, mais la commune entière. Plusieurs jours auparavant, les ouvriers étaient occupés à orner les bâtiments, dresser des jeux, transformer les cours en salles de bal ; le dimanche venu, tout le personnel de la fabrique, musique en tête, se rendait à la messe paroissiale, après laquelle commençaient des réjouissances, suivies de banquet, bal et feu d'artifice. La fête s'achevait le lendemain.

En 1849, M. Lemahieu bénit à la messe un superbe drapeau tricolore donné par M. Kuhlmann [2], et, le soir, M. Zoller, contre-maître, reçut de son patron, en présence des deux cents ouvriers, une médaille d'argent, en récompense de dix-sept ans de services.

De hautes personnalités rehaussaient de leur présence ces festivités. En 1848, l'on y put voir M. Durant de Saint-Amand, préfet du Nord, l'année suivante son successeur M. David et le général Fouchet, commandant la 2ᵉ division militaire ; en 1850, M. Dumas, ministre du commerce et de l'agriculture, le savant professeur Liebig, M. Pelouze, de l'Institut, président de la commission des

---

1. Fondée l'année précédente, avec M. Renault pour chef, elle exécuta durant le concert une fantaisie de Brepsant.
2. Ce drapeau est aujourd'hui relégué dans un grenier de l'usine.
Les coins, d'un côté, sont ornés d'abeilles, de l'autre d'attributs divers : deux mains entrelacées, corne d'abondance, ancre, caducée.
On lit d'une part l'inscription suivante — en lettres d'or — encadrée de feuilles de chêne :

Union
du Patron et de l'Ouvrier
Ils ne forment
Qu'une seule famille

Et de l'autre :

Fabrique de produits chimiques de Loos
Offert
Aux ouvriers
Le 27 mai 1849
23ᵉ année de sa fondation.

monnaies et médailles, professeur de chimie au collège de France, M. Elias Regnault, de l'Institut, professeur de physique au collège de France et de chimie à l'école Polytechnique.

La renommée de l'usine Kuhlmann était bien établie à cette époque. Il lui avait été décerné une médaille d'argent en 1839, une médaille d'or en 1844, plus une mention honorable pour la fabrication des engrais. En 1849, le jury départemental admet MM. Kuhlmann frères, fabricants de produits chimiques, de noir animal et d'engrais à Loos, à concourir aux récompenses nationales promises aux améliorations et progrès accomplis depuis 1844, dans l'agriculture et l'industrie. Ils exposent dix flacons de produits chimiques et reçoivent une nouvelle médaille d'or.

A cette exposition de 1849, un autre établissement, la maison J. Thiriez et Cie, filateurs de coton à Esquermes (200 ouvriers, 11.000 broches), présentait pour la première fois ses produits, des échantillons de coton filé, et recevait en récompense une médaille d'argent.

SECOND EMPIRE

(2 DÉCEMBRE 1852 - 4 SEPTEMBRE 1870)

Rétablissement de l'Empire. Mariage de Napoléon III. L'Empereur et l'Impératrice à Lille (1853). Fêtes jubilaires de Notre-Dame de la Treille. Inauguration de la statue de Napoléon 1ᵉʳ à la Bourse. Campagne de Crimée. L'Immaculée-Conception. Naissance du prince impérial. Attentat d'Orsini. Campagne d'Italie. Le 86ᵉ à Lille. Napoléon III et l'Impératrice à Lille (1867). — Loos : Administration municipale, sapeurs-pompiers, police, population, sociétés de secours mutuels, établissements Kuhlmann, Thiriez, Delobel, le chemin de fer de Lille à Béthune, incendies. Arrivée des Lazaristes, Départ de M. Lemahieu, les curés, le conseil de fabrique, agrandissement de l'église, Mgr Lequette, mort de M. Ernest Le Liepvre, discours préparé pour ses obsèques par M. Kuhlmann, M. Maurice Le Liepvre, le P. Ernest, mort de Mᵐᵉ de la Grandville, œuvres paroissiales, l'hospice. La maison centrale. Fêtes. Les médaillés de Sainte-Hélène.

Le 5 novembre 1852, le conseil municipal de Loos vota l'adresse suivante au prince-président :

> Monseigneur,
>
> Le conseil municipal de Loos, convaincu que la stabilité et la sécurité de l'avenir sont indispensables à la prospérité de la France, croit remplir un devoir, en émettant dès l'ouverture de sa session de novembre un vœu en faveur du rétablissement de l'Empire entre les mains d'un prince acclamé par la reconnaissance publique.
>
> Ch. Gilquin, Traché, Laden, Devernay, Geoffroy Hochstetter, Rogie, Ern. Le Liepvre, J. Gilquin, Aleton, Billon, Desticux, Potigny, Platel.

La dignité impériale fut conférée deux jours après, par

un sénatus-consulte à Louis-Napoléon Bonaparte, et lorsque le peuple, les 20 et 21 novembre, fut appelé à donner son avis, une majorité de près de huit millions d'électeurs approuva la décision de la haute assemblée.

A Loos, sur 653 inscrits, 520 votèrent : 477 oui, 32 non, 11 sans indication valable [1].

Le dimanche 5 décembre, à neuf heures et demie du matin, les autorités civiles et militaires de Lille se réunirent au quartier général de la 3ᵉ division, se formèrent en cortège et se dirigèrent vers l'église Saint-Maurice, où fut chanté un *Te Deum* solennel. La cérémonie terminée, elles se rendirent sur une estrade élevée au milieu de la grand'place, d'où M. Besson, préfet du Nord, fit la proclamation de l'avènement de Napoléon III, prescrite pour la France entière, pendant qu'une salve de cent un coups de canon était tirée par les canonniers sédentaires.

Le soir, les édifices publics et les maisons particulières furent illuminés et on exécuta au théâtre une cantate en l'honneur du nouvel Empereur.

Les familles indigentes ne furent point oubliées : une somme importante fut employée à l'achat d'effets de couchage qui leur furent distribués.

---

1. A titre de curiosité, voici le résultat des votes du canton d'Haubourdin :

COMMUNES	INSCRITS	VOTANTS	OUI	NON	NULS
Beaucamps	229	176	169	7	—
Emmerin	384	276	252	18	6
Englos	90	81	77	4	—
Ennetières-en-Weppes	459	344	329	15	—
Erquinghem-le-Sec.	70	69	69	—	—
Escobecques	75	65	65	—	—
Hallennes	150	109	106	1	2
Haubourdin	752	475	427	39	9
Maisnil	167	155	155	—	—
Ligny	38	34	31	2	1
Lomme	646	387	385	2	—
Loos	653	520	477	32	11
Radinghem	358	285	283	1	1
Santes	452	297	287	10	—
Sequedin	156	92	84	8	—
Wavrin	316	459	397	54	8
	4.995	3.824	3.593	193	38

Voici le procès-verbal de la proclamation à Loos :

Nous, Charles Gilquin, nous sommes rendus sur la place de l'église accompagné de notre adjoint, des membres du conseil municipal, de tous les corps et autorités constituées, en présence de la garde nationale qui se compose de la compagnie des pompiers, ainsi que des troupes de la garnison, sous les armes, nous avons donné lecture du décret de proclamation ci-joint :

PROCLAMATION DE L'EMPIRE.

NAPOLÉON, par la grâce de Dieu et la volonté nationale, Empereur des Français,

A tous présents et à venir, salut,

Vu le sénatus-consulte en date du 7 novembre 1852, qui soumet au peuple le publiciste *(sic)* dont la teneur suit :

Le peuple veut le rétablissement de la dignité impériale dans la personne de Louis-Napoléon Bonaparte, avec hérédité dans sa descendance directe, légitime ou adoptive, en lui donnant le droit de régler l'ordre de succession au trône dans la famille Bonaparte, ainsi qu'il est prévu dans le sénatus-consulte du 7 novembre 1852 :

Vu la déclaration du corps législatif qui constate que les opérations du vote ont été partout librement et régulièrement accomplies.

Que le recensement général des suffrages émis sur le projet de plébiscite a donné 7.824.189 bulletins portant le mot oui,

253.145 portant le mot non,

63.326 bulletins nuls.

Avons décrété et décrétons ce qui suit :

Article 1er. — Le sénatus-consulte du 7 novembre 1852 ratifié par le plébiscite des 21 et 22 novembre est promulgué et devient loi de l'Etat.

Article 2. — Louis-Napoléon Bonaparte est Empereur des Français sous le nom de Napoléon III.

Mandons et ordonnons que les présentes, revêtues du sceau de l'Etat, insérées au Bulletin des Lois seront adressées aux cours, aux tribunaux et aux autorités administratives, pour qu'ils les inscrivent dans leurs registres, les observent et les fassent observer.

Les ministres, chacun en ce qui le concerne, sont chargés d'en surveiller l'exécution.

Fait au palais de Saint-Cloud, le 2 décembre 1852.

Signé : NAPOLÉON.

Par l'Empereur, le ministre d'Etat.

Signé : Achille FOULD.

De tout ce que dessus avons dressé procès-verbal qui a été signé par nous et le conseil municipal.

Ch. Gilquin, J.-B. Potigny, Traché, J.-B. Laden, Franchomme, Aleton, A. Rogie.

L'année suivante, l'Empereur épousait Mlle Eugénie de Montijo.

La municipalité écrivit alors au souverain :

Les populations du Nord ont accueilli avec une respectueuse satisfaction le mariage que Votre Majesté vient de contracter avec une princesse que ses hautes qualités rendaient digne du trône où vous l'avez placée.

Elles aiment en effet à reconnaître dans cette alliance le *gage* précieux des intentions pacifiques dont Votre Majesté s'est plu déjà à reproduire l'éclatante expression.

Le conseil municipal de Loos, interprète des sentiments de ses concitoyens, s'empresse d'offrir de nouveau l'hommage de ses sympathies et de son dévouement au gouvernement de Votre Majesté.

Nous en attendons la continuation d'une ère de paix si favorable au développement des grands intérêts de notre agriculture et de notre industrie.

Ch. Gilquin, Destieux, J. Gilquin, A. Rogie, Geoffroy Hochstetter, Ernest Le Liepvre, Aleton, Franchomme, Devernay, Célarier, Billon, Potigny, Platel, Traché.

L'Empereur et l'Impératrice, à la fin de septembre 1853, accomplirent dans le Nord un voyage auquel ne manquèrent point les démonstrations enthousiastes. Après s'être arrêtées à Arras, Douai et Valenciennes, LL. MM. arrivèrent à Lille (23 septembre). La ville était toute transformée : depuis Ronchin jusqu'à la préfecture, on ne voyait que drapeaux, emblèmes, tentures, guirlandes de feuillage, mâts surmontés d'oriflammes, arcs de triomphe ; ces préparatifs furent malheureusement contrariés par un temps affreux, une pluie fine et continue, qui altéra la plus grande partie des décorations.

Le premier magistrat de la cité reçut LL. MM. II. à cinq heures, sous une tente luxueusement décorée, élevée à proximité de la porte de Paris; les compliments échangés et les clefs présentées, on prit le chemin de la préfecture au bruit du canon, des cloches, des acclamations du peuple et des députations des municipalités voisines rangées en haie le long du parcours. Plusieurs brigades de gendarmerie marchaient en tête; elles étaient suivies de toute la cavalerie de la garnison. Venaient alors Napoléon III et l'Impératrice Eugénie, traînés dans une voiture à six chevaux, et, derrière eux, leur maison et les autorités. MM^{lles} Richebé, Besson et Fririon, s'étaient chargées d'accueillir LL. MM. au seuil de la préfecture.

Les réceptions des autorités et corps constitués durèrent jusqu'à l'heure du dîner officiel, pendant lequel les musiques de la garnison et trois sociétés chorales exécutèrent des morceaux.

A huit heures, LL. MM. assistèrent, à la représentation de la *Fille du Régiment*, au théâtre, dont la salle venait d'être restaurée à l'occasion de ce voyage.

Dans la matinée du 24 septembre, Napoléon III sortit en voiture découverte avec le préfet du Nord et le maire de Lille. Il visita l'hôpital général, l'hôpital Saint-Sauveur, et les établissements industriels de MM. Scrive, rue du Lombard, Wallaert frères, rue Saint-Sauveur, et Droulers et Agache, rue de Fives [1]. A midi, l'Empereur entra à la Bourse pour y voir l'emplacement où devait être érigée la statue de Napoléon Ier, puis il alla passer la revue des troupes de la garnison, augmentées d'un régiment de lanciers et d'un régiment du génie, venus le premier de Cambrai, le second d'Arras.

Napoléon et l'Impératrice — qui assistait à la revue — prirent à deux heures le train pour Roubaix-Tourcoing d'où ils revinrent à six heures.

La journée se termina par un banquet auquel participèrent un officier général anglais et le prince de Chimay,

---

[1]. MM. Jules Scrive, Droulers et Aug. Wallaert reçurent la croix de la Légion d'honneur.

délégués de leurs gouvernements, et par un bal dans une magnifique salle, spécialement aménagée en la cour de l'hôtel-de-ville.

Le lendemain, à dix heures et demie, après avoir entendu à Saint-Maurice la messe de l'archevêque de Cambrai, LL. MM. prirent le train pour Armentières.

Quand les souverains quittèrent le département, un don de quinze mille francs fut versé au nom de l'Empereur aux pauvres et aux hôpitaux de la ville de Lille.

L'année 1854 est restée mémorable dans la région par les fêtes jubilaires de Notre-Dame de la Treille, à Lille.

Pour assurer le succès de ces fêtes depuis longtemps projetées, l'on s'en préoccupa dès 1852, aussitôt après l'anniversaire séculaire de la déposition, dans la cathédrale de Cambrai, de l'image miraculeuse de Notre-Dame de Grâce. Mgr Regnier marqua pour les solennités en perspective des attentions particulières et délégua, en novembre 1853, un missionnaire diocésain avec la plus large faculté d'organisation.

Le comité que constitua ce délégué fut formé de six vicaires choisis dans chacune des paroisses de la ville; dès leurs premières réunions, ces ecclésiastiques posèrent les bases de l'entreprise considérable qu'ils désiraient mener à bien.

Notre-Dame de la Treille étant vénérée à Sainte-Catherine, cette église méritait à tous égards d'être le siége des principales fêtes; rien ne devait être épargné pour la rendre digne de la Vierge de Lille, comme aussi des personnages illustres et de la foule des pèlerins qui viendraient prier aux pieds de l'antique statue. La décoration intérieure devait être d'une richesse que l'on aurait voulue inouïe; aussi toutes les dames de la ville furent-elles invitées à confectionner broderies, dentelles, fleurs artificielles; l'on fit appel au génie et à l'intelligence de ceux qui étaient à même de contribuer à la splendeur des cérémonies. Les membres des conférences de Saint-Vincent de Paul furent spécialement chargés de provoquer et de recueillir les souscriptions, vingt mille francs, disait-on, devant à peine suffire aux dépenses.

Il fut en outre décidé que la rue serait le théâtre d'une procession à laquelle on donnerait un éclat et des proportions jusqu'alors inconnues.

Pendant ce temps, diverses notices sur l'origine et l'histoire du culte de Notre-Dame de la Treille étaient composées et répandues parmi le peuple : c'était un moyen puissant de l'intéresser à l'œuvre.

L'archevêque de Cambrai résolut de diriger les exercices du carême de 1854, à Saint-Maurice ; il donna toutes les instructions, afin de préparer lui-même les Lillois à déposer devant leur Madone un hommage qui n'avait pas été renouvelé depuis 1634. Un soir, Mgr Regnier eut la satisfaction d'annoncer à ses auditeurs que Pie IX, à cause de la future fête, accordait une indulgence en forme de jubilé.

Au mois de mai, l'entrain était admirable : les conférences de Saint-Vincent de Paul, les communautés, le clergé, les artistes et littérateurs, travaillaient à l'envi, toutes les familles tenaient à honneur de voir un ou plusieurs de leurs membres se dépenser pour la fête ; les localités voisines ne restaient point en arrière et envoyaient de généreuses offrandes au comité.

On eut la pensée — et c'était justice — de rappeler la mémoire de Jean Levasseur, le mayeur qui, le 28 octobre 1634, avait consacré la cité à la Vierge de la Treille. Le 20 mai, à onze heures, à Sainte-Catherine, un service funèbre était célébré. M. Lefebvre, curé de Saint-Etienne, officiait ; les membres du conseil municipal, du clergé et de diverses administrations rehaussaient de leur présence la cérémonie, durant laquelle M. l'abbé Bernard [1], vicaire-général, archidiacre de Lille, retraça la vie et les œuvres du fondateur de

---

1. Ancien doyen de Sainte-Catherine, M. Bernard avait été appelé en 1845, par le cardinal Giraud, aux fonctions de vicaire-général.

la Chartreuse de la Boutillerie, près de Fromelles, et les incidents qui se produisirent à la profanation de son tombeau, aux mauvais jours de 1793.

Cependant les invitations étaient lancées et de France et de l'étranger on se donnait rendez-vous à Lille. La reine d'Espagne envoyait M. Sancho, son ambassadeur près du gouvernement belge ; elle agissait ainsi en sa qualité de grande-maîtresse de la Toison d'Or : le premier chapitre avait été tenu à Saint-Pierre de Lille par Philippe le Bon et celui-ci avait, dans la même séance, placé le nouvel ordre sous les auspices de Notre-Dame de la Treille. Les évêques quittaient leurs diocèses : le cardinal Gousset, archevêque de Reims ; Mgr Parisis, évêque d'Arras ; Mgr Labis, évêque de Tournai ; Mgr Delebecque, évêque de Gand ; Mgr Malou, évêque de Bruges ; Mgr Dufêtre, évêque de Nevers ; Mgr Wicart, évêque de Fréjus ; Mgr de Garsigniès, évêque de Soissons ; Mgr Desprez, évêque de Saint-Denis ; Mgr Pallu du Parc, évêque de Blois ; Mgr de Montpellier du Verdrin, évêque de Liège.

Les préparatifs avaient été poussés avec une ardeur incroyable. On avait transformé l'église Sainte-Catherine en y disposant près de quatre mille mètres de guirlandes de fleurs, en couvrant les fûts des colonnes et les murailles de draperies et d'écussons sur lesquels étaient inscrits soit des vocables d'anciens sanctuaires que Lille avait autrefois bâtis en l'honneur de la Vierge : Notre-Dame des Affligés, d'Assistance, des Ardents, de Consolation, de Foi, de Lorette, des Obeaux, de Tongres, de l'Immaculée-Conception, soit des noms de pèlerinages de la région : Notre-Dame de Grâce, Cambrai ; Notre-Dame du Saint-Cordon, Valenciennes ; Notre-Dame des Dunes, Dunkerque ; de Foi, Gravelines ; des Miracles, Douai ; de la Pitié, La Bassée ; de Grâce, Loos ; de la Barrière, Lomme ; de Réconciliation, Esquermes ; de la Marlière, Tourcoing ; de Bonne-Espérance, Aubry ; des Wez, Douai ; du Rosaire, Linselles ; de Bon-Secours, Péruwelz ; de Bourbourg ; de Hal ; de Vertigneul ; de Fives ;

de Marpent ; de Waziers ; de Beaulieu ; de Fournes. Dans le chœur, au milieu d'une luxueuse décoration, était installée la châsse renfermant l'image de Notre-Dame de la Treille.

L'après-midi du 24 juin, les joyeuses volées des cloches de toutes les paroisses annonçaient l'ouverture des fêtes jubilaires. Le lendemain, dimanche, Mgr Regnier célébra pontificalement la messe à Sainte-Catherine et le P. Souaillard, dominicain, donna le sermon aux vêpres. Au salut du soir, les illuminations réussirent au-delà de toute expression.

Les pèlerinages des paroisses de Lille et des communes environnantes commencèrent le lundi. Les groupes, après avoir traversé la ville en chantant les litanies, devaient arriver à l'heure fixée ; ils se présentaient par le grand portail, parcouraient la nef de gauche, puis passaient devant le chœur pour se rendre dans la nef de droite, par la porte de laquelle ils devaient sortir, la messe de leur curé respectif une fois achevée. A l'intérieur, l'ordre était maintenu par quatre suisses, à l'extérieur par des agents de police.

Loos se présenta après Wazemmes, Fives, Hellemmes et Mons-en-Barœul, avant Lambersart et Saint-Étienne :

« Loos, la paroisse célèbre par sa dévotion à Notre-Dame
» de Grâce, qu'y inaugura saint Bernard, ne pouvait
» manquer, dit l'auteur du compte rendu, de venir une des
» premières vénérer Notre-Dame de la Treille. On remarque
» dans sa procession l'élégance et la modestie des jeunes
» personnes qui portent de fort jolies bannières ; un
» nombreux chœur de cantiques ; des Filles de la Charité,
» des Frères qui, sous les auspices de Marie, y instruisent
» les enfants des deux sexes, enfin un ex-voto consistant en
» une bannière de moire blanche, sur laquelle est brodée
» d'or l'image de la Reine des Anges, ainsi que l'inscription :
» *Offrande de la paroisse de Loos à Notre-Dame de la Treille.*
» Cette procession, qui n'est attendue qu'à huit heures,
» stationne dans la rue, en conservant ses lignes, jusqu'à
» ce que le saint sacrifice, célébré par M. le curé de Fives,
» soit terminé. Enfin elle prend sa place dans l'église et ne

» cesse de faire entendre d'harmonieux cantiques pendant
» tout le temps de la messe, qui se prolonge à cause du
» grand nombre de pèlerins qui s'approchent de la
» sainte table. »

La matinée était déjà avancée quand le pèlerinage reprit la route du village, en chantant le *Magnificat.*

Le 27 et le 28 juin, ce fut le tour de Lomme, La Madeleine-lez-Lille, Esquermes, Croix, Wambrechies. Marquette, Saint-Sauveur, Tourcoing, Frelinghien, Verlinghem, Seclin, l'institution libre de Saint-Joseph, de Lille, Saint-Maurice, Roubaix. Le jeudi 29, on vit le pensionnat de Marcq, Haubourdin, dont l'hommage « se symbolise » dans un cœur de vermeil porté par cinq jeunes filles sur » un riche coussin », Sequedin, Flers, les collèges de Tourcoing et de Roubaix, Sainte-Marie-Madeleine ; le 30, les frères de Saint-Jean-de-Dieu, de l'établissement de Lommelet, et Saint-André, *intra muros* ; le 1er juillet, de Saint-André-lez-Lille.

Après la messe pontificale du 1er juillet, Mgr Régnier, accompagné des divers prélats et des autorités civiles et militaires, alla bénir sur le terrain du Cirque, à l'endroit du premier noyau de la ville, la pierre fondamentale de la basilique actuelle. La souscription spéciale, ouverte depuis quelque temps pour l'édification d'une église monumentale à Lille avait été couronnée de succès et on avait reçu le meilleur accueil aux nombreuses portes où l'on avait frappé [1].

Enfin, le dimanche eut lieu la grande procession, présidée par le cardinal de Reims. Cent mille étrangers, dont quatorze mille par chemin de fer, affluèrent à Lille ; de toutes les villes voisines étaient venues des délégations, plusieurs avec des châsses contenant les reliques de leurs patrons. Dans les rues, des milliers d'oriflammes, des draperies, des tableaux, des ornements de toute sorte décoraient les maisons.

---

1. Le 28 mars 1853, M. l'abbé Combalot, prêchant à Sainte-Catherine, avait été l'un des initiateurs de l'entreprise, en déclarant que les Lillois avaient à accomplir un acte de reconnaissance en élevant un sanctuaire à Notre-Dame de la Treille.

Le défilé du cortège, qui comptait huit mille personnes, dura cinq quarts d'heure, et ce fut sur la grand'place que se termina la manifestation, après une éloquente allocution de Mgr de Nevers.

« J'ai longtemps habité Rome, en qualité de premier » secrétaire d'ambassade, disait M. Sancho, je n'y ai rien » vu qui égalât ce que j'ai vu à Lille. »[1]

La statue de Napoléon Ier dans l'enceinte de la Bourse, fut inaugurée à la fin de cette même année 1854 (3 décembre)[2].

La cérémonie, présidée par le comte d'Arjuzon, député, représentant l'Empereur, s'accomplit avec le concours des autorités et des députations des localités voisines, des canonniers, des pompiers, de la gendarmerie et des troupes de la garnison.

Quand la statue eut été découverte, on entendit les discours de Mgr Regnier, qui bénit le monument, de M. Kuhlmann, président de la Chambre de commerce, de M. Besson, préfet du Nord, et du délégué de Napoléon III, puis M. Verley, président du Tribunal de commerce, distribua dix médailles aux meilleurs ouvriers et contremaîtres du département. Divers morceaux et une cantate de M. Wattiez clôturèrent cette partie de la fête. Le soir, eut lieu un banquet de cent vingt couverts, suivi d'un bal, à la préfecture.

Les hauts faits de l'armée française en Crimée (1854-1855) suscitèrent l'admiration générale. Elle se traduisit par des dons en nature reçus, conformément à une circulaire ministérielle du 26 décembre 1854, dans les hôpitaux de chaque division militaire.

Dès les premiers jours, Mme Besson fit remettre à l'hôpital

---

1. *Histoire complète des fêtes célébrées à Lille, en 1854, à l'occasion du jubilé séculaire de Notre-Dame de la Treille, patronne de cette ville*, par M. l'abbé Capelle, missionnaire apostolique. Lille, L. Lefort, libraire, imprimeur de Mgr l'archevêque de Cambrai, 1854.

2. La pose de la première pierre du socle avait été faite le 3 octobre 1853, par M. Dumas, sénateur, ancien ministre de l'agriculture et du commerce.

Le bronze de la statue provient de canons pris aux Autrichiens à la bataille d'Austerlitz. Napoléon Ier en avait envoyé à la Monnaie de Lille, où on en avait fait des balanciers.

militaire 11 kilogr. de linge à pansements préparé par elle-même ; 102 kilogr. de charpie de fil furent envoyés par des dames de Lille, Loos, Tourcoing, et les communautés religieuses de Wazemmes, d'Esquermes, de Lille ; M. le maire d'Haubourdin en apporta, de son côté, 4 kilogr. 300. Et pour fournir du tabac, comme étrennes, à nos soldats d'Orient, une souscription fut organisée, en janvier, dans le département : trente mille francs furent donnés par l'arrondissement de Lille, dont dix neuf cents environ par le canton d'Haubourdin [1].

Le monde catholique célébra avec la plus grande pompe la dogmatisation canonique de l'Immaculée Conception (mai 1855) ; par malheur, pendant ces solennités, le feu se déclara à l'église de La Bassée, magnifique spécimen d'architecture romane (XIIe siècle), qui devint totalement la proie des flammes.

En mars 1856, dès la naissance du prince impérial, l'assemblée communale de Loos, suivant l'exemple universel, vota l'adresse que voici :

Sire,

En consolidant votre dynastie, la naissance d'un prince assure dans l'avenir le repos et la prospérité de la France que vous avez placée si glorieusement au premier rang des nations.

---

[1]. En voici le détail :

Haubourdin	550.10
Emmerin	56.90
Englos	50.
Erquinghem	37.60
Escobecques	40.75
Hallennes	77.15
Ligny	14.20
Lomme	270.10
Loos	137.
Le Maisnil	65.40
Sequedin	86.03
Wavrin	230.70
Beaucamps	55.30
Ennetières	64.
Radinghem	42.
Santes	103.80
	1881.03

A l'occasion de cet heureux évènement, le conseil municipal de Loos vient offrir à Votre Majesté ses vœux et ses respectueuses félicitations.

> J.-B. Laden, Dragon, Devernay, Traché, Geoffroy Hochstetter, Rogie, Platel, Bonte, J. Gilquin, Lefebvre, Billon.

Le 15 juin, jour du baptême, cinq cents francs furent consacrés à des jeux et à des œuvres de bienfaisance.

Un soir de janvier 1858, l'Empereur et l'Impératrice se rendant à l'Opéra, trois bombes éclatèrent sous les voitures de la cour et blessèrent plus de cent cinquante personnes; quatre Italiens, Orsini, Rudio, Pieri et Gomez, étaient les auteurs de cet horrible attentat.

Déjà Napoléon III avait eu la vie menacée : trois ans auparavant (mai 1855), Pianori — également Italien — lui avait tiré deux coups de feu.

Un *Te Deum* fut chanté dans toutes les églises de l'Empire après chacun de ces crimes; lors de celui d'Orsini, le préfet du Nord ayant autorisé les assemblées communales à se réunir pour voter une adresse à l'Empereur, le conseil de Loos, — imité quelques jours plus tard par la société de Saint-Lucien — envoya la protestation suivante :

La Providence vient de préserver miraculeusement la vie de Votre Majesté, ainsi que celle de l'Impératrice.

Rempli d'une juste indignation contre les auteurs de l'odieux attentat qui a mis en danger des jours si précieux, le conseil municipal de Loos supplie Votre Majesté d'agréer l'hommage des sentiments dont il est animé dans cette douloureuse circonstance et des vœux qu'il forme pour que Dieu vous conserve longtemps encore à la France.

> Traché, Laden, Dragon, Devernay, Billon, Bonte, Geoffroy Hochstetter, A. Lefebvre.

Une autre adresse (1859) fut votée par les conseillers municipaux, mais dans des circonstances bien différentes.

Les victoires de Magenta et de Solférino avaient illustré l'armée d'Italie et de tous côtés Napoléon recevait l'expression de l'enthousiasme des Français. MM. Billon, Bonte, Geoffroy

Hochstetter, Laden, Lefebvre, Destieux, Dragon, Traché, Rogie, J. Gilquin, maire, adjoint et conseillers, lui disaient :

Sire,

En deux mois vous avez renouvelé les triomphes de Rivoli et de Marengo et rendu l'Italie à la liberté. Vous avez arrêté l'élan généreux de vos invincibles soldats et tendu à l'ennemi une main loyale et magnanime.

Le conseil municipal de Loos, fier de la situation où vous avez placé la France, vous prie, Sire, d'agréer l'hommage de son admiration et de son dévouement respectueux.

Aussi est-il à peine besoin de décrire comment fut accueilli le 86e de ligne lorsque, la campagne achevée, il vint tenir garnison à Lille (août 1859). Le régiment de dragons, les canonniers et leur musique, précédaient les blessés du 86e ; derrière ceux-ci venaient le lieutenant-colonel Boyer, commandant le régiment depuis la nomination du colonel de Berthier au grade de général ; les autorités civiles et militaires ; les bataillons du 86e et les sapeurs-pompiers de Lille et de Seclin. La ville était décorée de drapeaux, de guirlandes, banderolles et inscriptions ; on n'entendait que les cris de : Vive l'Empereur ! Vive l'armée d'Italie ! Vive le 86e ! et c'est sous une véritable pluie de fleurs et de couronnes que la troupe arriva aux allées de l'Esplanade, où lui furent servis des rafraîchissements offerts par la municipalité.

Nous signalerons encore, jusqu'à la malheureuse campagne de 1870, comme évènements ayant pu retenir l'attention des populations de l'arrondissement, les magnifiques processions de la Fête-Dieu, rétablies à Lille dès le début de l'Empire ; à partir de 1859, les travaux pour l'agrandissement de la ville et son embellissement ; en 1860, les réjouissances occasionnées par l'annexion à la France de Nice et de la Savoie ; en 1866, l'épidémie de choléra ; en 1867, l'exposition universelle et le voyage de l'Empereur et de l'Impératrice dans le Nord, et, en 1869-1870, le retentissant procès de Troppmann, assassin de la famille Kinck.

LL. MM. II. vinrent à Lille à l'anniversaire biséculaire de la réunion de la ville à la France (26-30 août 1867). Reçues le 26, à cinq heures du soir, au débarcadère, par les autorités municipales, puis, à l'église Saint-Maurice, par Mgr Regnier, elles gagnèrent la préfecture en calèche découverte, par la rue Impériale et le boulevard, à travers un orage et une pluie diluvienne. Les autorités leur furent présentées avant le dîner officiel, à la suite duquel elles assistèrent à la représentation théâtrale.

Dans la matinée du 27, pendant que Napoléon III visitait une caserne, l'imprimerie Danel — dont il décora le chef —, les usines de M. Dequoy et de MM. Parent, Shaken et Cie, l'Impératrice Eugénie se rendait dans les hôpitaux et les établissements de bienfaisance. La revue des troupes, une promenade en ville, l'inspection des travaux de Notre-Dame de la Treille, un bal dans la cour de l'hôtel-de-ville, transformée comme en 1853, occupèrent l'après-midi et la soirée.

Les 28 et 29 août, l'Empereur et l'Impératrice allèrent à Dunkerque et à Roubaix-Tourcoing ; le 30, avant le départ, fixé à midi, l'Impératrice voulut voir les pénitenciers de Loos [1] et de Guermanez et l'Empereur la nouvelle statue de Napoléon Ier dans l'enceinte de la Bourse.

*
* *

La direction des affaires communales, après M. Gilquin, fut remise à M. Billon (1856). Né à Wavrin (1817), M. Billon avait fait ses études chez M. Derode, à Wazemmes, d'où il était allé suivre à Paris les cours de médecine. Docteur en 1838, il était venu exercer son art à Loos vers 1842.

---

[1]. L'Impératrice arriva à la colonie Saint-Bernard à dix heures du matin. Accompagnée de MM. Bodin et Michault, vicaires de la paroisse, elle se montra d'une affabilité charmante, visita tous les services et vôulut même goûter la soupe, à la cuisine. Ayant rassemblé les détenus dans la cour, elle en reconnut plusieurs qu'elle avait vus à la Roquette, leva toutes les punitions, donna un congé et gracia une vingtaine de prisonniers.

M. Rogie, en 1855, avait cédé la place d'adjoint à M. Bonte; mais un second adjoint étant devenu nécessaire (1865), M. Rogie reprit ses fonctions, un moment abandonnées.

Un décret impérial du 16 février 1853 mit à la tête des sapeurs-pompiers MM. Hochstetter, comme capitaine et J.-B. Castelain comme lieutenant. M. J.-B. Lepers fut nommé sous-lieutenant. En 1857, à la compagnie fut annexée une fanfare, formée des éléments de la musique communale dissoute.

Quant à la police municipale, elle passa, après Odent père, entre les mains de Philippe Decq (1858). Ce dernier, qui avait accompli quinze ans de service au 3e génie, à Arras, puis dans la gendarmerie impériale et la gendarmerie à pied, avait été précédemment garde-champêtre à Esquermes (1854-1858).

Si le recensement de 1851 n'avait pas accusé d'augmentation de population — 4.082 habitants, contre 4.117 en 1846 — les recensements subséquents marquèrent de notables accroissements, car on constata en 1856, 5.169, en 1861, 5.172 et en 1866, 5.702 habitants.

Cette agglomération progressive d'individus sujets aux mêmes besoins, éprouvant les mêmes nécessités, avait provoqué, comme ailleurs, la fondation d'œuvres philanthropiques sous la forme de sociétés de secours mutuels : il y avait les sociétés de Saint-Pierre et de Saint-Lucien, la première datant de 1846, la seconde fondée en janvier 1837, mais officiellement reconnue le 1er octobre 1853. Une société d'anciens militaires — Saint-Maurice — fut aussi créée en 1868, mais elle disparut au bout de quelques années. Les autres associations subsistent toujours : leurs membres paient une légère cotisation, qui leur permet de recevoir, en cas de maladie, les soins médicaux, les remèdes et une indemnité, et après un certain nombre d'années une modique pension de retraite ; si un sociétaire vient à mourir, les frais des funérailles sont en partie supportés par la société.

La société de Saint-Lucien est demeurée la plus importante. Autorisée pour 500 membres, elle comptait, l'année de son approbation, cinq membres honoraires et cent participants, dont M. Charles Bettmann fut longtemps le président. Au 31 décembre 1857, deux sociétés seulement, dans le Nord, affectaient des fonds à un service de pensions : c'étaient celle de Saint-Martin, de Bailleul, et celle de Saint-Lucien.

Elles avaient distribué à ce jour, la première 1.330 francs l'autre 1107 francs ; une somme de 451 francs 35 formait à Loos le fonds de retraites et, durant cet exercice-là, le trésorier avait encaissé des sociétaires 647 francs, de l'État 416 francs.

La renommée de son usine valait de hautes marques d'estime à M. Frédéric Kuhlmann : à l'exposition universelle de 1855, il est hors concours et membre du jury ; en 1856, il est nommé commandeur de l'ordre royal de Portugal pour services rendus à cette nation durant l'année de l'exposition ; en 1857 (24-28 mai), il donne l'hospitalité à S. E. Ferruck-Khan, ambassadeur de Perse, et, en 1859, la fête annuelle de ses établissements est rehaussée par la présence de M. Dumas, sénateur, et de M. Vallon, préfet du Nord.

L'usine de MM. J. Thiriez père et fils, à Esquermes, commençait à prendre de l'importance. La Société libre d'émulation de Rouen ayant organisé, en 1859, une exposition régionale de l'industrie, la maison Thiriez, qui s'y était distinguée, obtint une médaille d'or ; pour l'excellence de ses produits, elle eut une médaille d'argent à l'exposition universelle de 1867.

Il ne nous paraît pas inutile de rappeler les distinctions offertes à M. Delobel-Dupont par la Société d'agriculture de l'arrondissement de Saint-Omer (1859) : une médaille d'or pour sa collection de plantes fleuries, la plus nombreuse et la plus riche du concours, et une médaille d'argent, premier module, pour ses begonias et ses plantes ornementales.

Le projet de mise en exploitation d'un chemin de fer de Lille au canal d'Aire à La Bassée, avec prolongation jusqu'à

Béthune, fut favorablement accueilli : c'était pour la région un nouvel élément de prospérité. Mais les choses traînèrent en longueur : après de multiples enquêtes (1861-1862), un décret impérial du 29 août 1863 concède l'entreprise à la Société houillère de Béthune ; en juillet 1864, les travaux préparatoires au nivellement sont terminés de Lille à La Bassée ; l'emplacement des arrêts devient une nouvelle cause de retard, chaque commune située sur le parcours réclamant sa station ; en 1867, enfin, le service fonctionne sur la section de Loos à La Bassée, et un projet de raccordement entre Loos et la ligne du Nord à la gare de Fives est présenté à l'administration supérieure ; en attendant, des voitures spéciales prennent à la station de Loos les voyageurs se rendant à Lille.

Loos étant rattaché au bureau d'Haubourdin depuis quelque temps, la distribution des lettres et colis put s'opérer directement dès l'installation du chemin de fer. Le 20 août 1868, fut voté, au conseil municipal, l'établissement d'un bureau télégraphique.

Avant de voir ce qui s'est passé dans le village au point de vue religieux, signalons encore deux incendies, qui consumèrent le premier (septembre 1855) la grange et les récoltes des frères Guilbert, le second (janvier 1861) une partie de la distillerie de M. Ferdinand Hervieu.

M. le chanoine Lemahieu, depuis plus d'un quart de siècle, remplissait les fonctions de son ministère.

Songeant à se reposer, il voulut cependant préparer un logement pour ses successeurs et, dans ce but, fit démolir l'ancien presbytère, situé sur une petite place derrière l'église, et en rebâtit un autre le long de la rue du Basinghien.

Mgr Regnier avait cru nécessaire de faire desservir la paroisse par des prêtres choisis dans les rangs du clergé régulier ; il espérait favoriser l'extension du pèlerinage de Notre-Dame de Grâce, en l'assimilant par cette mesure à d'autres sanctuaires renommés, ceux de Notre-Dame de la Garde, de Fourvières et de Notre-Dame de Liesse, confiés aux Oblats et aux Jésuites. Il s'adressa au supérieur de la Congrégation de Saint-Lazare, qui envoya à Loos MM. Cleu, Dufau et Dufour.

Ce fut le 8 mars 1857 — un dimanche — qu'eut lieu leur installation.

A deux heures et demie, M. le chanoine, accompagné du procureur général des Lazaristes, de M. Flament, aumônier de l'abbaye, des marguilliers, des membres des différentes communautés — frères de Sion, dames de l'Education chrétienne, sœurs de Saint-Vincent de Paul — et de leurs élèves, de députations des confréries, se rendit au château de Loos, où étaient arrivés M. Cleu et ses vicaires. M. le maire, quelques conseillers municipaux et des membres du bureau de bienfaisance avaient désiré de leur côté marquer leur déférence à l'égard des futurs pasteurs, en venant les saluer.

Tout le monde étant rassemblé, M. Billon prit la parole, souhaita la bienvenue à M. Cleu, qui le remercia, puis le cortège se dirigea vers l'église, gêné dans sa marche par une malencontreuse pluie mêlée de grêle.

M. Célarier, président du conseil de fabrique, présenta les clefs de l'église, en assurant M. Cleu que ses paroissiens auraient pour lui la confiance et le respect que M. le chanoine avait su leur inspirer.

Conduit alors par M. Lemahieu, M. le curé accomplit les différentes cérémonies du rituel, puis il monta en chaire et, dans une touchante allocution, déclara que ses confrères et lui s'efforceraient d'imiter leur fondateur, saint Vincent de Paul, et de suivre les exemples du vénérable prêtre qui quittait la paroisse. Il pria ensuite M. le chanoine de vouloir bien bénir ses anciennes ouailles et le clergé.

Un salut en musique termina la cérémonie.

M. Lemahieu partit à Rome le mois suivant avec Mgr Régnier et M. l'abbé Bernard. A son retour, il s'occupa de l'éducation des plus jeunes enfants de M. Le Liepvre, en même temps qu'il prit les fonctions d'aumônier des

Franciscaines, façade de l'Esplanade, de confesseur des dames de Fournes, des frères de Beaucamps, et de supérieur des religieuses de Notre-Dame de la Treille [1].

M. le chanoine mourut vers la fin de 1872 (6 septembre), âgé de 76 ans. Son service funèbre fut célébré, à Saint-André, par Mgr Delannoy, évêque nommé de la Réunion ; il fut enterré à Comines, son lieu natal. Selon sa volonté, sa croix de chanoine fut donnée à l'église de Loos.

M. Lemahieu, de belle prestance, avait la figure pleine, les yeux petits, le regard vif et pénétrant. Il parlait lentement, après réflexion, et aimait à émailler sa conversation de bons mots, d'anecdotes, ou de récits de ses voyages.

Il était d'une propreté méticuleuse et, bien que pauvre, le peu d'argent qu'il pouvait épargner était destiné d'avance à l'église, aux frères ou aux sœurs.

A M. Th. Cleu succéda M. Jean Dufour, le 16 décembre 1858. M. Louis Mathieu, qui remplaça ce dernier en 1864 (29 octobre), ne demeura qu'un an à la cure ; il laissa sa charge à M. Victor Dienne (4 octobre 1865).

Mgr Régnier vint administrer la confirmation en mars 1854, avril 1858 et juin 1859. Chaque fois, les frères, les sœurs de charité, le pensionnat de l'Education chrétienne, le Bon-Pasteur, les conférences de Saint-Vincent de Paul reçurent le prélat et M. l'abbé Bernard, son vicaire-général.

Les marguilliers mettent à leur tête M. Lemahieu, en janvier 1848 ; le 15 avril 1849, M. Fockedey est nommé président du conseil de fabrique et M. Lemahieu maintenu président du bureau des marguilliers. Le 18 avril 1852, M. Ernest Le Liepvre revient occuper ses anciennes attributions jusqu'au moment de sa mort. M. Célarier lui succède (4 janvier 1857) et occupe le fauteuil jusqu'en 1872.

---

[1]. Leur fondatrice, Mlle Joséphine Wibaut, était la belle-sœur de M. Charles-Louis Liagre.

En dehors des comptes de l'église, le conseil de fabrique eut à prendre plusieurs décisions intéressantes : en 1856, un décret impérial ayant ordonné le retrait des pièces d'un liard de la circulation, le tarif des chaises est réglé d'après les monnaies restées en cours et il est arrêté qu'à chaque messe, il sera perçu deux centimes par chaise, aux vêpres un centime, les dimanches et jours de fêtes ordinaires ; aux jours de grandes fêtes, aux vêpres, deux centimes. En 1857, le conseil reconnaît la nécessité d'avoir un suisse dans l'église. La même année, M. Charles-Louis Liagre résilie sa charge de clerc, qu'il exerce depuis quarante-neuf ans ; on le remplace par M. Théodore Carlier, de Catillon, précédemment clerc à Basuel (1856-1858). En 1861, l'orgue que M. Jules Liagre tenait depuis 1837, a besoin de réparations, et l'offre de M. Michiels, facteur à Lille, de le remettre en état pour trois mille deux cent soixante-dix francs est prise en considération et adoptée.

Mais ce qui préoccupa le plus le conseil de fabrique, M. Lemahieu, M. Cleu et M. Dufour fut surtout la question de l'agrandissement de l'église.

A la séance du conseil de fabrique du 25 mai 1852, M. Lemahieu fit lecture d'une lettre de M. Bernard, archidiacre de Lille, l'engageant à prendre les mesures pour arriver à donner aux habitants un temple de dimensions convenables. M. l'abbé Bernard offrait de contribuer à cette œuvre pour une somme de mille francs et ne demandait en retour qu'une messe basse à son intention, chaque année, à perpétuité.

MM. Ernest Le Liepvre, Célarier, d'Hailly, Despierre, Ernest Le Liepvre fils, Fockedey, priés par le conseil de tenter les premières démarches et de recueillir les offrandes, s'adjoignirent les personnes les plus recommandables et constituèrent avec elles un comité, qui, dès novembre 1852, lança la circulaire suivante, préalablement approuvée par Mgr Regnier.

Lorsque le pasteur vénéré que Lille regrette et dont Fréjus s'honore, s'écriait dans l'église de Loos qu'il venait de bénir : « Faites, Seigneur, que ce sanctuaire devienne trop petit pour la foule de vos adorateurs ! » l'orateur éloquent ne prévoyait pas sans doute que sa prière dût être si promptement exaucée. L'église de Loos, en effet, reconstruite il y a dix-huit ans par une main pieuse dont tout le pays a ressenti les bienfaits, ne suffit plus aujourd'hui ni au nombre, ni à la ferveur des fidèles..... Heureuses les paroisses de qui l'on peut en dire autant !

Mais, il faut le remarquer, cette église n'est pas purement et simplement une paroisse, la patronne qu'on y invoque, la vieille et grande renommée de son pèlerinage, les souvenirs attachés à ces lieux que visita et bénit saint Bernard, à cette abbaye que lui-même qualifia du doux nom de Loos-Notre-Dame « Laus beatæ Mariæ », en ont fait comme l'église du pays entier, comme le point de réunion où viennent se confondre les vœux, les espérances de chacun, où les bénédictions tombent sur tous les fronts et consolent tous les cœurs, de quelque part qu'ils arrivent.

A Loos comme à Cambrai, Marie est saluée sous l'heureux titre de Notre-Dame de Grâce, titre qui appelle, invite et attire ceux qui aiment, ceux qui souffrent, ceux qui espèrent.

Ce n'est plus seulement à quelques grandes fêtes de l'année, mais chaque dimanche, mais à chacun des jours consacrés au culte de Marie, qu'on voit la foule des pèlerins disputer aux habitants du village une enceinte à peine suffisante pour ces derniers.

Ce spectacle, qui est pour le sentiment chrétien une consolation si touchante, n'est-il pas en même temps une douce et pressante invitation ? Ne nous dit-il pas qu'il faut préparer à la population qui vit et se presse autour du temple placé sous l'invocation de Marie, à la foule qui accourt de loin pour s'agenouiller devant son autel, un asile plus digne et plus vaste ? Oui, il faut élargir ce parvis, déployer ces murs, approfondir ces voûtes ; il faut qu'une flèche élancée, phare religieux s'élevant dans les airs, montre de loin à l'empressement du pèlerin le chemin du sanctuaire vénéré. L'entreprise est grande sans doute ; mais la foi qui a grandi et qui s'est multipliée parmi nous, en même temps qu'elle réclame et exige ce développement saura bien aussi en suggérer les moyens. La foi, qui vit de la charité et qui l'inspire, saura encore réaliser ici l'une de ces merveilleuses créations qui ont signalé, dans d'autres temps, et qui, grâces à Dieu, honorent chaque jour encore la piété des fidèles et leur attachement au culte si doux de Marie la consolatrice des affligés.

C'est donc à la foi, c'est à la charité de tous qu'on s'adresse avec une pleine confiance. Il est bon que l'œuvre de restauration projetée soit l'œuvre de la contrée entière qui se plaît à visiter et à invoquer

Notre-Dame de Loos. Il est juste que l'amour et la reconnaissance de tous viennent se manifester par un commun concours, dans cet agrandissement du sanctuaire révéré, d'où les grâces et les bénédictions se sont répandues sur tous. Que chacune des grâces reçues, que chacune de celles à obtenir de la bonté et de la puissance de Marie, devienne comme une pierre de l'édifice nouveau, et bientôt on le verra s'élever dans les airs !

Certes on ne se propose pas de reproduire les splendides constructions qui, au XIIIe siècle, s'élevèrent sur cette même place, à la voix du comte de Flandre, Thierry d'Alsace, et de son épouse, l'héroïque Sybille d'Anjou. C'est à de plus modestes prétentions que s'arrête l'humble insuffisance de ceux qui ont pris l'initiative de l'œuvre. Mais s'ils ont à s'éloigner de ce qui aurait quelque caractère de témérité, ils doivent cependant rester à la hauteur de la sainte entreprise à laquelle ils ont voué leurs efforts. Ils doivent tenir compte des légitimes espérances que donne le réveil si puissant des instincts religieux dont le zèle et l'amour du culte de Marie sont l'un des plus touchants caractères. Il faut qu'à tous ces titres l'église de Loos ne soit pas indigne de son passé. C'est ce qu'on peut attendre des habiles architectes auxquels on s'est adressé. Sanctuaire à la fois gracieux et auguste, majestueux et simple, elle sera pour le pays un hommage de reconnaissance envers la puissante et douce Mère du Rédempteur, et le gage d'une protection constante et spéciale dans l'avenir ; cette dette de reconnaissance, les habitants de Loos ne seront pour leur part ni lents, ni négligents à l'acquitter, et comme l'état des finances de la commune ne permet point de réclamer le concours municipal, ils tiendront à honneur de s'imposer personnellement les premiers. Mais en faisant appel, comme ils le font, à la coopération extérieure, ils croient correspondre à cet empressement pieux qui amène chaque jour, dans l'église de Notre-Dame de Loos, la population des cités et des localités voisines, et ils savent ce qu'ils ont à espérer en invoquant des liens formés aux pieds des mêmes autels, un amour commun pour la commune mère des chrétiens, une confiance unanime dans son intercession.

Les membres du comité :

Henri Bernard ; Berthelot ; comte de Brigode de Kemlandt ; comte de Caulaincourt ; Célarier ; Henri Cuvelier ; Despierre ; Dehau-Deleruyelle ; Fockedey ; Gilquin, maire de Loos ; comte de la Grandville ; Grimonprez-Bossut ; d'Hailly ; Kolb-Bernard ; Edouard Lefort ; Le Glay ; Ernest Le Liepvre ; l'abbé Le Liepvre ; Lemahieu, curé de Loos ; Philippe Motte ; l'abbé Vandenbussche.

A la circulaire étaient jointes des listes de souscription en tête desquelles on lisait :

SOUSCRIPTION EN CINQ ANNUITÉS
POUR L'AGRANDISSEMENT DE L'ÉGLISE NOTRE-DAME DE GRACE
A LOOS

Construite il y a dix-huit ans, l'église de Loos suffit à peine aujourd'hui à la nombreuse population de la paroisse. Elle ne peut donner place dans son étroite enceinte à la foule des pèlerins qui, à certaines époques et tous les dimanches, viennent y affluer de toutes parts.

Il y avait nécessité de satisfaire à ces exigences nouvelles et un comité s'est formé pour pourvoir à l'agrandissement de l'église devenu indispensable.

Il s'agit de rendre digne de Notre-Dame de Grâce, de mettre en rapport avec la dévotion générale dont elle est l'objet, ce sanctuaire vénéré, auquel presque toutes les familles du pays se rattachent par quelque souvenir reconnaissant, quelque chère espérance ; et c'est avec confiance que les membres du comité de l'œuvre, s'appuyant sur les sympathies et les pieux désirs de toute la contrée, font un généreux appel à la munificence de tous les cœurs catholiques.

Les adhésions ne se firent pas attendre et l'on compta parmi les souscripteurs la plupart des habitants de la commune et les familles les plus honorables de la région [1].

L'année suivante, quatre architectes désignés par la commission d'initiative firent valoir leurs projets ; on s'arrêta à celui de M. Caloine, dont le devis s'élevait à plus de 110.000 francs.

Ce projet fut soumis au conseil municipal par MM. Ernest Le Liepvre, Lemahieu, curé, Berthelot, Célarier, Despierre, Le Glay, Hippolyte Fockedey, agissant au nom du comité, lesquels en même temps déclaraient vouloir, à leurs frais et à ceux des personnes s'associant à l'œuvre, faire opérer l'agrandissement de l'église, sous certaines conditions cependant :

1° En raison de ce qu'ils se mettent aux lieu et place

---

[1] Voir aux *Annexes* la liste des principaux souscripteurs.

de la commune, à cause de la pénurie de la caisse municipale, la commune obtiendra du gouvernement la part de concours ordinairement accordé pour des travaux de cette nature ;

2° Les plans et devis de M. Caloine, architecte à Wazemmes, seront adoptés sans aucune modification ;

3° L'agrandissement devant se faire du côté du chœur et du côté du portail, les travaux pourront commencer par où le comité jugera bon et seront terminés en dix-huit mois ;

4° Les matériaux provenant de démolition seront employés ou vendus ;

5° Le service du culte ne sera pas interrompu ;

6° La commune n'entrera pour rien dans les dépenses occasionnées par les exhumations et les inhumations auxquelles il serait nécessaire de procéder, à cause des terrains pris sur le cimetière ;

Le conseil municipal approuva pleinement cette démarche mais décida, en outre, que l'église agrandie resterait la propriété de la commune, que tout déplacement de tombeau serait soumis à l'autorisation préalable du maire, et que les objets historiques, s'il s'en découvrait, seraient remis à ce dernier. Un des membres de l'assemblée communale saisit l'occasion de faire observer qu'il y avait lieu de se préoccuper du choix d'un terrain, en dehors de l'agglomération, pour établir un nouveau cimetière, les bals et cabarets dans le voisinage du lieu de sépulture étant de nature à faire perdre tout respect à son égard. La motion fut prise en considération.

Pour obtenir le concours du gouvernement, il fallut envoyer le dossier à Paris.

Ici survinrent les premières difficultés.

L'architecte diocésain, ayant été chargé par le ministre de l'instruction publique et des cultes de dresser un rapport sur le projet, ne se montra point favorable ; M. Caloine se défendit le mieux qu'il put, mais à la date du 13 mars 1855,

M. Fortoul envoyait à M. le préfet du Nord la lettre que voici :

Monsieur le Préfet,

Je me suis fait rendre compte de l'affaire relative au projet d'agrandissement de l'église de Loos pour l'exécution duquel vous nous avez proposé l'allocation d'un secours.

Il résulte de l'examen des pièces que les fonds affectés à cette entreprise sont faits par une réunion de personnes étrangères à l'administration municipale, à la condition, entre autres, que les plans et devis dressés par M. l'architecte Caloine seront approuvés sans aucune modification par les autorités compétentes. Cette condition est d'autant moins admissible que le projet a donné lieu à plusieurs observations sérieuses.

Ainsi les voûtes des nefs prévues en lattis enduits au mortier de chaux et bourre offrent trop peu de garanties de durée, et l'épaisseur du mur du chœur qui est de 0.55 est insuffisante pour une poussée de terre dont la hauteur est de 2.60. Je crois devoir indiquer en outre la substitution de la pierre d'Avesnes-le-Sec à celle d'Hordaing, qui paraît mauvaise, l'indication du Vergelet de Saint-Maximin qui est à préférer parmi les carrières de l'Oise, l'insuffisance de la somme de quatre cents francs à valoir pour les échafaudages, l'omission des armatures en fer des fenêtres et de la montée qui doit racheter la différence entre le niveau du sol extérieur et l'aire de la sacristie, ainsi que l'oubli qui concerne le ravalement des pierres blanches dont le devis ne prévoit que l'épanellage.

D'un autre côté, l'opération, telle qu'elle est conçue dans son ensemble, ne paraît pas promettre un emploi sérieusement utile des fonds considérables qu'il s'agit d'affecter à sa réalisation. J'ajouterai d'ailleurs que la dépense projetée ne doit pas, en définitive, se borner à la somme prévue au devis ; car d'après les explications de l'auteur du projet, on se proposerait de reconstruire, dans un temps plus ou moins éloigné, la partie de l'édifice qui doit être conservée aujourd'hui. Il conviendrait donc que le projet produit fût complété, en y comprenant toute la construction en vue de l'ensemble que l'on veut réaliser dans l'avenir.

Dans cette situation, il n'y a pas lieu de donner suite à la demande de secours formée pour l'agrandissement de l'église de Loos et je vous en renvoie le dossier en vous priant de communiquer les observations qui précèdent à l'autorité locale.

Recevez, etc..,

Le ministre des cultes,
H. FORTOUL.

A l'annonce de la nouvelle, le découragement fut grand parmi les promoteurs de l'entreprise, qui reconnurent l'impossibilité de modifier les plans de façon à obtenir l'approbation gouvernementale.

Sur ces entrefaites, le R. P. Martin, de la commission du ministère, fit un voyage à Lille; les membres du comité d'agrandissement allèrent le voir; il réchauffa leur zèle, se rendit à l'église de Loos, l'étudia, donna des conseils, si bien que M. Caloine prépara de nouveaux plans.

L'on conservait tout ce qui pouvait l'être, l'édifice était doublé et, sur les observations de M. Vallon, l'on ajoutait un clocher. Le conseil municipal, à qui l'on soumit ces projets, nomma des architectes pour en faire l'examen, puis demanda que le clocher, au lieu d'être élevé derrière le chœur, fût placé au portail. On obtempéra à ce désir et une fois encore les plans et devis furent modifiés. Enfin, le 15 mai 1857, une somme de 5000 francs fut votée pour la construction du clocher.

L'affaire n'en avançait pas pourtant; des décisions fermes ne se prenaient pas et de délai en délai, on atteignit la fin de mai 1858.

Un dernier plan, qui mettait le clocher derrière le chœur, fut présenté le 25 mai au conseil municipal; le subside de cinq mille francs fut maintenu, sous la condition que le paiement n'en serait commencé que lorsque les travaux de la seconde partie seraient suffisamment avancés.

Le 15 décembre suivant, MM. Edouard Lemahieu, J.-B. Despierre, Hippolyte Fockedey, Théodore Bernard et Henri Célarier, passaient un contrat avec M. Carlos Batteur, entrepreneur de bâtiments à Lille, qui se chargeait des travaux.

M. Batteur devait se conformer aux plans et devis dressés par M. Caloine le 2 juin 1857, approuvés le 12 novembre 1858 par M. le préfet du Nord, et il lui était imparti une durée de deux ans, à dater du 1er janvier 1859.

Dans le but d'ajouter aux sommes produites par la

souscription et, il faut le dire, perçues sans difficultés, MM. les membres de la commission employèrent divers moyens dont ils n'eurent qu'à se louer : des demandes au ministre, par l'intermédiaire de M. Martin du Nord, leur procurèrent près de vingt mille francs ; le conseil général, dans sa séance du 5 septembre 1860, vota trois mille francs ; une loterie organisée par M. Lemahieu produisit environ quatre mille francs. Dans l'esprit de M. le chanoine, cette loterie, dont cinq cents francs devaient être distraits pour les gagnants était destinée à faciliter la coopération de la classe moins aisée à la construction de l'église [1]. Enfin M. Dufour mit toute son ardeur et tout son zèle à recueillir une soixantaine de mille francs.

M. Caloine étant mort prématurément, les travaux s'exécutèrent sous la direction de M. Normand, architecte, et la dépense totale s'éleva à 108.988 francs.

Au 20 février 1860, le temple était aux deux tiers achevé.

Le dimanche 30 septembre, le chœur et le transept étant terminés, M. Etienne, supérieur général des Lazaristes, venait bénir l'église sous l'invocation de Notre-Dame de Grâce et de Saint-Vincent de Paul [2]. Le lendemain, il baptisait la cloche Marie, dont le parrain fut M. Théodore Bernard et la marraine Mme Ve Pillion-Le Liepvre [3].

Deux ans après, le 14 décembre 1862, M. Etienne revenait inaugurer les nouvelles stations du chemin de la Croix. Il était assisté, pour la cérémonie, de MM. Dufour, curé, A. Michault et C. Bouchet, vicaires, Dienne et Couture, missionnaires. Les donateurs étaient : M. Colombier, Mme Pillion, M. et Mme Masse-Lefebvre, M. Guilbert, M. et

---

[1]. M. Vallon, préfet du Nord, dans une lettre du 26 avril 1859, jointe à l'autorisation de la loterie, prie M. Lemahieu de vouloir bien lui réserver des billets, pour lui permettre de prendre une petite part à cette « œuvre de religion et de bien ».

[2]. La longueur intérieure de l'édifice est de 58 m. 63, celle de la grande nef 32 m. 90, du chœur 13 m. 75. La largeur du transept est de 29 m. 86, celle de la grande nef 7 m. 27, des petites nefs 3 m. 63. La hauteur sous le transept 14 m. 06.

[3]. Cette cloche, fêlée par le sonneur Masquelier, venait d'être refondue. C'était la seconde fois depuis la Révolution, à laquelle elle est antérieure. Elle pèse 1274 kilogrammes et donne le *mi*.

PLAN
DE L'ÉGLISE NOTRE-DAME DE GRACE
DE LOOS

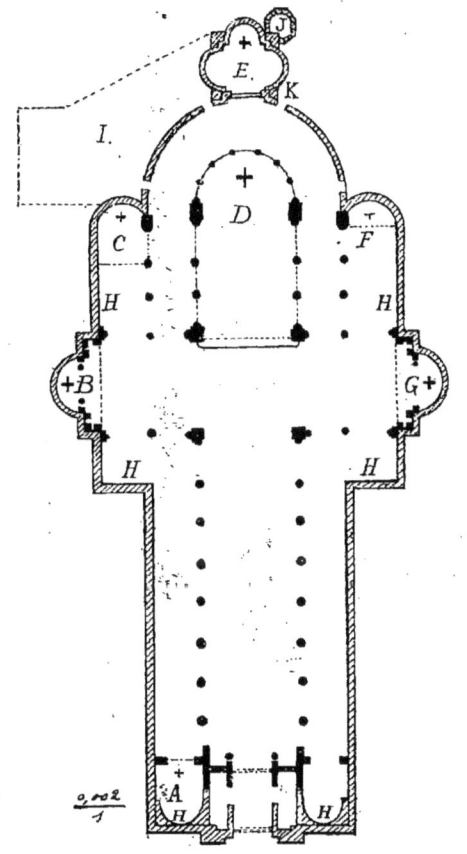

A Fonts baptismaux.
B. Autel de S. Joseph.
C. Autel du Sacré-Cœur.
D. Maître-autel.
E. Autel de la Passion.
F. Statues de S. Pierre, de S.B. Labre et du B. Perboyre.
G. Autel de S Vincent de Paul.
H. Confessionnaux.
I. Sacristie.
J. Clocher.
K. Petit portail.

Mme Smet, M. et Mme d'Hailly, la famille Le Liepvre, M. le chanoine Lemahieu, M. et Mme Ward, les religieuses de l'Education chrétienne, Mme Cordonnier, et plusieurs groupes de fidèles.

Peu à peu se fit la décoration intérieure de l'édifice, et le nombre des objets utiles au culte commença à s'accroître. En 1869, on fit une dépense de douze mille francs pour l'achat d'un maître-autel [1]. Mgr Lequette, évêque d'Arras, qui honorait M. Célarier de son amitié, vint consacrer l'église et l'autel le 27 octobre 1869.

Mgr Lequette venait souvent en pèlerinage à Loos ; plusieurs membres de l'épiscopat étaient venus avant lui ; d'autres l'imitèrent. Citons Mgr Monnet, vicaire apostolique de Madagascar ; Mgr Desprez, avant de partir pour l'île Bourbon ; Mgr Amat, évêque de Monterey (Etats-Unis) ; Mgr Spaccapietra, évêque de Smyrne ; Mgr Mouly, évêque de Pékin ; Mgr Guierry, son coadjuteur ; Mgr Delaplace, évêque de Pékin ; Mgr Wicart, évêque de Laval ; Mgr Forcade, évêque de Samos, vicaire apostolique du Japon, plus tard évêque de Nevers ; Mgr Dennel, évêque d'Arras.

Comme M. Détrez en 1832, un de ceux qui s'étaient le plus occupés de l'agrandissement de l'église, M. Ernest Le Liepvre, fut surpris par la mort, avant de voir l'achèvement de l'œuvre à laquelle il s'était donné. Cet événement imprévu produisit une douloureuse émotion à Lille, et particulièrement à Loos, où le défunt, par son affabilité, son intelligence et sa générosité, avait su se concilier tous les cœurs.

M. Le Liepvre, « descendu cette nuit à l'hôtel du buffet » du chemin de fer, disait la *Vérité* du 11 octobre 1856, » avait chargé l'un des garçons de l'éveiller ce matin à sept » heures pour qu'il pût prendre le convoi de huit heures. » Le garçon, après avoir frappé quelque temps sans obtenir

---

[1]. L'ancien autel fut transféré à l'hôpital.

» de réponse, entra dans la chambre pour réveiller le
» dormeur, dont le sommeil était si profond. Cette tentative
» n'ayant pas eu plus de succès que la précédente, il
» s'empressa de prévenir les gens de l'hôtel et de chercher
» un médecin. M. Honnart ne tarda pas à arriver et a
» constaté que M. Le Liepvre avait dû succomber à une
» attaque d'apoplexie foudroyante et que sa mort remontait
» déjà à plus d'une heure. »

En considération du dévouement qu'il avait montré pour toutes les œuvres paroissiales, M. Ernest Le Liepvre fut enterré dans l'église, au milieu de la grande nef.

Cette faveur spéciale ne permit point à M. Kuhlmann, président de la Chambre de commerce de Lille, de prononcer le discours suivant, qu'il avait préparé :

Messieurs,

Si l'aspect d'une tombe entr'ouverte a toujours été pour l'homme, même le moins civilisé, pour l'esprit le plus inculte, l'occasion d'une émotion irrésistible, combien cette émotion ne doit-elle pas être grande lorsqu'en présence de toute une population, doublée par le concours de ce que le pays renferme de plus grandes notabilités, cette tombe est à la veille d'anéantir les restes mortels d'un citoyen élevé par son caractère et par son savoir, qui a appartenu aux sommités du pays par sa famille et qui, dans les fonctions dont il a été revêtu, s'est distingué par une vie pleine de dévouement.

Combien cette tombe ne devient-elle pas un imposant et efficace enseignement lorsqu'elle va recouvrir les restes d'un homme, hier encore dans toute la vigueur de l'âge et de la santé [1] et dont la vie a été subitement brisée pendant le sommeil comme par un coup de foudre, au moment où après une absence, son cœur s'élançait dans une dernière illusion pour embrasser des enfants chéris devenus son unique préoccupation et que ce même coup a rendus orphelins. Si dans ce moment solennel, je viens rendre un dernier hommage à l'homme de bien ravi à l'affection de tous, si comme beaucoup d'entre vous qui ont pu apprécier comme moi ce qu'il y avait dans le caractère de notre ami, de noblesse, de bienveillance et de désintéressement, je ne comprime pas les sentiments dans mon âme, c'est que j'ai un devoir à remplir.

---

1. M. E. Le Liepvre avait cinquante-huit ans.

Le Liepvre a appartenu pendant de longues années à la Chambre de Commerce de Lille : il y était le zélé représentant de l'arrondissement de Cambrai et plus qu'aucun de mes collègues, j'ai pu voir ce que dans l'exercice de ces fonctions, il apportait de dévouement et d'intelligence. Je citerai un seul fait :

La Chambre avait résolu de publier un résumé analytique de ses mémoires en remontant à une vingtaine d'années. C'était un travail immense : il fallait compulser, coordonner, commenter des écrits épars que quatre gros volumes ont eu de la peine à contenir. La Chambre trouva dans Ernest Le Liepvre non-seulement l'aptitude et le talent nécessaires, mais aussi un dévouement et une persévérance dont les archives de la Chambre de Commerce resteront toujours un vivant témoignage.

Au moment d'éternels adieux, qu'il me soit permis de terminer par une dernière réflexion : nous avons sous les yeux le tableau frappant de la fragilité de la vie humaine. Nous avons chacun l'ambition de marquer notre passage dans ce monde par des services rendus, par des bienfaits accomplis.

Nous le voyons, la mort n'attend pas ; ne remettons pas à demain un bienfait réalisable aujourd'hui !

Adieu, Le Liepvre, la mort si prématurée, si subite ne t'a pas pris au dépourvu ; les services rendus, les bienfaits accomplis, une vie entière de charité forment pour tes enfants un noble héritage.

Marié deux fois, M. Ernest Le Liepvre avait épousé les deux sœurs de Mme Kolb-Bernard.

Il eut de Mlle Adèle Bernard [1] MM. Ernest et Albert [2] Le Liepvre, et de Mlle Elisabeth Bernard [3], M. Gustave Le Liepvre, négociant à Valenciennes [4] ; M. Paul Le Liepvre, ingénieur, directeur des services maritimes de la Société de Denain et d'Anzin ; Mlle Adrienne Le Liepvre, épouse de M. le général Allard, gouverneur de Lille, et M. Maurice Le Liepvre, peintre paysagiste, décédé il y a deux ans [5] dans la plénitude de son talent.

M. Maurice Le Liepvre avait été l'élève d'Harpignies et de

---

1. Décédée en octobre 1837.
2. Mort à Montpellier en 1849.
3. Décédée en août 1853 et enterrée dans l'église.
4. Mort en 1890.
5. 12 janvier 1897.

J.-P. Laurens. On note parmi ses toiles les plus remarquables, *Actéon* (1881), les *Bords de la Loire à Baule* [1] (1886), la *Source* [2] (1887), la *Loire* [3] (1890), qui lui valurent différentes médailles.

Les musées du Luxembourg, de Bruxelles et d'Orléans, entre autres, possèdent quelqu'une de ses œuvres, et l'on peut voir dans l'escalier d'honneur de l'hôtel-de-ville de Paris, un panneau décoratif dû à son pinceau [4].

Nous nous reprocherions de ne rien dire du fils aîné de M. Le Liepvre, qui s'éteignit à la Tour Saint-Joseph (Ille-et-Vilaine), le 3 juillet 1889, après une longue maladie.

M. Léon Aubineau, dans l'*Univers* du 9 juillet d'après, en un article aussi délicatement écrit que sincèrement ému, rappela les aventures, les travaux et les vertus de celui qu'on nommait le P. Ernest.

Ernest Le Liepvre était né à Valenciennes; il avait huit ans quand son père vint habiter le château de Loos. Ses études secondaires — sous la direction de M. Despierre — étaient à peine terminées qu'il alla suivre les cours de droit de la faculté de Paris.

Adressé à Louis Veuillot, le jeune étudiant trouva dans le grand écrivain catholique un ami sûr, un conseiller prudent, qui doucement le prémunit et le fortifia contre sa facilité trop grande sinon à accueillir, du moins à considérer dans sa vive imagination, bien des billevesées du temps. Et Louis Veuillot, lui recommandant la charité et le dévouement, le mit en présence de l'œuvre des petites-sœurs des pauvres, qui venait de se fonder à Paris.

« Ernest Le Liepvre, dès le premier abord, fut touché et
» pénétré de ce qu'on lui disait, mais en même temps il
» voulait se refuser à y croire. Recueillir des vieillards

---

1. Acquis par l'État, musée de Pau.
2. Acquis par l'État, musée de Bayonne.
3. Acquis par l'État, musée de Tours.
4. Union artistique du Nord. Exposition des œuvres de Maurice Le Liepvre, mai 1897. Salle, rue Négrier, 36 ter, Lille. — Lille, imprimerie L. Danel, 1897.

» pour leur ménager quelques douceurs dans leurs derniers
» jours et leur ouvrir l'accès du paradis, lui semblait encore
» possible, quoique bien difficile, et ce devait être assurément
» un bel exercice de charité. Mais entreprendre ce grand
» œuvre sans autre moyen que la pratique de la pauvreté ;
» compter sur les aumônes sollicitées chaque jour pour
» secourir ces vieillards ; se condamner à n'avoir soi-même
» d'autre nourriture que ce pain ramassé dans la mendicité,
» cela semblait tout à fait exorbitant au jeune Ernest ; et il
» avait toute raison de déclarer que c'était une folie.
» Néanmoins il était piqué, ému, préoccupé ; ce qu'il ne
» voulait pas croire le touchait profondément. Un attrait
» qu'il ne savait définir le poussait vers les petites-sœurs
» des pauvres. Elles étaient bien peu nombreuses alors, et
» leur unique maison de Paris était dans le quartier latin.
» Le jeune étudiant était à même parfois de rencontrer la
» petite sœur quêteuse. Il la regardait entrer dans les cafés
» pour recueillir le marc dont il savait que se composait le
» déjeûner des vieillards ; il la voyait pénétrer dans les
» maisons et entasser dans le grand seau de fer blanc qu'elle
» portait à son bras, les morceaux de pain et les dessertes
» que les ménagères lui remettaient. C'était bien là la quête
» dont l'étudiant était préoccupé ; il ne se bornait pas à la
» voir en passant : il la suivait dans son parcours ; une
» force intime, la curiosité, le respect, l'impression de la
» grâce, que sais-je ? l'obligeait à s'attacher aux pas de la
» petite quêteuse : il l'accompagnait de loin, en arrière, mais
» tout émerveillé qu'il fût, ne se rendait pas à l'évidence.
» C'est impossible, se redisait-il. Toutefois, il restait charmé
» et intéressé. »

Docteur en droit, Ernest Le Liepvre retourna dans sa famille. Son grand désir fut de faire établir à Lille une maison de petites-sœurs. Il y réussit (1852) et après avoir assisté aux épreuves et aux tribulations de cette maison naissante, après avoir constaté ce qu'il fallait de foi, de confiance et de charité pour supporter tant de déboires et subvenir à tant de misères, il prit l'énergique résolution de quitter le monde où tout lui souriait pour se préparer à soulager le pauvre et à partager sa vie. Il entra au séminaire français, à Rome, devint docteur en théologie, et quand il fut ordonné prêtre, vers 1855, il alla trouver le P. Le Pailleur, fondateur des petites-sœurs et se mit généreusement et humblement à sa disposition.

Le P. Ernest se dévoua, dès lors, corps et âme ; le développement extraordinaire de la congrégation fut son œuvre : il parcourut plusieurs fois l'Angleterre, l'Espagne et l'Italie, visitant les maisons, en fondant de nouvelles, et plusieurs fois aussi, il traversa l'Atlantique, afin d'établir des refuges pour la misère dans les grandes villes des Etats-Unis.

Le P. Ernest, dit M. Aubineau, était imbu de l'esprit de douceur et de zèle, de simplicité et de confiance et « il
» excellait en obéissance, en pauvreté, en charité ! Toutes
» ces vertus s'étaient implantées en lui, elles avaient pris
» possession de son âme. Il s'essaya à évangéliser les vieil-
» lards ; il s'appliqua d'abord et se forma bien vite à les
» aimer, à les servir et à aimer surtout les petites-sœurs.
» Il confessait, il prêchait. Il prêchait des retraites aux
» vieillards ; il en prêchait aussi aux sœurs : il entretenait
» et faisait refleurir l'esprit des premiers jours : il en vivait
» lui-même. Il gardait dans les pratiques de son humble et
» dévoué ministère, il gardait, ou plutôt il avait développé,
» fait fleurir et épanouir toutes les amabilités et les finesses
» de son esprit. Le P. Ernest était très heureusement doué.
» Il avait été un jeune homme accompli aux yeux du monde,
» d'une politesse et d'une gentillesse exquises, de manières
» charmantes, aisées et naïves, d'une distinction simple et
» gracieuse des plus avenantes. Sa piété avait aiguisé et
» affiné tous ces dons ; elle leur avait donné ce vernis
» suprême qui ne vient ni de l'éducation ni de la naissance
» et qui est la grâce. Ils brillaient dans la pauvreté et l'humi-
» lité du P. Ernest ; ils éclataient entre ses mains, malgré
» ses gros mouchoirs à carreaux de pauvre, ils scintillaient

» à travers sa soutane de drap commun, tout usée et
» rapiécée, sous son chapeau déformé et carabossé, qui
» avait bravé tous les soleils du monde et goûté à toutes les
» tempêtes de la mer. Dans cet accoutrement, non pas
» dépenaillé, mais de la dernière et de la plus extrême
» pauvreté, le sourire du P. Ernest était une prédication
» éloquente et directe. Comme il portait bien le bon Dieu!
» Comme on le sentait et on le voyait dans la bonne grâce et
» l'accueil serein du pauvre prêtre, petit frère des pauvres. »

La tâche immense qu'il avait entreprise et qu'il menait avec tant de persévérance avait peu à peu brisé les forces de cet infatigable apôtre; une longue et pénible maladie vint l'achever: il mourut à soixante-trois ans, à la Tour Saint-Joseph, en Saint-Pern, maison mère des petites-sœurs des pauvres.

Il était chanoine honoraire de l'église métropolitaine de Rennes.

Ajoutons encore qu'il prodigua ses encouragements et ses conseils à Mlle Eugénie Smet, quand elle entreprit la fondation des dames auxiliatrices des âmes du purgatoire.

Le 6 septembre 1865, mourut à Beaucamps, à soixante-douze ans, Mme Caroline de Beauffort, comtesse de la Grandville, dont le nom est revenu souvent comme bienfaitrice de la paroisse.

Elle était de Nancy, où elle avait connu, à vingt-quatre ans, M. Henri Bidé, comte de la Grandville [1], qui l'amena en Flandre. Sa vie s'était passée à faire le bien sous toutes ses formes; aussi, le jour de ses funérailles — 9 septembre — le château de Beaucamps fut-il le lieu de rendez-vous de toutes les institutions charitables de Lille et des alentours.

Les œuvres paroissiales ne furent point laissées de côté par la question de l'agrandissement de l'église. Quelques-unes furent créées, les autres reçurent une grande impulsion.

---

1. Les armes de Mme de la Grandville étaient d'azur à six bandes d'or, deux à deux. En légende : *In bello fortis*.
L'écusson de M. le comte de la Grandville portait de gueules au chevron d'argent, accompagné de trois rosaces d'argent, 2 et 1. En légende : *Ut sero spero*.

En 1858, le conseil municipal présente le frère Duchêne, de la doctrine chrétienne de Nancy, comme instituteur communal; en 1859, il propose le frère Poiret; enfin, en 1860, il s'adresse aux frères maristes de Beaucamps, dont le supérieur fut le frère Pétrone.

Sœur Véronique fut remplacée par sœur Roux, en 1850, à l'école des sœurs. Dix-huit ans après, arrivèrent sœur Chazalon, puis sœur Marguerite Goudoneix (1868).

Mme Delattre continua d'administrer le pensionnat jusqu'à sa mort (1867); Mme Duval prit sa succession (1867-1869).

Quant à la communauté du Bon-Pasteur, les bâtiments qu'elle occupait furent cédés en 1864 à la commune; on y installa la mairie et l'école des garçons. Les religieuses et les orphelines allèrent habiter une ancienne brasserie, propriété qu'elles ont encore aujourd'hui.

La première séance de la conférence de Saint-Vincent de Paul remonte au 16 janvier 1853. Les membres fondateurs étaient MM. Célarier, Despierre, Liagre, Waymel, Fockedey, Le Liepvre, Angelier, Mispolet et Faucomprez.

En 1860, M. Dufour établit les enfants de Marie. Deux ans après (2 février), le *Cercle lyrique* de Wazemmes, conduit par M. Delestraint, vint rehausser la fête d'inauguration d'un patronage pour les enfants de la première communion, installé par M. Dufau dans l'ancienne maison du vicaire, et d'un cercle de Saint-Joseph, dans une salle construite au bout du jardin, par M. Ménard. Lorsque, en 1867, eut lieu le transfert de l'école des garçons à la rue du Bon-Pasteur, M. Bodin fit élever sur l'emplacement de la maison du vicaire et de son jardin, la section de Saint-Louis de Gonzague, pour les jeunes gens, et la grande salle actuelle du cercle Saint-Joseph, qui eut M. d'Hugo comme premier président; il y fut ajouté un étage pour y créer une maîtrise et une école payante, l'école Saint-Joseph.

Le 4 août 1867, M. Dienne bénit un calvaire, bâti, par les soins de M. Michault, sur un angle de terrain au coin des rues de Londres et du Basinghien, et cédé à M. Bodin, par les Bernardines, en 1891.

Le cimetière devenant trop étroit pour une population sans cesse croissante on acheta de M. Courouble, fermier à Ennequin, une terre qu'alla bénir M. Dienne, le 31 octobre 1869, et dans laquelle on commença aussitôt les inhumations ; l'ancien cimetière ne fut nivelé que plus tard, quand il n'y eut plus à conduire à la nouvelle nécropole ni cercueils ni monuments, bien des familles ayant aimé d'y voir admettre ce qui restait de leurs parents décédés.

M. Dienne bénit encore, le 25 janvier 1870, l'hospice et sa chapelle.

L'établissement provenait de la donation (novembre 1868) de Mme Vve Bonnier, par l'intermédiaire de M. Michault, à la commune, représentée par M. Billon — sous la condition expresse d'y fonder un hospice — d'une maison de campagne, située à front du pavé de la planche à Quesnoy, allant de la chaussée de Lille à Haubourdin au canal de la Deûle, avec des bâtiments autrefois à usage de fabrique de céruse, contenant, en fonds de bâtiments, terrains et jardin entourés de fossés, un hectare deux ares soixante centiares. La propriété tenait par devant au pavé de la planche à Quesnoy, d'un côté aux hospices civils de Lille, fossé entre deux mitoyen, d'autre côté au sentier pavé conduisant à l'église et au-delà à MM. Six et d'Hailly, fossé mitoyen entre deux ; les deux fossés des autres côtés appartenaient en entier à la propriété et la crête extrême de ces fossés était garnie d'une haie.

Les charges et conditions étaient ou restent celles-ci : 1° prendre l'immeuble dans l'état où il se trouvera ; 2° payer et acquitter les contributions de toute nature ; 3° élever, pour le 8 juin 1869, un hospice et une chapelle publique qui ne devront dans aucun cas, sous aucun prétexte et pour quelque cause que ce soit, être affectés à autre chose qu'à un hospice et à une chapelle publique ; 4° faire dire dans cette chapelle, au moins chaque dimanche, une messe et un salut, auxquels pourront assister les personnes du dehors, mais aux heures seulement qui seront fixées pour ces offices ;

5° ces messes et saluts seront dits pour le repos des âmes de M. Bonnier, Mme Bonnier, de leur fils et de leur fille et pour celles des père et mère de M. et Mme Bonnier ; 6° souffrir les servitudes, notamment les servitudes militaires, la propriété étant comprise dans les deuxième et troisième zones de l'arrondissement de Lille ; 7° payer tous les frais des actes [1].

A la générosité de Mme Bonnier s'ajoutèrent des dons particuliers provoqués par M. Michault [2].

M. Poutignac de Villars conserva la direction de la maison centrale jusqu'en 1855 ; M. Dodun lui succéda et resta en charge pendant onze ans ; en 1866, M. Saillard, en 1867, M. Guilmot furent appelés à la tête du pénitencier.

M. l'abbé Flament fut maintenu comme aumônier jusqu'en 1866 ; il fut secondé par MM. Van Costenoble (1853-1856), Revel (1856-1863) et Simoëns (1863-1866). Avec ce dernier, resté seul en 1866, on plaça M. Pélabon en 1868.

La moyenne annuelle (1852-1870) du nombre de détenus fut de 1.338 hommes et 346 colons ; mais les chiffres extrêmes furent 1.653 hommes et 526 garçons (1854) et 945 hommes (1870) et 252 garçons (1859).

La prison, qui comprenait la maison centrale (criminels et détenus pour plus d'un an) et la colonie Saint-Bernard (jeunes gens et enfants) reçut à partir de 1860, en troisième catégorie, les individus (cinquante par an en moyenne) condamnés dans le département à un an et au-dessous internés jusque-là à la maison d'arrêt de Lille.

Vers 1855, le docteur Faucher avait fondé la colonie agricole de Guermanez, à Emmerin. Il en avait fait une maison de refuge pour les libérés de la colonie de Loos et les employait aux mêmes travaux.

---

1. M. Adolphe Bonnier en mourant légua aux pauvres de Loos une somme de cinq mille francs, à charge de faire dire quatre messes par an et de faire distribuer quarante kilogr. de pain aux pauvres ayant assisté à ces messes.

2. La chapelle, bâtie avec le produit d'une quête faite en Belgique auprès des membres de l'épiscopat et de la haute société, fut, dès l'origine, particulièrement fréquentée par les nombreux Flamands des environs.

Après 1860, la colonie Saint-Bernard eut son administration différente de la maison centrale et de la correctionnelle départementale.

Les dépenses jusqu'en 1867 pour la construction de la colonie s'élevaient à 500.000 francs. Les 97 hectares cultivés produisaient les légumes et la moitié du blé nécessaire à l'alimentation ; la viande était fournie par les étables (24 vaches, 16 veaux), le troupeau (43 moutons, 41 agneaux, 2 béliers) et la porcherie (42 têtes).

En avril 1853, un détenu ayant remarqué dans la cour une pierre recouvrant un égout, s'engagea, avec quatre complices, l'un derrière l'autre, dans l'étroit conduit. La grille donnant sur un fossé fut descellée, les briques enlevées et les cinq hommes prirent la clef des champs. On les arrêta le jour même.

Le 23 août, une tentative du même genre se renouvelle. Cette fois, les prisonniers creusent sous un métier, dans l'atelier des tisserands, une sorte de puits qu'ils font communiquer avec l'égout. Ils sont cinq encore : trois s'échappent, mais sont repris ; deux autres disparaissent : l'un est appréhendé huit jours après, à Bruxelles, l'autre est retrouvé noyé dans la Deûle.

D'autres évasions, en août 1854, juin 1862, juillet 1863, ne dépassèrent pas en audace les deux précédentes.

A la session de la cour d'assises du Nord de février 1853, une tentative d'incendie est punie de vingt ans de travaux forcés et une tentative d'assassinat sur un détenu-surveillant des travaux forcés à perpétuité. En août, le nommé Le...., qui avait voulu assassiner un co-détenu, s'entend infliger les travaux forcés à perpétuité.

Réintégré à Loos, Le.... fut soumis, en raison de ses mauvais instincts, à un régime particulier et un solide cachot fut construit exprès pour lui. En novembre 1855, un gardien et un détenu se présentent pour la corvée à la porte de la cellule. Le prisonnier saute sur eux et les blesse d'un instrument aigu ; aux cris poussés par les victimes, cinq gardiens accourent et ne se rendent maîtres du meurtrier qu'après une lutte acharnée. L'instrument aigu était un maillon de sa chaîne, ou un cercle de son baquet, que cet homme avait eu la patience d'user par le frottement, de redresser et d'aiguiser. Au mois de mai suivant, la cour d'assises le condamna à mort, la cour de cassation rejeta son pourvoi ; probablement à cause de la naissance du prince impérial, il fut compris parmi ceux auxquels Napoléon III accorda une diminution de peine et il lui fut fait grâce de la vie.

Au mois de décembre 1860, deux détenus se trouvant à l'infirmerie projettent de s'évader; mais, ne voulant pas mettre dans leur secret un troisième malade, ils se décident à l'assassiner. Ils profitent de la porte ouverte pour enlever de la cour un grès qu'ils cachent dans un lit. Un soir, l'un se met derrière la victime, — qui, un livre à la main, se repose près du feu, — et lui laisse retomber le lourd pavé sur la tête ; l'autre ramasse le grès et frappe à son tour... Le cadavre est déshabillé, placé dans sa couche ; des mannequins sont introduits dans les deux autres lits et les deux complices s'évadent par une ouverture qu'ils pratiquent dans la muraille. N'ayant pu franchir le mur d'enceinte, ils se voient réduits à se laisser prendre.

Condamnés à mort, leur peine fut commuée en celle des travaux forcés à perpétuité.

Terminons enfin ces lignes, qu'il nous a fallu consacrer à des histoires de crimes, par la simple indication de deux autres actes de sauvagerie, le premier en 1865, dont le suicide de l'assassin fut l'épilogue, et le second en 1869, pour lequel le jury infligea à son auteur les travaux forcés à perpétuité.

En avril 1864, l'administration ne laissa pas échapper une occasion qui lui était offerte de relever, s'il se pouvait, le moral de ses pensionnaires.

Pendant dix jours pour les hommes, et les cinq derniers jours pour les enfants, MM. Dienne et Huriez, missionnaires lazaristes de la résidence de Tours, rassemblèrent matin et soir dans la chapelle les treize cents prisonniers et leur firent suivre les exercices d'une retraite. Mgr Regnier, qui était déjà venu (1858, 1859) à l'abbaye pour la confirmation, voulut clôturer la retraite et fit le voyage de Cambrai. Deux cents hommes et cent soixante jeunes colons furent confirmés. S. G. prononça une allocution de circonstance, et, sur sa demande, le directeur accorda le pardon de toutes les punitions encourues pour infractions au régime disciplinaire.

On sait que la fête de l'Empereur se célébrait le 15 août. Les réjouissances — quand rien d'extraordinaire ne commandait d'en rehausser l'éclat — n'étaient guère plus attrayantes que celles de la fête nationale actuelle. Mais le 15 août 1854, le 6e léger étant de passage à Loos, les soldats improvisèrent une fête, ascension d'un ballon et feu d'artifice, à laquelle assistèrent les autorités communales, les sapeurs-pompiers, la musique et les employés de la maison centrale. Le jour où le détachement quitta le village, on lança un second ballon, la *France*, qui ne mesurait pas moins de vingt-six mètres de circonférence.

Au début de 1858, Napoléon III fit distribuer les médailles, dites de Sainte-Hélène, aux anciens militaires qui s'étaient trouvés sous les ordres de Napoléon Ier. Deux remises en furent faites à Lille, la première (13 février) par le préfet, M. Vallon, dans la grande salle de la halle au blé, la seconde, en juin, aux derniers réclamants.

Plusieurs eurent, à Loos, la distinction, et ce fut l'occasion d'une fête intime le dimanche 20 juin, au cabaret de la *Tranquillité*. Tous y allèrent de leurs récits, de leurs souvenirs et de leurs couplets, cela va sans dire, mais on remarqua surtout, paraît-il, l'ancien garde-champêtre, le vieil Odent, qui, avec l'ardeur d'un jeune homme, chanta et fit applaudir les exploits de son Héros.

Voici ce que raconte le *Mémorial* de la fête du 15 août suivant :

« La fête du 15 août a été célébrée avec un éclat inusité

» par les médaillés de Sainte-Hélène qui, après avoir assisté
» au *Te Deum* se sont rendus dans une maison voisine, où
» ils avaient placé la statue de Napoléon Ier, entourée de
» lauriers et de drapeaux. Puis ils s'assirent autour de
» l'image de leur empereur et s'entretinrent longtemps, le
» verre en main, de leur glorieux passé.

» Tous étaient profondément émus ; l'un des médaillés
» reçut de cette scène une telle impression qu'il perdit un
» un instant connaissance.

» L'organisation de cette fête appartient à M. Zoller, chef
» de ces vieux braves. »

TROISIÈME RÉPUBLIQUE

4 SEPTEMBRE 1870.

Campagne de 1870-1871. Accident de Seclin. Manifestation patriotique à Lille pour la libération du territoire. Couronnement de Notre-Dame de la Treille. Évènements divers. — Loos : Administration municipale, le nouvel hôtel-de-ville, élections municipales de 1892, 1893, 1896, le budget communal, l'hospice, le bureau de bienfaisance, commissions, sociétés, écoles laïques, moyens de communication, population, établissements Thiriez, Kuhlmann, évènements divers. Administration religieuse, conseil de fabrique, église, tableaux, verrières, autels, orgues, cloches, trésor, privilèges, confréries, pèlerinages, évènements religieux, écoles libres, cercles. La maison centrale.
Promenade à travers les rues de Loos.

Nous ne mentionnerons la campagne de 1870-1871 que pour signaler la générosité des particuliers et des directeurs d'administrations, qui firent ce qui dépendait d'eux pour soulager les soldats blessés. A Loos on les recueillit un peu partout, et notamment à l'usine Kuhlmann, à l'hospice, à la maison centrale. Plusieurs moururent et furent inhumés au cimetière ; leurs noms sont inscrits sur le monument qui recouvre leurs restes [1].

---

[1]. François Marmier, de Roques (Haute-Garonne), soldat au 58e d'infanterie, 23 ans ; Jules Thévenin, de Cornod (Jura), au 2e d'infanterie de marine, 22 ans ; François Déranger, de Moulin-de-la-Chatte (Nièvre), au 9e d'artillerie, 27 ans ; Jules Bougras, de Bigordière (Loiret), au 74e d'infanterie, 26 ans ; Adonaïs Roy, d'Arrou (Eure-et-Loir), au 3e chasseurs d'Afrique, 24 ans ; J.-B. Mollet, de Landas (Nord), au 15e d'artillerie, 37 ans ; Amand Delassus, de Saint-Venant (Pas-de-Calais), au 20e bataillon de chasseurs à pied, 20 ans ; Emile Vignolle, de Forest (Nord), au 91e d'infanterie, 22 ans ; Hippolyte Denonal, de Saint-Nal (Ille-et-Vilaine), quartier-maître aux équipages de la flotte, 29 ans ; Hilaire Leleu, de Camphin (Nord), garde mobile du Nord, 22 ans ; Alphonse Lemaire, d'Anstaing (Nord), au 91e d'infanterie, 20 ans ; Pierre Bertrand, de Denée (Maine-et-Loire), au 91e d'infanterie, 24 ans.

En décembre 1870, la colonie Saint-Bernard fait parvenir au comité des ambulances de la mobilisée du Nord 135 kgr. de charpie, 18 kgr. de bandes, 60 kgr. de compresses, le tout confectionné par les enfants dans leurs moments de loisir. Cet envoi était le second depuis le début des hostilités.

Le 17 juillet 1871, les officiers de la garde mobile du canton d'Haubourdin assistent à une messe solennelle pour le repos des âmes de leurs concitoyens et frères d'armes tués sur les champs de bataille.

Un accident de chemin de fer, à la gare de Seclin, vint assombrir encore la fin de 1871. Le 5 septembre, un train qui manœuvrait pour laisser passer l'express de Paris est pris en flanc par celui-ci. Des cent victimes de la catastrophe, soixante-quinze furent transportées à l'hôpital de Seclin ; une seule fut trouvée morte, mais les jours suivants, on enregistra vingt-cinq autres décès.

En mars 1872, une grande manifestation patriotique fut organisée à Lille pour recueillir des fonds destinés à la libération du territoire.

Les jeunes gens de la ville, les officiers de la garnison, les musiques du 43e et du 73e, celles des canonniers et des pompiers, les *Orphéonistes*, l'*Union*, la *Concordia*, les *Lièvres* [1], prêtèrent leur concours à ce cortège. On vendit à hauts prix des bouquets d'immortelles entourées de violettes artificielles, noués par un ruban tricolore avec les mots : « Pour la France. Lille, 10 mars 1872. » Aussi cette vente, les quêtes, le contenu du char-aumônière, le produit de la recette de la Compagnie de Lille à Valenciennes sur les voyages à Lille, donnèrent-ils plus de trente mille francs.

L'affaire des marchés de la guerre, l'affaire du bois de Boulogne, le procès Bazaine attirent l'attention dans le cours de 1873.

---

[1]. Ces sociétés chorales réunies exécutèrent le chœur *France !* sur la grand'place.

En 1874, a lieu le couronnement de la statue miraculeuse de Notre-Dame de la Treille, autorisé par un bref de Pie IX en date du 5 août 1873.

Comme au jubilé de 1854, toutes les familles lilloises se firent un honneur de contribuer pour leur part aux préparatifs des fêtes.

Le 19 avril, le pape bénissait au Vatican les couronnes de la Vierge et de l'Enfant-Jésus que Mgr Regnier lui avait apportées en venant recevoir de ses mains l'anneau cardinalice.

Le 24 juin, au défilé qui se termina par le couronnement, étaient représentées non-seulement les communes environnantes, mais encore les principales villes du diocèse. Trois parties composaient la procession : les anciens sanctuaires de la région, les sanctuaires actuels et le cortège de Notre-Dame de la Treille. Le groupe de Loos figurait en bonne place dans la première partie : on y voyait la bannière de la paroisse, l'image de Notre-Dame de Grâce portée et entourée par les demoiselles de Loos et la musique du pensionnat Saint-Gabriel.

Le cardinal couronna la statue sur la place de la République. Il était assisté de plusieurs évêques français et étrangers, entre autres Mgr Duquesnay, évêque de Limoges ; Mgr Freppel, évêque d'Angers ; Mgr Lequette, évêque d'Arras ; Mgr Bataille, évêque d'Amiens ; Mgr Dumont, évêque de Tournai ; Mgr Mermillod, évêque d'Hébron, vicaire apostolique de Genève ; Mgr Monnier, évêque de Lydda [1].

Depuis cette époque, rappelons le séjour à Lille (1874, 12 septembre) du maréchal de Mac-Mahon, qui passa en revue les troupes de la garnison et visita l'imprimerie Danel, l'hôpital militaire, l'établissement Descat, l'hospice général, l'hôpital Saint-Sauveur, la filature Poullier-Longhaye, l'usine

---

1. *Basilique de Notre-Dame de la Treille et Saint-Pierre. Compte rendu de la période décennale 1864-1876.* Lille, imp. de J. Lefort, 1877.

de Fives, les établissements Wallaert et Thiriez frères ; l'inauguration du service des tramways et l'incendie de l'imprimerie Danel (1874); les inondations dans le Midi (1875); l'exposition universelle de 1878; la mort du prince impérial (1879); la visite de Jules Ferry à Lille (24 avril 1880); l'exécution des décrets (29 juin 1880); l'expédition de Tunisie (1881); la fête du 8 octobre 1882 (couronnement du buste du du maire André), dont l'organisation était dirigée par M. Lequenne; la mort du comte de Chambord (1883); l'expédition du Tonkin (1884); la catastrophe de l'ascenseur (1er juin 1884); l'expulsion des princes (juin 1886); les funérailles du général Faidherbe (octobre 1889); l'épidémie d'influenza (janvier 1890); l'arrestation du duc d'Orléans, venu à Paris se faire inscrire parmi les conscrits de sa classe (1890); le drame de Fourmies (1er mai 1891); les fêtes du centenaire du bombardement de Lille et la visite de M. Carnot (octobre 1892); l'assassinat du président à Lyon (24 juin 1894); la mort du comte de Paris (1894); la campagne de Madagascar (1895); l'incendie de l'église et de l'hôpital Saint-Sauveur et l'empoisonnement de cinq chasseurs du 16e bataillon (29 mars 1896); la réception par la municipalité collectiviste de députés allemands, à l'hôtel-de-ville de Lille (1896); l'enthousiaste accueil (janvier 1899) fait par les Lillois à l'adjudant de Prat, l'un de leurs compatriotes de retour d'une expédition en Afrique (Fashoda). Signalons enfin, parce qu'ils ont fait couler des flots d'encre et encombré les colonnes des journaux, les scandales des décorations (1887), « le boulangisme » (1888), le « Panama » (1889) et l'affaire Dreyfus.

*
* *

De 1870 à 1892, les adjoints de M. Billon furent MM. Schlachter (1870), Bonte (1855-1877), Rogie (1865-1870; 1871-1873), Denoyelle (1873-1888), Soufflet (1877-1881),

Deleplanque (1881-1884), Guillemaud (1884-1892), Lajoie (1888-1892).

En 1882, le conseil municipal décida la construction d'une nouvelle mairie, d'après les plans de M. Cordonnier. M. Charles Leroy se chargea des travaux. La première pierre, posée au milieu du côté est de la tour, fut bénite le 14 janvier 1883, par M. Bodin, curé de Loos, après la grand'messe et les prières publiques pour la rentrée des Chambres.

Les discours d'usage furent prononcés par MM. Guillemaud et Deleplanque, qui, regrettant l'absence de M. Billon, forcé de quitter la commune pour sa santé, se déclarèrent heureux de voir la réalisation d'une œuvre pour laquelle les difficultés n'avaient pas manqué.

Le 17 août 1884, après les vêpres, le conseil municipal, escorté de la musique, se rendit à l'église, au-devant du clergé. M. Bodin avait été prié de bénir l'édifice terminé. M. Jules Cambon, préfet du Nord, accompagné de M. Bouffet, son secrétaire général, présida la cérémonie d'inauguration.

Le rez-de-chaussée de l'hôtel-de-ville est affecté aux services de l'octroi et de la police : la tour carrée, en saillie, est ornée, sur le côté principal, d'une mosaïque où sont représentées les armes de la commune[1] ; elle est agrémentée de cadrans et surmontée de clochetons.

On arrive à la grande salle des fêtes par un escalier pratiqué sous la tour. Le palier sur lequel on passe à mi-chemin donne accès aux bureaux du greffier à droite, du commissaire de police à gauche. Sur le vitrail éclairant le palier, on lit : « Sous l'administration de MM. Billon » Edouard, maire, Deleplanque Henri, Denoyelle J.-B., » adjoints, Bernard Théodore, Guillemaud Philippe, Bonte » Pierre, Marescaux Gustave, Chuffart Louis, Monpays » Louis, Couturier Arthur, Platel Gustave, Delbassée

---

1. De gueules à trois croissants d'or, 2 et 1.

» Amédée, Potié Léon, Deroullers Louis, Pruvost Louis,
» Deschodt Victor, Thiriez Louis, Danel Léonard, Schlachter
» Joseph, Duthoit Delphin, Wacquez Auguste, conseillers,
» a été construit cet édifice communal. La première pierre
» ayant été posée le 14 janvier 1883, l'inauguration a eu lieu le
» dimanche 25 mai 1884, jour de la fête communale de Loos.
» J.-B. et Louis Cordonnier, architectes, Charles Leroy,
» entrepreneur. »

Les élections municipales de 1892 firent entrer à la mairie dix-sept candidats de la liste opposée à celle de M. Billon. Les six conseillers maintenus étaient MM. Billon, Bonte, Danel, Deleplanque, Lenglart et Louis Thiriez [1].

M. Billon, qui était maire depuis près de quarante années, dut laisser son écharpe à M. Wacquez-Lalo, lequel eut pour adjoints MM. Guilbert et Merlier.

En 1893, M. Wacquez-Lalo ayant donné sa démission de maire, il fallut procéder à son remplacement : M. Georges Potié fut élu ; M. Estagerie fut substitué comme adjoint à M. Merlier.

Le samedi 30 décembre de la même année, M. Wacquez-Lalo fut trouvé mort dans sa chambre : le malheureux s'était asphyxié par le charbon.

En mai 1896, furent nommés conseillers municipaux MM. Lenglart [2], avec 939 voix ; G. Potié, 831 ; Estagerie, 812 ; Preudhomme, 809 ; Schlachter, 802 ; Dhainaut, 798 ; L. Potié, 797 ; R. Noé, 796 ; Hipp. Duriez, 788 ; Van Oost, 778 ; C. Dumortier, 777 ; S. Liagre, 775 ; L. Dumortier, 772 ; Destieux, 770 ; Vallet [3], 766 ; Cuvelier [4], 765 ; Delrue, 754 ; Lahousse, 738 ; Carton, 737 ; Billaut, 733 ; Guilbert, 710 ; Crespel, 694 ; Rochart, 611.

Le mandat de M. Georges Potié fut renouvelé, et, au lieu de M. Guilbert, on prit M. Preudhomme pour adjoint.

La discrétion parfaite, l'absolu désintéressement de

---

1. MM. Thiriez et Danel se retirèrent quelques mois après.
2. Décédé en juin 1897.
3. Décédé en janvier 1899.
4. Décédé en octobre 1898.

M. Billon, l'économie avec laquelle il avait géré les affaires de la commune n'avaient point trouvé grâce devant la brutalité des chiffres : la majorité des électeurs avait manifesté son « indépendance ».

L'énumération des principaux articles inscrits au budget permettra de se rendre un compte général des recettes et des dépenses.

Les centimes additionnels; les patentes; la taxe sur les chiens, les chevaux, les voitures, les vélocipèdes; les droits d'octroi ; les concessions au cimetière ; les permis de chasse; les centimes pour le salaire des gardes-champêtres et les secours aux familles des réservistes et territoriaux ; les subventions accordées par le département pour le service médical gratuit ; les journées de prestations ; l'imposition pour dépenses facultatives, etc., etc., constituent les recettes ordinaires, auxquelles s'ajoutent les recettes provenant des impositions pour remboursement d'emprunts et des subventions départementales accordées pour les chemins vicinaux.

Les dépenses ordinaires comprennent les traitements et indemnités aux agents municipaux (secrétaire de mairie [1], receveur municipal [2], commissaire [3] et agents [4] de police, receveur d'octroi [5], facteur [6], chef et sous-chef de musique, chef et sous-chef de l'orphéon, société de gymnastique [7], cantonnier, agent-voyer); l'entretien des propriétés et des édifices communaux, rues, chemins, trottoirs; l'éclairage; l'enlèvement des boues ; les subventions à l'hospice, au

---

1. Depuis l'arrivée des frères, les fonctions de greffier, jusque-là occupées par MM. Noël-Joseph Six (10 messidor an VIII - 29 juin 1800) et Charles-Louis Liagre, instituteur, ont été tenues par MM. Bodou, Ternant et A. Montfort.

2. Actuellement M. Campagne, percepteur d'Haubourdin.

3. Actuellement M. Cottigny, ancien maréchal-des-logis-chef de la gendarmerie d'Haubourdin. La création d'un commissariat de police a été adoptée en janvier 1873, par le conseil municipal.

4. Le premier garde-champêtre, M. Coy, a succédé en 1877 (1er novembre) à Philippe Decq. Le service de deuxième garde est fait par M. Pottier, successeur de M. Marescaux; celui-ci avait succédé à M. Fruleux, M. Fruleux à M. Marche et ce dernier à Odent fils.

5. Actuellement M. Langlois. L'octroi établi en 1863, a produit 47.584 francs 31 en 1898.

6. Les facteurs ont été, depuis la création du bureau de poste, MM. Folet, Coy (1er mars 1872-1877), Hochart et Clément Delahaye.

7. Le drapeau a été bénit le 31 juillet 1887. La société a concouru et obtenu des prix à Boulogne-sur-Seine, en 1898.

bureau de bienfaisance, aux sociétés de secours mutuels, aux aliénés indigents, aux familles des réservistes et territoriaux ; l'assistance médicale gratuite ; les indemnités aux instituteurs et institutrices laïques, l'éclairage et le chauffage des classes communales, les fournitures aux enfants de ces écoles, la subvention à la société la Prévoyante ; les frais occasionnés par les fêtes publiques. Les dépenses extraordinaires sont les remboursements d'emprunts.

La commission du budget est composée de MM. Estagerie, Preudhomme, Carton, Dhainaut, Duriez, Rochart.

La commission municipale des travaux est formée de MM. Preudhomme, Billaut, Ch. Dumortier, Noé, Léon Dumortier, S. Liagre, Schlachter, Van Oost ; la commission scolaire comprend MM. Estagerie, Preudhomme, Dhainaut, Ch. Dumortier, S. Liagre, Schlachter, l'inspecteur primaire et le délégué cantonal. MM. René Noé, Billaut, Carton, Crespel, Ch. Dumortier, Duriez, Rochart, Van Oost sont les membres de la commission des fêtes et MM. Estagerie, le d^r Delval, Stahl et Van Oost de la commission de salubrité.

L'hospice est administré par MM. Estagerie, Preudhomme, Platel, Léon Potié et Schlachter. M. Michault continue, depuis la fondation, d'y dépenser tout son zèle et tout son dévouement. 5 sœurs de charité surveillent les 32 vieillards (17 hommes, 15 femmes), et s'occupent des 180 enfants et des jeunes filles qui viennent soit y fréquenter l'asile et les classes, soit y assister aux réunions dominicales [1].

Le bureau de bienfaisance (MM. Preudhomme, Delrue, Destieux, Dhainaut, R. Noé, Vanderaa, Walare, membres de la commission) distribue des secours à 225 familles.

---

[1]. Il serait impossible de donner une liste complète des bienfaiteurs de l'hospice, depuis la fondation. Nous mentionnerons particulièrement les noms suivants : Bonnier-Petit, Billon, Morival, Célarier, Deledicque, Rogie, Béghin, Liénart, Bonte-Boyer, Crespel-Tilloy, Gilquin-Lenglart, Wastin, Dormemann, Turbelin, Masquelier, Deleplanque, Roger, Bastenaire, Sion, Guilbert, Parrillez, Vandewalle, Kuhlmann, Pillion-Le Leliepvre, Vermont, Hervien, Menche, Le Liepvre, Dujardin, d'Hailly, Smet, Loridan, Thiriez, Six, Waymel-Taffin, Bernard, Lepers, Chuffart, d'Hugo-Colombier, Guillemand, Éducation chrétienne, de Berzeyck, Masse-Lefebvre, Masse-Meurisse, Delcourt-Meurisse, Weiquin-Dazin, Aug. Masquelier, Descamps, Cordonnier-Scalbert, Danel, Kuhlmann-Agache, de Pruyssenaere, Remy, Remy-Meurisse, Vandame-Meurisse, Droulers-Vernier, Roland-Gosselin-Masse, Calmeyn, de Foestraet.

Les sociétés de secours mutuels de Saint-Pierre et Saint-Lucien ont pour présidents la première M. Achille Desbuissons, successeur des organisateurs, MM. Scrive et Glorian frères, la seconde M. Henri Cardon, successeur immédiat de M. Bettmann. Le nombre des participants de cette dernière s'est sensiblement accru : il était de 120 en 1870 ; il est de 400 au 30 juin 1898, plus quinze sociétaires pensionnés. L'avoir total de la société est de cinquante mille francs.

La fanfare municipale, ancienne musique des pompiers [1], de 60 musiciens, est conduite par M. Hespel, qui a eu pour prédécesseurs MM. Delestraint, Roger, Brisy Delestraint et Béghin. M. Alph. Loridant en est président et M. A. Cottignies, président d'honneur. Les concours qui lui ont valu des récompenses sont ceux de Bouchain (1868), Bapaume (1873), Boulogne-sur-Seine (1875), Denain (1876), Issy (1878), Villers-Bretonneux (1887), Clermont (1891). Elle est en division supérieure.

Une nouvelle fanfare, l'*Avenir*, a été créée en 1896 ; ses 30 musiciens sont sous la direction de M. Bacqueville.

L'orphéon, fondé en 1879, a pour président M. Glorian, et pour chef M. Roger. La société s'est distinguée aux concours de Roubaix (1882), Lille (1883), Bruxelles (1884), Boulogne-sur-Mer (1888), Paris (1892) ; au concours de Gand (1898) elle a obtenu à l'unanimité le 1er prix international d'exécution. Les orphéonistes sont au nombre de 40.

Les écoles municipales, ouvertes à la suite des arrêtés préfectoraux laïcisant les frères (1888) et les sœurs (1892) et inaugurées par le préfet du Nord en 1895, sont dirigées, l'école des garçons (195 élèves) par M. Walare ; l'école des filles (145 élèves) par Mme Delesalle ; l'école maternelle (130 enfants) par Mme Boulinguier.

Le tramway de Lille à Haubourdin a supplanté l'omnibus depuis 1879.

La Compagnie des tramways, désirant substituer la traction

---

[1]. La compagnie a été dissoute vers 1877.

électrique à la traction animale, vient de présenter un projet (janvier 1899) qui soulève d'unanimes protestations, en raison des dangers, préjudices ou dommages, que prévoient les habitants des communes intéressées.

Au chemin de fer de Lille à Béthune, racheté en 1875, par la Compagnie du Nord, ont été ajoutés des trains circulaires de Lille à Lille, par Loos, Haubourdin, Sequedin, La Madeleine, Saint-André, et de Lille à Lille, par Loos, Haubourdin, Seclin [1].

Ces moyens de communication sont complétés par les services postal, télégraphique et téléphonique.

Le 12 décembre 1873, le brouillard est cause d'un accident près de la gare ; deux trains se rencontrent et neuf personnes sont blessées. Un accident du même genre se reproduit en novembre 1884, à trois cents mètres de la station ; vingt personnes sont plus ou moins grièvement atteintes.

Le recensement de 1872 accusait 6.333 âmes, celui de 1877, 6.706, celui de 1882, 6.617 ; ceux de 1886, 1891, 1896, ont donné respectivement 7.753, 7.924 et 8.642 habitants. La population, qui, on le constate, augmente rapidement, est en majorité formée de familles ouvrières occupées dans de nombreux établissements industriels : les usines Thiriez, Kuhlmann, l'imprimerie Danel, les filatures Lefebvre et Guillemaud (celle-ci plusieurs fois incendiée), la manufacture de bleu Richter, des brasseries, des distilleries, des ateliers de serrurerie, etc.

L'établissement J. Thiriez père et fils a pris depuis trente ans une importance considérable. A l'ancienne filature située sur Esquermes sont venus s'adjoindre, sur le territoire de Loos, des ateliers de filature, retorderie, filterie, blanchiement, teinture, constructions mécaniques et de bâtiment.

Des institutions de différentes natures ont été créées et assurent des avantages très appréciables aux 1600 ouvriers

---

[1]. La gare de Loos, en 1893, était en importance la 33ᵉ du département. On y avait reçu 333.000 francs et distribué des tickets à 22.000 voyageurs. Pour 1898, les statistiques accusent 39.763 voyageurs au départ, 41 tonnes de bagages, 116 tonnes de messageries, 125.200 tonnes en petite vitesse, arrivages ou expéditions.

qui en bénéficient. Une crèche reçoit les enfants de trois mois à trois ans ; à l'asile sont pris ceux de trois ans à sept ans (150 environ) ; l'orphelinat compte 80 jeunes filles. Citons encore trois cents habitations ouvrières, avec jardin, situées dans des rues bien aérées et bien entretenues ; une caisse d'épargne donnant 5 % d'intérêt par an ; en cas de maladie, des secours proportionnels à l'ancienneté ; une caisse de retraites pour tous les anciens ouvriers ; des pensions aux veuves et enfants des ouvriers décédés après dix ans de travail dans la maison ; des allocations aux réservistes et territoriaux ; des distributions de charbon au prix coûtant ; des bains et douches, à prendre durant les heures de travail et pendant toute l'année ; une maison de sœurs garde-malades pour le soin à domicile de tous les malades nécessiteux de la commune ; enfin une société coopérative dirigée avec leurs fonds par les ouvriers eux-mêmes.

M. Charles-Frédéric Kuhlmann est mort le 27 janvier 1881. Il était de Colmar (1803) et avait fait ses études au collège de sa ville natale, puis au lycée de Nancy.

Après le décès de son père, voulant se consacrer à la teinture, il alla suivre les cours de chimie à la faculté des sciences de Strasbourg. Il entra ensuite au laboratoire de M Vauquelin, où il demeura jusqu'au jour où M. Delezenne, s'étant rendu à Paris à la recherche d'un professeur, connut par M. Vauquelin les qualités du jeune Kuhlmann et lui offrit la chaire du cours public de chimie à Lille.

Pendant plus de trente ans (1823-1854), M. Kuhlmann mit sa science à profit par ses leçons et ses exemples et forma des élèves qui s'efforcèrent non sans succès de marcher sur ses traces, MM. Mathieu Plessis, Desespringalle et Corenwinder. Il faut nommer, entre les branches d'industrie auxquelles furent utiles ses travaux et ses découvertes, la teinture, le blanchiement, la sucrerie, la fabrication de l'acide sulfurique, de la baryte, de la soude, de la potasse, du salpêtre, des engrais artificiels, du noir animal.

Les charges et les honneurs dont il fut investi montrent

que l'on sut apprécier cette intelligence d'élite : il siégea, en effet, comme membre de la Société des Sciences (1824), fut nommé correspondant de l'Institut (1847), président de la Chambre de commerce de Lille, membre de la commission de l'Exposition universelle (1867) et du Conseil supérieur du commerce (1869), président du Comité local d'organisation de l'Association française pour l'avancement des sciences (1874).

En septembre 1878, M. Kuhlmann reçut un touchant témoignage de sympathie de la Chambre de commerce, de la Société des sciences et de la Société industrielle. Les membres de ces compagnies, en reconnaissance des services qu'il avait rendus à la science, à l'industrie et au commerce de la région, allèrent offrir à leur président ou ancien président un vase de Sèvres de la plus haute valeur, reposant sur un piédestal en marbre blanc, et portant sur la face principale le médaillon en or de M. Kuhlmann, exécuté par M. Darcq.

M. Kuhlmann eut à remplir le mandat de conseiller général, était commandeur de la Légion d'honneur et décoré d'ordres de Russie, de Prusse, d'Autriche, de Portugal, de Perse et autres nations.

Depuis la mort de leur chef, les établissements sont la propriété de la Société anonyme des produits chimiques du Nord. L'usine de Loos fabrique les acides sulfurique, nitrique, muriatique, le sulfate de soude, le superphosphate et les engrais chimiques, le chlorure de chaux, l'eau de Javel, les bisulfites de soude et de chaux, et plus de 400 ouvriers y travaillent sous la direction de M. Stahl-Kolb.

Notons maintenant : en juin 1878, la création d'un marché aux légumes, au beurre, aux œufs, au poisson, à la volaille, etc., le jeudi, sur la place de l'Église, innovation qui ne réussit pas ; la même année, une série de vols dans le canton d'Haubourdin, et une audacieuse tentative chez MM[lles] Smet (octobre) ; les carrousels des 15 août 1880 et 25 juin 1882 ; le festival du 13 juin 1886 ; le carrousel du 10 juillet 1887 ; l'assassinat de Berthe Cotrez

(18 décembre 1892); l'exposition d'horticulture (8 octobre 1894); le festival du 23 juin 1895, par lequel on inaugurait une nouvelle date de la « ducasse [1] »; une manifestation patriotique, à l'occasion du couronnement du tsar, troublée par des socialistes (25 mai 1896); l'incendie de la filature Bonte-Boyer (6 novembre 1896); la suppression des tirs au champ de tir de l'Arbrisseau (10 juin 1897); enfin, au hameau d'Ennequin, une découverte d'ossements humains (janvier 1898), qui donna lieu à toutes sortes de conjectures.

En septembre 1875, à M. Dienne, qu'un caractère plein de franchise avait rendu populaire, succéda, dans l'administration de la paroisse, M. Grenier, homme dévoué aux œuvres, mais austère et sévère pour lui-même; sa santé délabrée ne lui permit pas de rester longtemps à la cure et il fut remplacé, au bout de deux ans, par M. Eugène Bodin, actuellement encore en fonctions.

M. Michault exerce la charge de vicaire depuis la première année de l'installation des Lazaristes; il a été secondé pendant ce temps par M. Dufau (1857), M. Normandin (1864), M. Bodin (1865), M. Lugan (1869), M. Chappel (1870), M. Riche (1877-1879), mort à Musinens, près de Genève en 1898, M. Bernard (1879-1898). A la retraite de M. Bernard, deux vicaires, MM. Notteau et Hétuin, sont devenus les collaborateurs de M. Michault.

M. Célarier quitte en 1872 le conseil de fabrique et la présidence. Il y retourne en 1885, au départ de M. Th. Bernard que les fabriciens avaient mis à leur tête. M. Célarier étant mort (21 décembre 1889) [2], M. Louis Thiriez fut choisi comme président.

---

[1]. Par arrêté préfectoral du 27 mars 1880, le jour de l'antique « ducasse », était transporté du dernier dimanche d'août au dernier dimanche de mai.

[2]. La dernière journée de sa vie donne une idée de l'existence entière de cet homme de bien. Après avoir assisté à la messe de cinq heures selon son habitude quotidienne, il était allé visiter les vieillards de l'hospice, dont il était administrateur, et était revenu à l'école des Frères prendre une liste pour une distribution de vêtements faite par M. Louis Thiriez. Rentré chez lui, il examinait une adjudication de pharmacie pour le bureau de bienfaisance, quand il fut atteint d'une apoplexie foudroyante.

Il était président de la conférence de Saint-Vincent de Paul.

Il laissait 16.000 francs à l'hospice de Loos.

A la séance du 9 avril 1893, le conseil de fabrique s'inspirant d'une résolution prise au commencement du siècle en faveur de M. Louis Castellain décerne le titre de marguilliers honoraires à MM. Billon et François Guilbert, en reconnaissance de leurs longs et excellents services.

M. Emile Leroy, de La Gorgue, précédemment clerc à Ennetières-en-Weppes, a été appelé en 1890 au remplacement de M. Théodore Carlier. M. Jules Liagre fils est titulaire de l'orgue depuis la mort de son père (2 février 1896).

La décoration intérieure de l'église, poursuivie sans relâche et avec goût depuis 1870, ne laisse point à désirer.

Avant la guerre (1869), M. Dienne parle au conseil de fabrique d'une galerie de tableaux pour remplir les seize grands panneaux de la nef principale. Le 16 avril 1871, M. le curé déclare qu'il paiera tous les frais et les deux premiers tableaux sont posés la même année.

Dus au pinceau de M. Bruno Chérier[1] et de M. Archange Bodin, son élève, ces tableaux se rapportent à la vie de la sainte Vierge ; une phrase latine, dans le haut, indique le mystère, la scène ou l'évènement que l'artiste a voulu reproduire : l'Immaculée-Conception, la Présentation au Temple, les Fiançailles, la Salutation angélique, la Visitation, l'Arrivée à Bethléem, la Crèche, la Prédiction de Siméon, Jésus retrouvé au milieu des docteurs, les Noces de Cana, la Descente de Croix, la Pentecôte, la Mort de la sainte Vierge, l'Assomption, le Couronnement au ciel, Notre-Dame de Grâce honorée à Loos par les moines.

Dans le transept ont été placés ces derniers temps du côté de l'autel de Saint-Vincent de Paul, quatre tableaux relatifs à ce saint : son enfance, une visite à ses protégés, évangélisation des pauvres, ses différentes œuvres, cette dernière toile reproduisant les traits de personnages connus.

---

1. Mort en 1890 et inhumé à Valenciennes.

Deux tableaux viennent d'être mis du côté de l'autel de Saint-Joseph. Ils ont pour objet l'origine du culte de Notre-Dame de Grâce à Loos : le premier l'apparition de la sainte Vierge, un jour d'orage, au jeune chasseur Maurice ; le second la guérison de Marguerite, mère de Maurice, par saint Bernard. Ces deux faits reposent sur une légende, développée par l'imagination féconde de M. Cordier, de Tours [1]. Ni la traduction d'un recueil de miracles par le baron de Rassenghien [2], ni l'*Abrégé historique* [3], ni le P. Lhermite, dont le témoignage est sérieux, ne font connaître d'évènements de ce genre. Les tableaux de cette série auraient pu commencer par le sujet du dernier tableau de la grande nef, qui évidemment est en dehors de la vie de la sainte Vierge.

Outre ces peintures, qui sont loin d'être dénuées de mérite, il se trouve dans l'église d'autres toiles dignes d'attention, — parmi lesquelles la guérison d'Angélique Dugardin [4] et le tableau d'Athanase Segond [5] — et d'innombrables ex-voto, dans des vitrines, à l'intérieur du chœur et sur les murailles. Les verrières [6], dans le transept et le chœur, représentent chacune un personnage : dans le chœur, saint Jean-Baptiste, sainte Thérèse, saint Bruno, sainte Cécile, saint Jean l'Évangéliste, saint Pierre, le Péché originel, saint Paul, saint Joseph, sainte Marie-Madeleine, saint Alphonse de Liguori, sainte Catherine, saint Grégoire le Grand ; dans le transept, à droite, saint Henri, saint Augustin, sainte Elisabeth de Hongrie, saint Vincent, et à gauche, saint Louis, sainte Mathilde, saint Bernard, saint Ignace de Loyola ; à chaque extrémité, une rosace, dont les feuilles contiennent un ange portant un instrument de la Passion.

---

1. Voir *Annales de Loos*, p. 9 et note.
2.   id.   id.   p. 62.
3.   id.   id.   p. 85.
4. *Annales de Loos*, p. 73.
5. *Annales de Loos*, p. 123.
6. Ces verrières existaient dans l'ancienne église ; elles étaient placées aux fenêtres du bas. Les dessins sont de M. Colas.

En mai 1871, Mme Smet-de Montdhiver envoya la lettre suivante aux membres du conseil de fabrique :

« Messieurs,

» Au milieu des calamités de tous genres qui ont affligé
» notre malheureuse patrie, la paroisse de Loos a été
» préservée d'une manière toute miraculeuse ; cette protection
» si manifeste de Marie, de son divin Fils, a dû pénétrer vos
» cœurs comme le mien d'une profonde reconnaissance ;
» aussi, dominée par la pensée de perpétuer le témoignage
» de notre mutuelle gratitude, je viens vous proposer,
» Messieurs, l'érection dans l'église de Notre-Dame de Grâce
» d'une chapelle dédiée au Sacré-Cœur de Jésus. Je m'engage
» à prendre à ma charge tous les frais de cette construction
» et ne demande que votre seule approbation. Je vous serais
» cependant toujours très obligée, Messieurs, de vouloir bien
» remplir officiellement auprès de l'autorité municipale la
» formalité nécessaire pour obtenir son autorisation et
» l'abandon du terrain. »

La chapelle fut élevée, au côté gauche du chœur, par les soins de M. Cordonnier, architecte, qui la mit en harmonie avec le reste de l'église. L'autel fut consacré par Mgr Lequette le 24 novembre 1873.

Au côté droit, on a établi, en 1883, une chapelle où sont exposées les statues de saint Pierre, de saint Benoît Labre, et de bienheureux J.-G. Perboyre. Pour cet aménagement, il a fallu déplacer le petit orgue, qui a été installé derrière le chœur.

Des ouvertures ont été pratiquées, il y a deux ans, dans le bout de l'église ; elles permettent la vue de la chapelle de la Passion, jusqu'alors plongée dans l'obscurité.

En 1875, les grandes orgues sont garnies d'une tribune. Dix ans après, elles sont entièrement renouvelées par MM. Van Bever frères, de Laeken-lez-Bruxelles.

Elles comprennent deux claviers, vingt-deux jeux et six pédales. La bénédiction — par M. Sudre — qui eut lieu le 6 décembre 1885 fut l'occasion d'une solennité musicale où se firent entendre MM. J. Liagre, organiste de la paroisse, Delarroqua, organiste du Sacré-Cœur ; Mlle Oxtoby, MM. A. d'Hailly, J. Thiriez, et la section chorale du cercle Saint-Joseph. M. Le Cauchois prononça un sermon de circonstance.

A la grosse cloche Marie sont venues se joindre les cloches Edouard et Auguste-Elisabeth. La première (1883) a eu pour parrain et marraine M. Edouard et Mlle Louise Thiriez enfants de M. Léon Thiriez, le donateur ; elle pèse avec le battant sept cents kilogrammes et sonne le *fa*. La seconde, de cinq cents kilogrammes, sonnant le *sol*, offerte en 1886, par Mlle Noémie d'Hailly, a eu pour parrain et marraine M. et Mme Auguste d'Hailly.

La cloche du chœur provient de Mme Ve Coyez et a été installée vers la même date que la précédente (décembre 1886).

Le trésor de l'église renferme des objets de valeur, ciboires, calices, ostensoirs, ornements, tapis, etc., dont le détail serait trop long. Faisons exception pour l'aube et l'ornement de l'électeur de Cologne [1] ; une statue de la Vierge du XVIe siècle [2] ; une croix de procession, don de Mlle d'Hailly, lors de l'enlèvement du crucifix des écoles ; un ornement complet en drap d'or, la grande lampe du chœur, deux grandes couronnes de lumières, deux petites lampes, la statue de saint Vincent de Paul, des burettes dorées, un timbre, tous objets dus à la piété des fidèles.

En juin 1890, le conseil municipal vote la construction d'une grille autour de l'église. La portion de terrain enclavée est plantée d'arbustes et l'entretien est à la charge de la fabrique.

Les souverains pontifes ont, à différentes reprises, concédé des indulgences spéciales à l'église de Notre-Dame de Grâce, suivant que les fidèles la visitent [3], font une offrande [4], y

---

1. V. *Annales de Loos*, p. 162.
2. V. *Annales de Loos*, p. 125.
3. Rome, Grégoire XVI, février 1840. — Cambrai, Delautre, v. c., septembre 1841.
4. Rome, Grégoire XVI, mars 1834. — Cambrai, Sudre, v. g., octobre 1863.

communient les jours ordinaires [1] ou les jours de fêtes [2]. Les prêtres y peuvent gagner les indulgences de l'autel privilégié [3].

Les confréries et associations paroissiales sont nombreuses. Ce sont : l'archiconfrérie de Saint-Joseph (1864), la confrérie de Notre-Dame de Grâce (1835), la confrérie du Saint-Sacrement (1841) [4], celle de Notre-Dame du Saint-Suffrage ou du Purgatoire (1854), l'association des mères chrétiennes [5], les conférences de Saint-Vincent de Paul (hommes et dames), l'apostolat de la prière (1881), la société de charité maternelle (1876), la confrérie du Saint-Rosaire (1880), celle du Mont-Carmel (octobre 1887), le tiers-ordre de Saint-François d'Assise (29 juillet 1889), la confrérie de la Sainte-Famille (11 mars 1894) et celle de la Sainte-Agonie (5 février 1896).

Des milliers de pèlerins se rendent chaque année au sanctuaire de Loos ; de temps immémorial, ils choisissent le mois de mai, les jours de fêtes de la Vierge, le lundi de Pentecôte et le lundi de Pâques. Ce dernier jour a perdu son caractère primitif : le concours de peuple était si considérable que les marchands et les forains sont venus installer leurs boutiques ; le pèlerinage s'est ainsi changé en une kermesse flamande, où l'affluence est telle qu'il est impossible, dans la matinée, de circuler librement dans les rues avoisinant l'église.

Quelques faits, événements ou innovations du domaine religieux sont à retenir : le 18 mars 1878, après un obit solennel, pose des plaques commémoratives de MM. Détrez [6], et Lemahieu [7]; la même année, le jour de la Toussaint, le

---

1. Rome, Grégoire XVI, mars 1834. — Cambrai, Duhot, v. g , juin 1841.
2. Rome, Grégoire XVI, février 1840. — Cambrai, Delautre, v. g., septembre 1841.
   » février 1851. — » février 1858.
3. Rome, juillet 1839. — Cambrai, septembre 1841.
4. Erection nouvelle par Mgr Belmas. Il existe un registre donnant les noms des confrères depuis 1807.
5. Fonctionne régulièrement depuis 1882.
6. V. *Annales de Loos*, p. 266.
7. Voici l'inscription : A la mémoire de Monsieur Edouard Lemahieu, né à Comines, curé de Loos pendant 30 ans, chanoine honoraire de Cambrai, décédé à Lille le 6 septembre 1872, à l'âge de 76 ans. — La paroisse doit à son zèle et à sa générosité : la construction de cette église et du presbytère, la création de l'asile de l'enfance et l'ouvroir des filles de la charité (1840), des dames de l'Education chrétienne (1843), des frères des écoles (1844), des dames du Bon-Pasteur (1845) et des prêtres de la Mission (1857). — Il fut le père et le guide de plusieurs générations. Il les connaissait tous et tous le connaissaient.

clergé va pour la première fois au cimetière en procession ; en octobre 1881, mission prêchée par MM. François et Louis Dillies: les jeunes filles offrent à Notre-Dame de Grâce un cœur en vermeil, les dames deux sceptres, dont un pour l'Enfant-Jésus, les hommes une couronne et à la fin des exercices, un Christ est placé dans l'église, à gauche, près du portail ; le 6 novembre, visite de Mgr Duquesnay ; le 10 septembre 1882, bénédiction de la chapelle de Notre-Dame de Paix, rebâtie par MM. Florent et Jean-Baptiste Denoyelles[1] ; en août 1883, le supérieur général de Saint-Lazare augmente notablement le nombre des prêtres lazaristes chargés de missions dans le diocèse et met à leur tête le P. F. Dillies ; le 21 mars 1886, visite de Mgr Hasley ; le 30 octobre 1887, clôture d'une mission donnée par MM. Demion et Morange, cortège historique et érection d'un calvaire à Ennequin ; le 8 juin 1890, la procession du Saint-Sacrement passe pour la première fois par la rue Thiriez, au bout de laquelle on construit un reposoir[2] ; les 20, 21 et 22 juillet 1890, en l'honneur du B. Jean-Gabriel Perboyre, de la congrégation de la Mission, triduum présidé par Mgr Vic, évêque du Kiang-Si, prêché par le P. Garros, de la congrégation de la Mission : les cérémonies attirent trente mille pèlerins de Lille, du canton d'Haubourdin, des maisons religieuses de Loos, la crèche de MM. Thiriez, l'hospice Ganthois, les frères d'Haubourdin, l'orphelinat de dom Bosco, le pensionnat d'Esquermes, l'orphelinat Dehau, l'hospice Stappaert, le pensionnat Saint-Pierre, les frères de Lille, de Beaucamps, les sœurs de la Barre, le pensionnat de la Sagesse, d'Haubourdin ; en octobre 1894, mission prêchée par MM. Dehaene et Fockemberghe.

Quand le préfet du Nord eut décidé (16 mai 1888) la

---

1. Leur père avait fait édifier cette chapelle en 1830, en remplacement d'une autre qui existait avant la Révolution, de l'autre côté du chemin.
2. La procession a deux itinéraires, l'un vers Haubourdin, l'autre vers Lille.

laïcisation de l'école communale, dirigée après le frère Pétrone, par les frères Diogène (1875) et Mamertus (1875), des dispositions furent prises immédiatement pour l'ouverture d'une école libre gratuite. Les frères allèrent habiter la maison du chapelain de Notre-Dame de Grâce et tinrent leurs trois classes au cercle Saint-Joseph. Un terrain fut choisi en face de l'église pour y élever l'école gratuite Notre-Dame de Grâce et l'école payante, celle-ci prenant le titre de Saint-Pierre au lieu de Saint-Joseph. La première pierre en fut posée et bénite le 8 juin ; le bâtiment était terminé le 22 octobre suivant. Les frères y vinrent demeurer sous la direction du frère Mamertus, auquel succéda (1895) le frère Constantinus.

L'école Notre-Dame de Grâce reçoit environ 260 élèves ; les deux classes de l'école Saint-Pierre sont fréquentées par 80 enfants.

L'école des sœurs de charité fut à son tour laïcisée le 8 septembre 1892. L'établissement aujourd'hui comprend un asile pour 250 enfants, cinq classes pour 325 élèves, deux ouvroirs externes, 80 orphelines, 12 sœurs, deux réunions dominicales. La sœur Desquersonnières en a été la supérieure après la sœur Goudoneix, de 1871 à 1874 ; la sœur Herbeaux le gouverne depuis lors.

Mme Hortense Lohier, nommée supérieure du pensionnat de l'Education chrétienne après Mme Duval, aujourd'hui supérieure générale, fut remplacée en 1881 [1] par Mme Brard [2] à laquelle succéda Mme Letondeur (1888). La maison compte 22 dames et 12 sœurs converses, 120 élèves pensionnaires et demi-pensionnaires, 60 externes, 50 enfants à l'asile.

Au Bon-Pasteur habitent environ 30 sœurs et 200 jeunes filles.

Le service religieux est assuré au pensionnat et au Bon-Pasteur par des pères Lazaristes.

---

1. Mme Lohier est décédée en 1896. Mme Trinelle, qui restait seule des fondatrices du pensionnat, est morte en 1897.
2. Décédée en 1888.

La fabrique Scrive, construite sur le sanctuaire de Notre-Dame de Grâce, fut incendiée, nous l'avons dit, en 1847 ; elle fut réédifiée et passa à MM. Wacrenier frères, puis à M. Vandewalle, à M. de Mersmann et enfin à M. Bastenaire.

Sur cette propriété, des fouilles intelligemment conduites, en 1885, ont permis de découvrir les fondations des deux anciennes chapelles [1].

La plus petite fut relevée en 1885 ; dans une niche de la façade fut placée une statue de Notre-Dame de Grâce, que M. Dienne avait fait mettre en 1875 sur le mur de la fabrique.

En 1894, on décida d'y installer l'école apostolique de Lazaristes [2]. La première pierre fut bénite le 29 juin et, l'année suivante, le lundi de la Pentecôte, les enfants y vinrent loger. Le bâtiment est solennellement bénit, le 2 juillet ; le 7 novembre, on y pose une horloge à sonnerie et le 8 décembre 1896, on inaugure une chapelle, élevée sur les fondations de la chapelle de 1681 [3].

On conserve à l'école apostolique la cloche d'Albert et Isabelle, retrouvée à l'usine Kuhlmann [4], rendue après la construction de la première chapelle.

Le cercle Saint-Joseph et celui des Flamands ont été autorisés en juillet 1880 par la préfecture du Nord.

Le cercle des Flamands est sous la direction de M. Michault.

Le premier a eu pour présidents, après M. d'Hugo, MM. Th. Bernard, l'abbé Bernard (directeur), V. d'Herbigny.

Une assemblée générale, tenue le 24 juillet 1898, en a décidé la réorganisation.

Le local est ouvert tous les dimanches et jours fériés après vêpres, et tous les lundis à la chute du jour.

Le but cherché est de procurer aux membres actifs ou bienfaiteurs une récréation honnête et agréable, au sein

---

1. *Annales de Loos*, p. 80 et 142.
2. En 1880, cette école avait été ouverte au cercle actuel des Flamands. Transférée à Vernhout (Hollande), elle fut rétablie à Loos en 1891.
3. Le chœur est formé de la chapelle de 1591.
4. *Annales de Loos*, p. 83.

d'une société choisie, où sont surtout recommandées l'union et la cordialité.

Une section chorale, établie depuis 1880, est dirigée par M. Jules Liagre. Une section de gymnastique (président M. Denis Lezaire, chef M. Désiré Morel), permet aux jeunes gens d'occuper leurs loisirs et de développer leurs forces. Elle existe depuis 1895 ; son drapeau a été bénit en 1896 ; elle a obtenu au concours d'Ath (septembre 1898), en 2ᵉ division un 2ᵉ prix de section, et le 1ᵉʳ prix de pyramides en division internationale.

M. l'abbé Notteau, vicaire, est l'aumônier de la Société.

Toutes les questions relatives à la gestion, à l'admission de nouveaux membres, à l'organisation de fêtes, sont réglées par une commission composée de MM. Léon Thiriez, président d'honneur ; Fleury Bernard, président ; Augustin Buisine, vice-président ; Paul Leclercq, trésorier ; Paul Noé, secrétaire ; Eugène Bongard, Joseph Delahaye, Alexandre Duriez, Maurice Leclercq, Joseph Leroy, Jules Liagre, Jean Pringuet, Charles Vermeulen.

En 1870, M. Guilmot était directeur de la maison centrale ; il y demeura jusqu'en 1875 et a eu pour successeurs MM. Ferré (1875-1877), Barnéoud (1877-1879), Le Gouest (1879-1883), Girard (1883-1886), Bastier (1886-1889), Viard (1889-1891), Gramaccini (1891-1893), Laburthe (1893-1896), Telle (1896) et Lantin (1897).

Le personnel de l'administration se décompose ainsi : le directeur, le contrôleur, l'économe, le greffier-comptable, l'instituteur, des commis aux écritures, le docteur-médecin, le pharmacien, l'ingénieur-architecte, l'aumônier catholique, le pasteur protestant, le gardien-chef, 5 gardiens commis-greffiers, quatre premiers gardiens, 46 simples gardiens.

Jusqu'en 1875, MM. Simoëns et Pélabon restèrent comme aumôniers ; M. Dominicus succéda à M. Simoëns (1875) et M. Regrigny à M. Pélabon (1881). MM. Dominicus et Regrigny ont été remplacés par M. Deman (1883) et celui-ci (1889) par M. le curé de Loos.

Le nombre moyen annuel d'individus internés à la centrale a été de 1.100, avec les condamnés correctionnels ; à la colonie Saint-Bernard, à Doullens depuis 1888, on a compté chaque année environ 400 enfants.

Les détenus provenaient, en 1897, des départements suivants : Nord, Aisne, Ardennes, Bouches-du-Rhône, Eure, Gironde, Hautes-Alpes, Marne, Oise, Pas-de-Calais, Rhône, Sarthe, Savoie, Seine, Seine-Inférieure, Somme.

Ils sont employés à la cordonnerie, à la fabrication des lits en fer, de bouts de parapluie, au tressage et au claquage de chaussons, au vernissage de coffrets, à la confection de boîtes en carton, au pliage de brochures.

Au 1er janvier 1891, l'entreprise ayant été supprimée, l'établissement a été mis en régie.

Une visite à la maison centrale ne constitue pas un attrayant divertissement ; l'autorisation ne s'accorde pas facilement d'ailleurs, et il faut profiter d'une occasion.

Les membres de la Société du patronage des libérés, réunis en congrès au mois de juin 1898, ont pu se faire ouvrir les portes de la prison, et leurs impressions ont été traduites par M. François Caudron, de la *Dépêche* :

« Les abords de l'ancienne et fameuse abbaye, couverts
» de verdure et de fleurs ont, dit M. Caudron, un aspect
» riant qui ne semble pas indiquer l'entrée d'une prison.
» Quand le jardin est franchi, la garde rangée devant le
» poste, la masse de l'édifice que l'on aperçoit à travers
» la porte intérieure, l'odeur âcre qui vous prend à la
» gorge, tout cela vous fait songer à la caserne.

» Puis vous pénétrez sous de sombres voûtes, à l'entrée
» desquelles vous avez lu cette inscription : *Le silence absolu*
» *est de rigueur*, et le souvenir du cloître vous hante ; vous
» seriez moins étonné de rencontrer un moine s'avançant
» à pas légers, comme une ombre, que d'entendre résonner
» les dalles sous les lourds sabots des prisonniers....

» ..... Ce qui se dégage de cette visite, c'est une
» impression de profonde tristesse. Quel enfer que cette

» prison, et l'on ne comprend pas comment ceux qui y
» ont passé des années aient le triste courage d'y retourner !
» Pourtant, c'est le grand nombre.

» Le directeur a fait subir à un détenu, devant les
» visiteurs, l'opération anthropométrique par laquelle tous
» les condamnés doivent passer à leur arrivée dans la
» maison. Les minutieux détails de cette séance de mensu-
» ration, à laquelle procède un gardien expérimenté,
» intéressent vivement les assistants.

» Les ateliers sont merveilleusement outillés, princi-
» palement ceux des mécaniciens et des tourneurs. Malgré
» cela, il est difficile de faire exécuter des ouvrages finis
» à des travailleurs forcés, d'autant plus que les ouvriers
» de métier sont rares parmi les hôtes des prisons et ne
» s'improvisent pas en peu de temps.

» Le silence est de rigueur dans les ateliers. C'est le
» supplice auprès duquel toutes les autres privations ou
» corvées du détenu ne sont rien. Dans les ateliers de
» cordonnerie, surtout, où ils sont face à face, devant leur
» petite table, pendant de longues heures, combien la
» langue doit leur démanger ! Et le moindre mot peut être
» payé cher. Le gardien veille avec une impassibilité
» terrible à l'exécution du règlement.

» Le passage des congressistes n'arrête pas le travail.
» Les faces blêmes des prisonniers se tournent un instant
» vers cette affluence inaccoutumée qui se répand autour
» d'eux. Les uns regardent avec ébahissement, d'autres
» détournent leurs yeux voilés de honte ; enfin, une
» mauvaise lueur brille sous la paupière de quelques
» autres et l'on devine le bouillonnement de la révolte
» qui gronde dans leur poitrine....

» On quitte les ateliers pour entrer dans les locaux
» disciplinaires. L'impression est plus saisissante encore.
» On passe d'abord devant les cellules. A travers la petite
» lucarne nous jetons un coup d'œil dans l'une d'elles : il
» n'y a ni lit, ni banc, et l'étroite fenêtre qui l'éclaire est

» trop haute pour que le malheureux puni puisse jeter un
» regard dehors. Il se promène, les mains dans les poches,
» trois pas dans un sens, trois pas dans un autre, comme un
» fauve dans sa cage. Le jour, il ne peut ni lire, ni s'asseoir,
» la nuit, il a une couverture pour s'étendre sur le plancher.

» Nous regardons l'étiquette qui pend au-dessus de la
» lucarne ; la punition est ainsi libellée à la suite du nom :
» *Trente jours de cellule, du 3 mai au 3 juin. — Arro-*
» *gance envers un gardien.* Voilà vingt-huit jours qu'il
» danse ainsi sur place et le défilé des visages curieux
» devant sa lucarne est la seule distraction qui lui ait été
» offerte.

» A côté, est la salle de discipline pour fautes légères.
» Le supplice est moins terrible, mais c'est un supplice tout
» de même.

» Tandis qu'après les longues heures de l'atelier, les
» autres se dégourdissent les jambes dans le préau planté
» d'arbres et égayé de fleurs, le puni doit venir s'asseoir sur
» un tabouret en bois, les mains sur les genoux, et demeure
» dans cette immobilité insupportable pendant tout le temps
» de la récréation. S'il bouge, la cellule voisine l'attend....

» Nous ne dirons rien des réfectoires, qui sont très
» propres, des cuisines où la soupe mijote dans quatre
» grandes chaudières, du moulin à farine, de la boulan-
» gerie, du gazomètre ; tout cela est perfectionné, mais
» n'offre rien de particulier.

» La chapelle, qui n'est que le transept de l'ancienne
» église de l'abbaye, a un aspect sévère.

» On y accède par le local qui sert d'école et où l'instituteur
» enseigne les éléments de la langue française à six cours
» de détenus ; c'est là que se trouve la bibliothèque.

» L'infirmerie ressemble à une vulgaire salle d'hôpital.

» Indépendamment de la maison centrale, qui comprend
» actuellement 664 détenus, il y a les bâtiments de l'ancienne
» colonie Saint-Bernard, contenant 250 condamnés correc-
» tionnels. La plupart de ceux-ci sont plus jeunes ; il y a

» parmi eux bon nombre de fraudeurs : c'est le trop-plein des
» maisons d'arrêt de Lille et de Douai. La discipline y est
» moins rude, et notre passage provoque chez eux la gaieté.
» On remarque que l'atmosphère de l'atelier où l'on trie
» des étoupes est très malsaine.... »

Et voici que d'autres locaux doivent être construits ! Les bâtiments, immenses pourtant, ne suffisent plus ! Le 23 novembre dernier, a eu lieu une adjudication de travaux pour construction de prisons cellulaires à Douai et à Loos.

Durant ces trente dernières années, des tentatives d'évasion (1873, 1878, 1884 [1], 1898) et d'assassinat (1873, 1880, 1890) se sont produites à différentes reprises ; une épidémie de fièvre typhoïde éclate en novembre 1889 ; en 1897, T..... tue un co-détenu et expie son crime le 12 septembre, sur la place Thiers ; dans les derniers jours de 1898, un commencement d'incendie éclate, à dix heures et demie du soir, dans l'atelier de tissage : deux détenus sur lesquels pèsent des soupçons sont conduits à la maison d'arrêt de Lille.

A la fin de ce dernier chapitre, il ne nous paraît pas inutile d'entreprendre une promenade à travers les rues de Loos et d'essayer, pour la raison même qu'il ne reste pas grand'chose, de relier le présent au passé, en rappelant les souvenirs et particularités qui se rattachent à tel quartier, telle rue, telle maison.

Sans tenir compte des sentiers qui sillonnent la plaine d'Ennequin, quatre voies de Lille vers Haubourdin divisent parallèlement la commune : la grand'route de Béthune, à sa

---

1. La curieuse tentative d'évasion de 1884 vaut bien qu'on en dise un mot.

Le 12 août, deux agents de la sûreté arrivent à la centrale et préviennent le directeur qu'une évasion se prépare ; ce dernier veut immédiatement faire mettre les coupables en cellule, mais les agents lui demandent, puisque le projet est éventé, de laisser s'accomplir les évènements.

Dans deux paniers chargés sur une voiture s'étaient blottis deux détenus de nationalité anglaise. La voiture sortie de l'établissement, les agents se précipitèrent sur les paniers, les déficelèrent, s'emparèrent des Anglais et les reconduisirent à la prison solidement garrottés. Puis les policiers vinrent se placer eux-mêmes dans les cachettes, et la voiture se remit en marche.

Un homme que les agents avaient suivi depuis son arrivée à Lille attendait sur la route. Au signe qu'il fit au conducteur, celui-ci répondit affirmativement ; le complice se mit alors en devoir de délivrer... les agents, qui sautèrent sur lui et l'emmenèrent.

gauche la rue Faidherbe et à sa droite la rue du Basinghien et le chemin de halage.

La grand'route de Béthune, autrefois chemin de Lille à La Bassée, ou grand chemin de Lille à Haubourdin, a toujours été la voie la plus fréquentée. Chariots, voitures, tramways, dès avant le lever du soleil, la parcourent jusqu'à l'heure la plus avancée.

Le château de Mme Ve Morival, à gauche, en entrant sur le territoire de Loos, s'élève sur une terre tenue de Claude de Lannoy, en 1585 [1], par Hippolyte Braem, procureur et bailli de Mme de Lannoy, dame des Frennes et Loos. Après la mort d'Hippolyte Braem, sa femme Catherine Cardon, conserva le fief (1615), qui lui venait de son père Guillaume Cardon, fils d'Henri. Ce bien appartient en 1685 à Denis Leuridan et en 1711 à M. Lemercier d'Hulluch.

Vis à vis habitent MM. Léon et Louis Thiriez, séparés par la fabrique Galafant, aujourd'hui comprise dans leurs usines.

Avant d'arriver à la rue Thiriez, qui donne accès dans la cité ouvrière — rues Thiriez, des Fleurs, des Jardins, Sainte-Marie, square Billon — on passe devant l'établissement occupé avant 1865 par la brasserie Meurisse et depuis lors par la maison du Bon Pasteur.

Face à la rue Thiriez s'ouvre la rue Victor Hugo, tout récemment encore rue du Coq Saint-Nicolas et cent mètres plus loin, à droite, l'avenue Le Liepvre et la rue Wacquez-Lalo, à gauche la rue d'Ennequin.

C'est là où demeurent MM. Ormeray et Marescaux, à l'entrée de l'avenue Le Liepvre, que fut bâti (1722-1724) l'*Hôtel de Thiennes*, tenu par Catherine Ricquet, veuve de Pierre Cardon, acheté, en 1778, par François-Joseph Wastin, cabaretier. Un François Wastin possédait en 1799 une ferme sise à l'endroit du *Canon d'or* actuel, au coin de la rue d'Ennequin.

---

[1]. Se reporter, pour les dates, aux *Annales de Loos jusqu'au XIXe siècle*. Y consulter également les tableaux généalogiques.

La rue d'Ennequin, la grand'route, la rue du Petit-Chemin et la rue du Sentier délimitent l'ancienne seigneurie de Menin, indivise, plusieurs siècles durant, entre les descendants de la famille de Langlée, et au XVIIIe siècle, entre les familles Sénéchal et de Lespaul, d'une part, le comte de Thiennes, de l'autre.

Du côté opposé, le pensionnat des dames de l'Education chrétienne, l'estaminet de la *Mairie*, ancienne ferme Wambre, et l'hôtel-de-ville, sont à mentionner avant les rues Carnot et du Petit-Chemin. Voici ensuite l'*Amiteuse*, bien connue des habitués du lundi de Pâques, et le *Lion d'or*, enseigne depuis longtemps conservée : elle existe dès le commencement du XVIIIe siècle (1717). Le cabaret se trouvait près de la chapelle de Notre-Dame de Grâce : les tenanciers en étaient en 1743 Placide Dubois, en 1757 la veuve Pottier; Jean-François Hallez l'achète la même année et, en 1761, l'épouse de François Cambecq, Isbergue Hugeux.

A l'intersection de la grand'route et de la rue actuelle des Ecoles, précédemment du Bon-Pasteur, était ouverte, dans les premières années de ce siècle, la boulangerie de François Debuchy, ami de M. Détrez; cette propriété devenue le petit couvent, puis la mairie et l'école des garçons, comprend aujourd'hui toutes les écoles laïques municipales.

Le château de M. Lequenne, ancien conseiller municipal de Lille, forme le coin de la grand'route et de la rue de la Deûle, celle-ci ouverte vers 1870, et parcourue par un service de chemin de fer de la manufacture Kuhlmann à la gare et vice-versâ.

A la ferme Destieux actuelle se sont passés les débuts du pensionnat de Mlle Fourrure, plus tard la maison de l'Education chrétienne.

La cense du Mortier était la plus importante de l'ancien Loos. Il en reste encore quelques vestiges, la grand'porte, par exemple, où l'on peut lire la date 1749. Sa totalité comptait pour deux arrière-fiefs, tenus de la seigneurie de Menin (1606, 1720, 1731, 1740, 1742). Les familles Desrousseaux (1698, 1720, 1731, 1740), Decarne, Potié (1766), Fouret, Guilbert (1799) y ont vécu et travaillé ; elle appartient depuis 1896 à la famille Carton.

A la ferme Destieux, la grand'route de Béthune tourne brusquement à droite ; à la ferme Carton, elle reprend par un nouveau coude sa direction vers Haubourdin. Ce coude et le vide produit par la rue Gambetta, débouchant au même endroit sur la route, délimitent la petite place Thiers.

Le cabaret des *Trois Rois*, aussi ancien que le *Lion d'or*, a disparu, il y a quelques années, de l'angle de la rue Marais ; toutefois, l'enseigne a été donnée à un autre estaminet. Tenue de la seigneurie du Marais, cette taverne, en 1698, faisait partie des propriétés des frères d'Amman, seigneurs de la Chaussée et du Grand-Ennequin ; louée par Alexandre Fleurquin, brasseur à Lille, elle fut achetée d'André Fleurquin, avant 1737, par Jacques Marlière, de La Bassée. François Durot, cabaretier à Haubourdin, s'en fit l'acquéreur en 1769 pour 1600 florins et, en 1799, François Allouchery y était installé.

Nous voilà au chemin des Oliveaux, près duquel l'on construit une retorderie. Les fiefs de la Haye en Loos et du Renaufosse étaient, selon toutes probabilités, dans ces parages, comme aussi le Ponchel Rentier, petit pont où l'on devait percevoir un droit de passage, et qui séparait peut-être Loos d'Haubourdin ; les Bons-Fils de Lille y avaient une terre.

Le chemin à gauche de la route de Béthune et parallèle à celle-ci conduisait à la chapelle de Notre-Dame de Grâce et à Haubourdin. Le petit chemin menant à Notre-Dame de Grâce, le petit chemin de Notre-Dame à Lille, le Plat Chemin, allant du cabaret du Chou à Notre-Dame de Grâce, la ruelle Plouquet, la rue du Sentier, telles ont été les désignations de cette piedsente : maintenant, c'est la rue Faidherbe.

Antérieurement au XVIIIe siècle, une maison « à usance

» de taverne » nommée *la Malette*, était à front du Plat Chemin ; Jean Fayen, laboureur, fut adhérité, en 1700, du fonds où cette maison avait été bâtie. Il n'est plus possible d'en fixer l'emplacement exact, pas plus que celui du cabaret de l'*Etoile*, situé sur le même chemin. L'*Etoile* appartenait vers 1738 à Jacques Cardon, cabaretier d'Haubourdin, et Jacques Gilquin l'habitait en 1743.

Un autre estaminet, la *Taverne Saint-Nicolas*, s'est maintenu au lieu où il était ouvert en 1676, avec Anthoine du Bois, fils de feu Chrestien, comme « hoste ». En 1729, Me Ve Spicket, la propriétaire, pour payer ses dettes, est autorisée à le vendre ; en deviennent possesseurs Antoine Desmazières, laboureur à Loos, et Nicolas Cordonnier, brasseur à Haubourdin, dont les enchères dépassent celles de Jean Dragon, seigneur de Langle. Ce bien faisait partie d'un tout, mesurant dix cents de superficie ; avec Desmazières et Cordonnier, les propriétaires étaient, vers 1740, Roland Béhague, d'une part, et Pierre Le Cocq, de l'autre. Pouvait-on mieux désigner ce quartier que par les noms des occupeurs : Le Cocq, Saint-Nicolas et Béhague ? On saisit sans peine l'origine de l'appellation de si bizarre apparence : le Coq Saint-Nicolas. Jean-Baptiste Mazenghien, en 1743, est cabaretier et fermier à Saint-Nicolas. Vers 1767, Félix Herbaut y achète trois cents ; en 1774, Jean-François Pronnier, fermier et lieutenant de Noyelles-sous-Vermelles, acquiert le cabaret qui, en 1781, est revendu à Paul Laden et Pierre Wastin.

N'oublions pas de signaler encore, sur le chemin de Notre-Dame de Grâce, le cabaret de Julien Dubot, en 1799. S'il n'est plus, il a du moins laissé son souvenir, car, près de la chapelle, un groupe de vieilles maisons a retenu le nom de maisons *Saint-Jacques*.

Retournons à la rue du Basinghien, à droite de la route de Béthune, en venant de Lille.

La seigneurie du Basinghien fut possédée, après la famille de Basinghien, par la famille Gomer. Du XVe siècle à la

Révolution, elle fut divisée en deux parties : l'une sur Loos aux familles de Harchies, Sénéchal et de Lespaul ; la seconde sur Esquermes aux familles de le Cambe et Alegambe. Un autre morceau, le cinquième — le Quint — du Basinghien, détaché du gros du fief, eut pour seigneurs les membres de la famille Deliot de la Croix et, en 1738, M. Gaétan de Thiennes. L'estaminet de *Saint-Crépin*, au coin de la place et de la rue Gambetta actuelle, tenu en 1717 par la veuve Denis Duhamaut, constituait à lui seul le fief du Quint.

Mais entrons dans la rue du Basinghien : à droite, on voit le calvaire, érigé en 1867, et à gauche, une fabrique construite depuis quelques années sur l'emplacement de la vieille ferme de Bazinghien. Cette cense fut vendue en 1700 avec les terres voisines, tenant au champ de la Muchotte, et la moitié de la seigneurie de Menin, au profit des Dominicains de Tournai, légataires de M. de Harchies. En 1777, Florent Platel signe avec M. de Lespaul de Fretin son bail de fermier de Basinghien.

En avançant vers le village, jusqu'à l'avenue Kuhlmann, nous marchons entre les anciens fiefs de Langlée à gauche et de Landas à droite, ayant eu pour seigneurs le premier la famille de Langlée, représentée aux XVIIe et XVIIIe siècles par les comtes de Hoogstraeten et les princes de Salm, le second la famille de Landas, M. Miroul, seigneur de Monchy, Landas, etc., les familles Déliot de la Croix, Le Mesre de Gruteghem, Castellain d'Escleps.

M. Renard-Mareska, qui avait acquis le château des descendants de M. Castellain d'Escleps — famille d'Hailly — l'a laissé, il y a peu de temps, à M. Albert Crespel [1].

Avant et après l'avenue Kuhlmann, deux rues à gauche permettent l'entrée de la cité Thiriez.

---

[1]. C'est dans ce château que descendit Louis XIV, lors du siège de Lille, en 1667. Il entendit la messe avec sa suite, dans la chapelle, et offrit à son hôte un des plus beaux potrraits que l'on ait de lui. Dans un coin du tableau, on lit l'inscription suivante :
In hoc dicto de Landas castello, dum e suburbio de Laude Insulas obsideret, hospitatus est Ludovicus Magnus, anno Domini 1667.
Le duc d'Orléans était logé à côté, au château de Loos.

Nous sommes au château des Frennes et Loos, — construit au XVIIIe siècle, — devant lequel se développe l'avenue Le Liepvre. La terre de Loos fut tenue, on le sait, par les familles de Loos, de Warenghien, d'Isque et Fremault, et par les seigneurs de Souastre, de Lannoy et de Thiennes. Pendant la minorité des enfants de Philippe-Guislain, comte de Thiennes et de Loos, Marie de Houchin, la douairière, loua le château à M. Imbert de Seneschal en 1767 et à M. Henry du Bosquiel en 1771. Depuis la Révolution, cette propriété a appartenu à MM. Dusart, Margerin, Le Liepvre, Crespel-Tilloy.

Jetons un coup d'œil sur la grand'porte de l'ancienne ferme Despretz, place de l'Église, près du bureau de poste, sur l'avenue qui mène au château de Mlle Smet, et pénétrons dans la vieille ruelle des Fonteneaux, appelée ensuite rue du Basinghien, jusqu'au jour où on lui a octroyé celui de Gambetta.

A droite, s'ouvre immédiatement la petite rue des Prêtres, sur laquelle donne la ruelle du Saultoir. La rue des Prêtres dirige vers le château de Mme Kuhlmann, où, à la fin du dernier siècle, était la ferme Héquenne.

La droite de la rue Gambetta jusqu'à la place Thiers est presque complètement occupée par des maisons de campagne ; notons particulièrement celles de M. Danel au-dessus de la rue de la Deûle.

Le chemin de halage le long du canal a aussi son histoire.

Le cours naturel de la Deûle, autour de l'abbaye, par le fief de Durmort, ne fut pas utilisé lors du creusement du canal en 1271. Les terrains nécessaires — aux Longs prés — furent cédés, de la Planche à Quesnoy à l'abbaye, par Jean de Landas, les pauvres de Loos, Jean de Menin et les religieux du couvent. De temps immémorial un pont en planches a mis en communication Loos et Lomme en un endroit planté de chênes, Quesnoy (1176, 1693) ; une autre planche demeura plusieurs siècles à la Gauquerie, lieu planté de noyers, au bout de la rue Marais (1275, 1351). Si l'on veut bien retenir que les terres avoisinant la Gauquerie étaient celles de Jean de Menin, car toujours elles furent tenues de cette seigneurie — le bois Fondeur, par exemple, — on pourra fixer de façon approximative les limites des biens de Jean de Landas, des pauvres, de Jean de Menin et de l'abbaye. Pourquoi a-t-on nommé bois Fondeur — et par corruption bon Fondeur — le quartier situé au bout de la rue Marais? Parce que ces terres, dites encore de la Motte et de Lambescamps, furent achetées (1711) par Mlle Suzanne Titeman, veuve Fondeur. En 1779, Joseph Fondeur en vendit une partie à Félix Dugardin, négociant à Lille.

De la rue Marais au pont de l'abbaye, le chemin de halage longe la propriété de Mme Toussin.

Jean de Fresnoy, huitième abbé de Loos, fit construire en 1275 un pont qui ne fut remplacé que quatre cents ans plus tard, en 1688, sous la prélature de dom Albéric Boulit; les Alliés l'ayant abattu en 1712, les religieux le relevèrent. Le pont qui existe de nos jours a été établi, il y a deux ans.

Visitons maintenant les rues perpendiculaires à celles que nous venons de voir.

La rue de Londres sépare Lille-Esquermes de Loos : on y rencontre l'hôpital, en face d'une avenue conduisant à l'ancien château de la Haye de Lannoy à Esquermes, le calvaire, les fabriques Thiriez. C'était, jadis, le chemin de la Planche à Quesnoy à la cense d'Avesnes, de l'Epinette, d'Avesnes à la Vieille-Motte, d'Avesnes à Basinghehem.

Viennent après les rues composant la cité Thiriez ; la rue du Coq Saint-Nicolas, qu'on a préféré désigner par le nom de Victor Hugo ; la drève ou avenue Le Liepvre ; la ruelle des Clercs et le vieux chemin du château au pavé, appelés rue Saint-Vincent de Paul et rue Traversière, celle-ci rue Wacquez-Lalo, depuis la mort — volontaire — d'un ancien maire de la commune ; la rue d'Ennequin.

En 1721, M. Gaétan de Thiennes eut l'excellente idée de

tracer une allée d'arbres de son château à la route de Lille : il avait bien la première partie de l'avenue, c'est-à-dire du château à l'angle de notre rue Saint-Vincent de Paul ; pour la seconde moitié, il s'entendit avec les personnes dont il convoitait les terrains et permit d'ériger l'*Hôtel de Thiennes* (1722) à l'entrée de la drève. Au coin de l'avenue et de la rue du Basinghien, le seigneur des Frennes enfermait les rares prisonniers dont il put avoir à se plaindre. En 1676, J.-B. Becquet et Charles Desbuissons, Lillois tous deux, possédaient ce « lieu aux prisons », qu'ils avaient acquis de Nicolas Robillart. Ils avaient obligation, pour douze deniers par jour, de garder et nourrir — au pain et à l'eau — les prisonniers du seigneur ; en retour, ce dernier livrait les « fers et ceps » et faisait abandon de quelques rentes féodales. Becquet et Desbuissons, en 1681, vendirent à Jean Levent la maison louée à cette date à Michel Flameng ; Marie-Anne Castellain, veuve de Jean Levent, la laissa à son cousin et héritier, J.-B. Lardemer, que remplacèrent Pierre Desmadrilles et ses enfants (1737).

C'était dans la drève et devant les prisons que les archers de Loos se livraient à leurs jeux (1712). Leur confrérie devait être nombreuse et bien réglementée : ils avaient des assemblées solennelles, tiraient l'oiseau, organisaient des combats (1722) et les grand et petit connétables, leurs dignitaires, empêchaient toute infraction aux statuts (1765).

Dans la ruelle des Clercs existaient la maison vicariale, transformée en école et en mairie, et la ferme Duhem, au XVIIIe siècle ; aujourd'hui, le cercle Saint-Joseph est élevé sur une grande longueur de la rue.

La rue d'Ennequin et la rue du Petit chemin sont les deux routes les plus fréquentées vers le hameau d'Ennequin. Toutes deux, après avoir contourné le cimetière, ancienne pâture Courouble, aboutissent à la cense d'Ennequin, autrefois propriété des moines, actuellement occupée par la famille Ramon (1676, 1677, 1791). Les sentiers qui courent à travers la plaine ont retenu leurs anciennes dénominations : chemins de l'Epinette, d'Arras, de Tournai ou d'Haubourdin, Vert chemin — ou de l'Escoperche, ou d'Ennequin à la Folie, ou d'Ennequin à Happe qui peut — chemins d'Esquermes à la croix d'Avesnes, des Postes, de Fléquières à Lille et à Ennequin, d'Emmerin.

De nombreux cultivateurs habitaient le hameau: on y voyait (XVIIIe siècle), outre la cense d'Ennequin, celle d'Avesnes — peut-être la ferme Lepot — les fermes Franchomme, Denoyelle, Prémesques, Quenette, Thérin (Barbe), Courouble. L'extraction des moëllons se pratique encore et Ignace Dubois (1670) a toujours eu des successeurs aux carrières ; les galeries creusées sont utilisées à la culture de champignons, de chicorée, etc.

Très morcelé, le territoire d'Ennequin était pour une large part le bien de l'abbaye, qui y possédait, en plus de son fief d'Ennequin, la portion du fief d'Avesnes où était bâtie la cense. Le reste de cette dernière seigneurie, tenu du seigneur des Frennes, appartint, aux XVIIe et XVIIIe siècles, aux familles d'Avesnes et de Croix. Les de le Cambe, seigneurs du Basinghien, et les seigneurs de la Haye prenaient de leur côté le titre de seigneurs d'Ennequin, pour un fief vicomtier tenu de la seigneurie d'Allennes-les-Marais. Il y avait encore le Grand-Ennequin, à la famille d'Amman, puis aux barons d'Espierre : le gros était à la demeure actuelle de M. Brou, maraîcher. Enfin, la famille Le Thierry succéda (1711) aux seigneurs de Hénin, aux Deliot et aux Fourmestraux des Waziers, dans la seigneurie d'Ennequin-Monnoyer, sise sur les communes de Wattignies et de Loos.

La seigneurie des Frennes et Loos avait sa justice, pilori, ou lieu patibulaire, sur Ennequin, au-dessus d'Avesnes et près du chemin de Tournai (1663, 1685).

Revenons vers la rue Carnot, que certains n'ont jamais pu se déshabituer d'appeler rue de Croix ; et cependant avant d'être rue Carnot, elle s'est encore dite rue de l'Eglise.

A l'entrée de la rue était dressé un calvaire, des actes du

XVIIᵉ siècle en font foi (1639). Près de la croix, avant le XVIIIᵉ siècle, des bancs plaidoyables représentaient la justice de la seigneurie de Menin (1700, 1720). En continuant vers l'église, on passait devant la ferme Zwinghedaw (1799), ferme Lepers de nos jours, et au coin de la place, devant la ferme Laden, aujourd'hui dépendance de la maison des sœurs de charité. Parmi les estaminets à proximité de la petite église du XIVᵉ siècle (1350), du cimetière et des bancs plaidoyables de la seigneurie de Loos, citons *Saint-Crépin*, dont nous avons déjà parlé, et le *Dragon de France*, tenu par Antoine Desruelles (1737). Il y avait aussi le *Nid de Masingue* occupé par Jean Dragon (1737, 1743), érigé sur une terre appartenant à J.-B. Masinghien; il apparaît ici de manière évidente que l'on s'est ingénié à rappeler dans l'enseigne de l'estaminet le nom du propriétaire du terrain.

Le *Dragon de France* s'est probablement changé en *Dragon Vert* (1799), enseigne reprise, puis délaissée, par un estaminet de la rue Carnot.

L'église s'étend sur la place, sur un emplacement double d'autrefois ; le cimetière, où pendant plus de douze siècles ont été inhumées tant de générations, est compris en petite partie dans l'église agrandie et dans le jardin qui l'entoure, et il est permis de regretter que les jours de fêtes ce lieu ne soit pas plus respecté par les établissements de diverses natures qui viennent s'y monter. Autour de l'église se voient le presbytère, bâti sur le jardin de la première maison du curé, le bureau de poste, l'avenue du château de Mˡˡᵉ Smet, les écoles libres de garçons et de filles.

La rue nommée Rouge, à cause d'une briqueterie, puis Lepers, du nom du propriétaire de cette briqueterie, et Louis Pasteur, met en communication la rue Carnot et la rue de la Deûle ; celle-ci aboutit au canal et à la grand'route de Béthune. En face d'elle, la rue des Ecoles, précédemment du Bon-Pasteur, est le petit chemin qui allait vers la chapelle de Notre-Dame de Grâce. Une école apostolique de Lazaristes a été érigée sur le terrain du célèbre sanctuaire.

La rue Marais, de la grand'route au canal, a pris son nom de la seigneurie du Marais, dont le gros était au château récemment acquis de Mme Rose-Liénart par M. Léonard Danel. Patrimoine de la famille de Muyssart, puis de la famille des Marez, la seigneurie fut achetée par M. de Thiennes (1738), de M. Baert de Berentrode, légataire de Mme de Pacheco, dame des Marez, comtesse de Saint-Rémy (1712).

Les Crombette, les Duhayon, les Leroux (château Valdelièvre actuel) étaient des fermiers de la rue Marais, au siècle passé. Il s'y trouvait aussi des maisons de campagne (1764). Maintenant on rencontre les propriétés Danel, Valdelièvre, Crépy, Bigo et Béghin.

Au lieu de suivre la route de Béthune ou le canal, on peut aller par un sentier — le sentier des Bocquiaux — de la rue Marais à l'avenue de l'abbaye.

Les troubles de la Réforme amenèrent, dans la châtellenie (1564), des sectaires et des malfaiteurs, qui se donnèrent les noms de gueux, hurlus, bocqueteaux et autres. Faudrait-il croire que le sentier des Bocquiaux et les bois voisins servaient de retraite à ces hommes dangereux ?

L'avenue de l'abbaye, bordée par l'ancienne ferme Baratte, sur Haubourdin, et des châteaux, dont celui de Mme Toussin, mène directement à la maison centrale. Elle a malheureusement perdu depuis quelques mois la superbe allée d'arbres, qui lui constituait un charme particulier.

Notre promenade terminée, ajoutons que l'on se ferait une idée fausse de la commune, si l'on ne se figurait pas que là où il y a cinquante ans, vingt ans et moins, s'étendaient des champs et des prairies, sont aujourd'hui des maisons et des cités ouvrières. Dans le centre de Loos on en est arrivé à s'estimer heureux d'avoir un jardin ; de nouvelles rues sont en projet ; d'autres viennent d'être tracées, comme une rue vers l'imprimerie Danel, près de l'ancienne ferme Gilquin, une rue de la gare à la rue du Sentier. Au hameau d'Ennequin règne depuis moins de dix ans une incroyable activité : de jour en jour les changements s'accomplissent, les terrains se vendent et se divisent, les rues se croisent[1], les maisons sortent de terre, la population s'accroît et l'on entrevoit, dans un avenir rapproché, la création d'écoles libres et d'écoles municipales et la construction d'une église.

Si nos ancêtres revenaient, reconnaîtraient-ils encore, malgré les transformations, leurs « terres, fiefs et seignou- ries gisant en la paroische que on disoit de Los ?... »

---

1. Un décret présidentiel du 1er décembre 1898 permet l'expropriation et la continuation de la rue n° 7 (en face de la gare) jusqu'à la rue d'Ennequin.
Un arrêté préfectoral du 10 août 1898 approuve le projet de boulevard de 18 mètres de largeur entre la route nationale (kiosque des tramways) et le chemin d'intérêt commun n° 21, dit chemin d'Emmerin.

ANNEXES

I.

LISTE DES PRINCIPAUX SOUSCRIPTEURS POUR L'AGRANDISSEMENT DE L'ÉGLISE (1852-1860).

M. Arnout, doyen.
Mme Aronio.
Mlles Aubriot (Odile).
Batteur (Adolphine).
Batteur (Eugénie).
MM. Baudoin, de Paris.
Bauduin.
Béghin, notaire.
Benoît-Hallez.
Berchaud.
Bergot.
Bernard-Beaussier.
Bernard (Félix).
Bernard (Gustave).
Bernard (Henri).
Bernard (Louis).
Bernard (Benjamin).
Bernard (Théodore).
Bernard, vicaire-général.
M{me}V{ve} Bernard-Serret.
Bernardines.
MM. Berthelot.
Billon.
Bonnier.
Bonpain.
Bonte.
Boutry.
Brame (Jules).
Brice.

M. Brigode de Kemlandt (de).
Mme Cailliaux.
M. Caloine.
Mlles Carpentier.
MM. Castelain (J.-B.)
Castelain (Jules).
Caulaincourt (le Cte de).
Célarier (Henri).
Charvet-Delemer (Henri).
Chaussée (L. de la).
Chuffart.
M{me}V{ve} Cocheteux.
MM. Colombier.
Comines (le doyen de).
Cordonnier père.
Cordonnier fils.
Courcelles (de).
Crépy.
Cuvelier-Bernard.
Cuvelier (Henri).
M{me}V{ve} Dambricourt.
MM. Debarge (Achille).
Debuns.
Decoster-Agache.
Defontaine (Jules).
M{me}V{ve} Degrave.
MM. Dehau (Félix).
Dehau (Charles).
Mme Delattre (Victoire).

M. Delava (Auguste).
M{me}V{ve} Deledicque.
MM. Delemer (J.-B.)
Deleplanque-Roques.
Delplanque, vicaire.
Denoyelle (Louis).
M{me}V{ve} Denoyelle.
MM. Deroullers (Louis).
Descamps.
Desparcq.
Despierre.
Desrousseaux.
Devernay.
Dewalf-Lambin.
Dragon.
Droulers.
Mlle Ducliquennoy.
M{me}V{ve} Dugardin.
M{me}V{ve} Duhem.
M. Dumont.
Education chrétienne.
MM. Etienne, supérieur des Lazaristes.
Fauchille-Delanoy.
M{me}V{ve} Faucompré.
MM. Fiévet (E.).
Flahaut, vicaire à Comines.
Fockedey.
Frappé.
Froidure père et fils.
Gaudelet.
Gilquin (Charles).
M{me}V{ve} Glorian.
M. Gobrecht.
Mme Gonnet.
M{me}V{ve} Goweyns.
M. de la Grandville (le Cte).
Mme de la Grandville (la C{sse}).
MM. Grimonprez-Bossut.
Guichard.
Guilbert.
Hailly (d').
M{me}V{ve} Hazebrouck.
MM. Huet-Colombier.
Hurez.
Kolb-Bernard.
Kuhlmann.
M{me}V{ve} Lambin.
Mme de Larcher.
MM. les Lazaristes.
Leconte, doyen.
Mme Lefebvre-Smet.
MM. Lefebvre (Alexis).
Lefebvre (Henri).
Lefebvre, doyen.
Lefort (Ed.).
Le Glay.
Le Liepvre (Ernest).

MM. Le Liepvre (l'abbé).
Lemahieu, curé.
Lemaire.
Mlle Lemat (Célestine).
M. Lemay.
Lepers.
Lepez.
Lequette, chanoine d'Arras.
Liagre (Charles).
Liagre (Louis).
Liénard.
Longhaye.
Macquart.
Mme Malfait.
M{me}V{ve} Masquelez (Félix).
MM. Masquelier, du Havre.
Moilliet-Cuvelier.
Motte (Philippe).
Mourcou (Jules).
Mourcou (Gustave).
Norguet (de).
Olivier-Sdez.
Perus.
Mme Pillion.
M. Platel (Florent).
Mme Potteau.
MM. Quecq.
Raboisson.
Mlle Ringo (Angélique).
M. Rogie (A.).
M{me}V{ve} Rogie.
Mlle Rouvroy (de).
Sagesse (dames de la), d'Haubourdin.
M. Sarrasin.
Mme Ségur (Anatole de).
MM. Scalbert.
Scrive-Bigo.
Scrive-Labbe.
Scrive père.
Sion.
Smet-de Montdhiver.
Smyrne.
Tailliar père.
Tranin père.
Vandamme-Buisine.
Vandenbussche (l'abbé).
Vandenpeereboom.
M{me}V{ve} Vandewynckèle.
M. Vandewynckèle (Louis).
Mlle Vandewynckèle (Adèle).
MM. Verley (Charles).
Verstraete.
Viart.
M{me}V{ve} Wastin.
MM. Waymel-Taffin.
Weugue.
Willaumez-Cannissié.

II.

MAIRES

MM. Casimir CASTELLAIN . (1800-1803).
Charles-Denis PLATEL. (1803-1813).
Casimir CASTELLAIN . (1813-1830).
François GUILBERT . (1830-1831).
Félix MASQUELEZ . . (1831-1834).
MASUREL-DUBURCQ . (1834-1843).
Ernest LE LIEPVRE . (1843-1848).
Charles GILQUIN . . (1848-1856).
Edouard BILLON . . (1856-1892).
WACQUEZ-LALO. . . (1892-1893).
Georges POTIÉ . . . (1893

III.

CURÉS

MM. Schlim et Chevalier.	(1800-1802).
J.-B. Montagne . .	(1802-1806).
Ignace Breckwelt .	(1806-1813).
Couvreur	(1813-1816).
Antoine Bavelaer. .	(1816-1828).
Edouard Lemahieu .	(1828-1857).
Cleù	(1857-1858).
Dufour	(1858-1864).
Mathieu	(1864-1865).
Dienne	(1865-1875).
Grenier	(1875-1877).
Bodin.	(1877

IV.

Nous avons donné en divers endroits, dans les *Annales de Loos jusqu'au XIXe siècle*, des listes d'habitants de la commune, dont les noms étaient tirés de rapports et dénombrements ou d'actes de ventes. On s'intéressera peut-être à voir ce que publiaient sous la rubrique Loos, l'*Almanach du commerce de la ville de Lille et de son arrondissement*, en 1846, et l'*Annuaire du commerce, etc., guide du commerçant*, par Ravet-Anceau, en 1860.

1846.

Loos, 5 kilomètres, Haubourdin, 3.404 habitants.

Lelièvre, *maire*.
Duvernay, *adjoint*.
Lemahieu, *vice-doyen*.
Questroy, *vicaire*.
Lefevre, *percepteur*.
Frères de Notre-Dame de Sion-Vaudémont, *instituteurs*.
Filles de la Charité.
Dames de l'Éducation chrétienne.
Durand, *directeur de la maison de détention*.
Guilmot, *docteur en médecine*.
Frères de Saint-Joseph.
Filles de l'Enfant-Jésus.
Aleton, *propriétaire*.
Bauduin, *propriétaire*.
Bougenier, *avocat*.
Cannissié, *entrepreneur*.
Chardon, *négociant*.

D'Herbigny, *propriétaire*.
Dragon, *propriétaire*.
Fevez, *fabricant d'indiennes*.
Fockedey, *négociant*.
Gilquin, *cultivateur*.
Gilquin, *maçon*.
Kuhlmann, *fabricant de produits chimiques*.
Laden, *cultivateur*.
Lepers, *fermier*.
Luiset, *rentier*.
Masurel-Duburcq, *propriétaire*.
Meurisse, *brasseur*.
Platel, *cultivateur*.
Prevost et Jacquart, *fabricant de tissus*.
Rouche, *tisseur*.
Smet, *propriétaire*.

1860.

Loos, canton d'Haubourdin, à 5 kilomètres de Lille, 5.169 habitants.

Maire : Billon.
Adjoint : Bonte.
Secrétaire : Bodou.

Instituteurs : frères de Saint-Sion (sic).
Curé et vicaires : Lazaristes.

— 210 —

Institutrices : Sœurs de Saint-Vincent de Paul *et salle d'asile.*
Maison d'orphelines : Dames du Bon-Pasteur.
Pensionnat de demoiselles : Dames de l'Education chrétienne.
Maison centrale de détention, Directeur, Dodun ; *inspecteurs*: Bompart et Guillemot ; *économe, agent responsable*, Baudy; *sous-économe*, Laurent ; *agent responsable à la colonie agricole*, Bailleul ; *comptable*, Agnius; *greffier*, Lyoen; *instituteur*, Brian; *teneur de livres*, Buchot; *garde-magasin*, Vidal, *commis aux écritures*, Doirat, Contamine, Hervieu, Bordier; *médecin*, Fraise; *chirurgien*, Billon ; *pharmacien*, Martin ; *aumôniers*, Flament et Revel; *gardien-chef*, Dournel ; *premier gardien-chef de labour*, Hochard ; *architecte*, Marteau.
Bestiaux, moutons (m. de), Descarpentries.
Bouchers: Doribreux, Lefebvre, Trachez.
Boulangers : Bocage, Carbon, Vve Cocheteux, Dauchy, Dewattinnes.
Briques : Deleplanque, Lepers, Sion.
Cabaretiers : Castelain, Cazier, Corsin, Delava, Doribreux, Duponchel, Duriez, Faroux, Vve Glorian, Vve Hazebrouck, Mlle Lambert, Mette, Odent, Pennel, Tournemine.
Charbons : Flament.
Charpentiers menuisiers : Delava, Fontenier, Marchand, Mullet, Olivier.
Charrons: Duponchel, Mariage, Raison.
Chaux : Gilquin.
Chevaux : Destieux.
Colporteur : Ruhlmann.
Cordonniers : Duvivier, Merveille, Monpays, Ponchaux, Roussel.
Coton (filat.) : L. Bastenaire, *cotons fins, chaînes et trames fines pour tulles*, P. Boyer et L. Bonte.
Couvreurs : Dallennes, Vve Lemaire.

Cultivateurs : Blanquart A., Buisine, Ph. Buisine, Vve Denoyelle, Vve Deroullers, L. Deroullers, Duthoit, Gilquin, Guilbert, Laden, Lepers, Fl. Platel, D. Platel, Potigny, Suin, Wastin enfants.
Distillerie : Ferdinand Hervieu.
Entrepreneurs : Durot, A. Marchand.
Epiciers : Batteur, Boussemart, Defiesselle, Fl. Delava, Denoyelle, Desplanques, Dhenin, Favier, Vve Hazebrouck, Jacquin, L. Marchand, Rogie-Cordonnier, Suin.
Etoffes (Mds) : Bodou-Vanmerris, *et merc.*, Batteur, Ridez, Rogie-Cordonnier.
Ferblantier : Demaude.
Foreur de puits : Faroux.
Graines : Flament, Weugue.
Graveur : Cramette.
Horticulteurs : Bauduin, spéc. de dahlias, Delobel, Schlachter.
Levure : Colpaert.
Lin (filat.) : Jules Parvillez.
Maréchaux : Lahousse, Landry.
Moellons (Mds) : H. Brunel, Brunel frères, Vve Denoyelle, Gilquin, Pélicier, Potié.
Peintres : Lerouge, Liagre.
Produits chimiques (Fab. de) : Kuhlmann et Cie, Geoffroy Hochstetter, directeur.
Propriétaires rentiers : Baggio, Bauduin, Béghin, Bernard, Ad. Bonnier, Ch. Bonnier, Bottel, Célarier, Decottignies, Demay, Demaude, Descamps, Alex. Destieux, Devernay, d'Hailly, Dragon, Gilquin, Lamy-Kuhlmann, A. Lefebvre, Vt Liénard, P. Liénard, Manceau, Masse-Lefebvre, Mispolet, St Martin, Vve Quarré, *chez les dames du Bon Pasteur*, Schuffart, Smet, Théry, Waymel.
Sable (Md) : Suin.
Sellier : Gilquin.
Serrurier-mécanicien : Debarge.
Tabac (Débit.) : Batteur, Vve Cousin, Pihen.
Tailleurs : Bottin, Guilloux.
Tonnelier : Leclercq.

V.

Quelques erreurs se sont glissées dans les *Annales de Loos jusqu'au XIXe siècle*. Nous espérons que l'on voudra bien ne pas nous en tenir rigueur :

Page 10, note 3. Le titre du travail de Léopold Janauschek commence par les mots *Originum Cisterciensium*.

Page 67, 9 juin 1529. Le seigneur de Loos avait le droit de faire porter par son bailli, à la procession, non pas la Vierge, mais la *verge*, qui était l'insigne de sa primauté.

Page 98. Rétablir ainsi les derniers paragraphes :
Un membre de la même descendance que saint Gaétan passa en France vers 1550, devint page du roi, écuyer d'Henri III, et s'établit près de Loches. C'était Nicolas de Thiene, qui fut aussi fort considéré sous le règne d'Henri IV et épousa Jeanne de Villars, fille d'Honorat de Savoie, marquis de Villars et grand amiral de France.
M. le comte de Thiene, qui habite les environs d'Angoulême, en est de nos jours le représentant direct.
Vers 1563, Tiso et Antoine de Thiene, de la première branche, se fixèrent dans le Dauphiné.
Enfin une autre branche se rendit en Suisse vers la fin du XVIe siècle.

Page 106, ligne 31, lire *reste* au lieu de rôti.

Page 114, ligne 28, lire *avec* son attirail.

Page 116. Michel Gouselaire, cité parmi les religieux reçus par dom Foucart le jeune, était de *Mérignies*.

Page 146, ligne 18, lire *11* cents.
— ligne 30, lire *Chrestien*.

Page 147, ligne 23, lire *avaient* obtenu.

Page 158, ligne 31, lire *tripier*.
— ligne 36, lire *tenues*.

Page 160. Les mémoires de dom Delefosse sont conservés aux Archives *municipales* de Lille.

Page 165, note 2. Le placard in-folio donnant la liste des fonctions sacrées remplies par Joseph-Clément de 1706 à 1707 se trouve *cité* et non pas reproduit dans le bulletin du bibliophile Téchener.

Page 167, ligne 15, lire *Los*.

Page 178, ligne 1, lire dom *Gaspar Taverne*.

Page 182. Il faut comprendre que la cense du Mortier comptait pour deux arrière-fiefs.

Page 186. La date *1723* est à placer au 12 novembre, mort de Joseph-Clément.

Page 237, 2ᵉ colonne, ligne 50, lire *Pierre-François Wastin*.

Page 254. La lettre du procureur général aux bailli et échevins de Noyelles commence ainsi :
« Je vous renvoie, Messieurs, le réquisitoire que le sieur bailli de
» Noyelles *vous* a présenté... »

Page 259, ligne 21, supprimer *en 1848*. — Ligne 22, lire *elle fut incendiée en 1847, puis rebâtie*.

Page 266. M. Détrez est né en *1769*.
Mˡˡᵉ Fourrure commence le pensionnat en *1816* et meurt en *1865*.
Ce fut en *1831*, que M. Détrez confia le pensionnat à Mˡˡᵉ Delattre.
Sœur Nathalie fut en service chez *M. de Bovet* et non M. Gruson.
Au plan de l'abbaye, la tour, brûlée en 1841, se trouve à droite de l'entrée de l'église, près du parloir I.

Dans le présent volume, page 154, il ne faut pas perdre de vue que M. Liepvre étant mort avant l'agrandissement de l'église, sa tombe ne fut comprise au milieu de la grande nef que lorsque les travaux furent terminés.

TABLE DES MATIÈRES

INTRODUCTION V

CONSULAT ET PREMIER EMPIRE

Enthousiasme populaire devant les succès des Français et au voyage de Bonaparte dans le Nord. La garde nationale. L'Empereur à Lille. Naissance du roi de Rome. — Loos au commencement du siècle : Administration municipale, police, instruction primaire, population, propriétés, l'octroi. Administration religieuse, église, cimetière, l'abbé Détrez et ses œuvres. L'ancienne abbaye. Fêtes. Evènements. La vaccine. — Fin de l'Empire.   1

PREMIÈRE RESTAURATION

Proclamations et actes des autorités à l'avènement de Louis XVIII. Délégations à Paris. La paix. Evènements divers 25

CENT-JOURS

Manifestations royalistes, puis bonapartistes, à l'occasion des évènements. Réaction royaliste : Louis Fruchart, les femmes de Loos, l'abbé Détrez.   33

SECONDE RESTAURATION

Echos des évènements politiques. Les Alliés. Voyage du duc de Berry. Exécution du général Chartran. Voyages du duc d'Angoulême. Assassinat du duc de Berry et naissance du duc de Bordeaux. Mausolée du duc de Berry à l'église Saint-Maurice. Le 18ᵉ à Lille. Mort de Louis XVIII. Charles X à Lille. Monument du duc de Berry sur la place du Concert Prise d'Alger. — Loos : Administration municipale, population, propriétés. Administration religieuse, le conseil de fabrique, l'abbé Détrez et ses œuvres. La maison centrale. Fêtes. Le 13 février et le 21 janvier. 45

LOUIS-PHILIPPE Ier

Accueil fait au nouvel ordre de choses. Destruction de la statue et du mausolée du duc de Berry. Les ducs d'Orléans et de Nemours à Lille. Le choléra-morbus. Louis-Philippe à Lille. Parhélie. Mort du duc d'Orléans. Le 8 octobre 1842. La misère de 1847. Campagne réformiste. — Loos : Administration municipale, mort de M. Castellain d'Escleps, son oraison funèbre, population, les omnibus, incendie de la fabrique Scrive. Administration religieuse, le conseil de fabrique, reconstruction de l'église, visite de Mgr Giraud, vol à l'église, mort de M. Détrez, son oraison funèbre, le petit couvent et les écoles de garçons et de filles. La maison centrale. Fêtes publiques. M. d'Herbigny 65

SECONDE RÉPUBLIQUE

Troubles à Lille Ateliers nationaux. Funérailles de Négrier. — Loos : Administration municipale, plantation de l'arbre de la Liberté. Mgr Régnier et Mgr Forcade. La maison centrale. Fête annuelle des établissements Kuhlmann 107

SECOND EMPIRE

Rétablissement de l'Empire. Mariage de Napoléon III. L'Empereur et l'Impératrice à Lille (1853). Fêtes jubilaires de Notre-Dame de la Treille. Inauguration de la statue de Napoléon Ier à la Bourse. Campagne de Crimée. L'Immaculée-Conception. Naissance du prince impérial. Attentat d'Orsini. Campagne d'Italie. Le 86e à Lille. Napoléon III et l'Impératrice à Lille (1867). — Loos : Administration municipale, sapeurs-pompiers, police, population, sociétés de secours mutuels, établissements Kuhlmann, Thiriez, Delobel, le chemin de fer de Lille à Béthune, incendies. Arrivée des Lazaristes, départ de M. Lemahieu, les curés, le conseil de fabrique, agrandissement de l'église, Mgr Lequette, mort de M. Ernest Le Liepvre, discours préparé pour ses obsèques par M. Kuhlmann, M. Maurice Le Liepvre, le P. Ernest, mort de Mme de la Grandville, œuvres paroissiales, l'hospice. La maison centrale. Fêtes. Les médaillés de Sainte-Hélène. 125

TROISIÈME RÉPUBLIQUE

Campagne de 1870-1871. Accident de Seclin. Manifestation patriotique à Lille pour la libération du territoire. Couronnement de Notre-Dame de la Treille. Evènements divers. — Loos : Administration municipale, le nouvel hôtel-de-ville, élections municipales de 1892, 1893, 1896, le budget communal, l'hospice, le bureau de bienfaisance, commissions, sociétés, écoles laïques, moyens de communication, population, établissements Thiriez, Kuhlmann, évènements divers. Administration religieuse, conseil de fabrique, église, tableaux, verrières, autels, orgues, cloches, trésor, privilèges, confréries, pèlerinages, évènements religieux, écoles libres, cercles. La maison centrale. — Promenade à travers les rues de Loos . . . 167

ANNEXES 205

DU MÊME AUTEUR

Annales de Loos jusqu'au XIXe siècle. Lille, Lefebvre-Ducrocq, 1897, in-8, broché, de xiv-320 pages. Plans et gravures . . . . 5 fr.

Impression terminée le 14 Février 1899.

LILLE. — IMPRIMERIE LEFEBVRE-DUCROCQ

www.ingramcontent.com/pod-product-compliance
Lightning Source LLC
Chambersburg PA
CBHW071946160426
43198CB00011B/1570